世界で初めての理論

錯視の地動説

いつも見ているのにいつも見えない
2000年間続いた**謎**は解かれた　**月の錯視**
錯視の統一理論

下田 敏泰

東京図書出版

目　次

プロローグ　最も大切な意識

　人間が生きていく上で最も大切なのは「意識」です。心の在り方である意識が、目で見る現象の全てを支配しています。意識が永遠に無くなった時、人は死を迎えます。錯視という現象を通して「意識」に言及したのが本書です。

　通常の人間であれば「いつも見ているのに何時も見えていない」そんな世界が目の前にありますが、あまりにも当たり前すぎるため、この現象を錯視とは誰も言いません。

　水平線近くで見た満月は大きく見えますが、中空に上がった満月はそれほど大きくは見えません。2000年以上前から判っている「月の錯視」ですが、現在までのその要因は判りませんでした。ここでは、月の錯視の要因を明確に説明します。

　全ての錯視が、どのような要因で生じているかを明確に説明しています。何れも世界で初めての理論です。

　既存論では、錯視が「間違った視覚」と考えた事が全ての混迷の始まりです。視覚器官や脳の働きが間違ってしまっては、人間は生きていけません。視覚器官や脳の働きが正常であるからこそ生ずるのが、錯視です。

　真実を探求する科学の立場から考えると、錯視現象はいわば実験結果です。錯視現象を知ることは、人間の意識について、少なくとも意識の一部を知ることです。錯視は、人間がどのような特質を備えているかをはっきりと示しています。そのうちの一例が、表題のサブタイトルに記した「いつも見ているのにいつも見えない」という現象です。この現象はあまりにも当たり前すぎるため、錯視にも分類されない現象です。

　錯覚とは、何かが異なっているように「意識」される現象です。錯視は、見ることに関する錯覚であるため、錯視とは、何かが異なって見えるように「意識」される現象です。

　錯視と言うと「脳が騙される」と考え、「だまされること」を楽しむ人が多すぎます。その原因の全ては「間違った視覚」という理論的な根

拠のない考え方に起因しています。

　現在の錯視の科学は「間違った視覚」という概念に支配された世界です。ガリレオ・ガリレイが「地動説」を唱えた時の「天動説」の世界です。本書のもう一つのタイトルは、「意識が命」となると考えています。

　本書を読めば、2000年間続いた月の錯視も簡単に判ります。そして人間の活動を支える根幹が「意識」であることを行間から読み取って戴けると信じています。

第1章　いつもみているのに何時も見えない

１．みているのに見えないとは

「いつもみているのに何時も見えない」何か不思議な気がします。別の言い方をすれば、何時も見ていますが、形や色彩などが「意識」されず、まったく見えていないのと同じに「意識」される現象です。そんな奇妙なことがあるはずがないと考えるのが一般的な考え方でしょうか？しかし、私達が毎日、片時も異なることなく、経験しているのが、この「いつもみているのに何時も見えない」現象です。

　私達が対象を見る時に、このいつでも何も見えていない現象があるから、私達は対象を「はっきり」と見ることができるのです。

２．３Ｄ映像の見え方

「いつもみているのに何時も見えない」現象を理解するのに適した事例が３Ｄの立体映像です。

⑴　３Ｄ映像とは

　３Ｄ映像は、スクリーンに映した映像などが３次元の立体のように見える映像です。

　カラーの映像を見る時は、眼鏡を架けてスクリーンを見ると、そこには、普通に見ている光景のように距離感があり、立体的に見える映像が「はっきり」と見えます。通常多くの映像では遠ざかる現象や近づく現象が、実際に目で見ているよりも、過大になる傾向で作られているものが多いようです。

　私達が日常目で見ているのと同じような立体感や距離感が得られるのが特徴です。

⑵ 何故立体に見えるか

　３Ｄ映像を見る時には眼鏡を渡されます。メガネを架けないで映像を見ると、映像は二重にダブって見え、不鮮明な画像が見えます。メガネを架けると立体的な映像が見え、どの映像も鮮明な形で見えます。距離なども立体と同じように判ります。

　如何して立体に見えるかと言うと、右目と左目がそれぞれ微妙に少し異なった画像を見ていることが要因です。

　如何して右目と左目では異なった映像を見られるかと言うと、カメラを２台用意して、右から撮影した映像を右目で見、左目で撮影した映像を左目で見るようにしているからです。右目で見る形状などを右側にあるカメラが撮影し、左目で見る形状などを左側にあるカメラが撮影しています。こうすることで、普通に人間が対象を見る時と同じ条件にして映像を見ているからです。

①偏光（右目と左目）

　右側で映した映像を右側の目で見ると言っても、左側のカメラも似た映像を映しています。右側から見た映像だけを右目で見、左側から見た映像だけを左目で見るから、人間が見るように立体的に見えるわけです。

　撮影するときには、人間の２眼と同じように左右に離した２台のカメラを使います。２台のカメラを使って映像を撮影します。

　右側のカメラから撮影した映像を右目が見、左側のカメラで撮影した映像を左目で見ることを可能にしているのが、光の偏光現象です。

　光の波長は全方位の波長ですが、特定方位の波長だけを通す偏光板が制作可能です。

　この偏光板を通過する光は、特定の方向を持った光です。この場合注意することは、この場合の方位とは、人間の目の視線の方向に対して、直交する平面上で、全方位の内、特定の方位だけ光を通すということです。この偏光板を90度ずらして重ねると、光はまったく通ることができません。同じ方向であれば、光は通ります。２枚の偏光板は、同じ方向で重ねれば光は通りますが、90度異なった方向ではまったく通りま

せん（ここでは偏光板の機能だけを説明しています。偏光現象そのものを知りたい場合は別途偏光に関する説明書を参考にして下さい）。

　映像をスクリーンに投影するときに、2台の映像を投影する映写機のカメラのレンズの前にこの偏光板を装着します。例えば、右の映写機のレンズに、縦方向の光が通る偏光板を装着し、左のカメラには横方向の光が通る偏光板を装着します。

　次に人間が見る時に、目の前に偏光板を装着した眼鏡を架けます。メガネのレンズが偏光板です。映像をスクリーンに投影する映写機と同じように、偏光板眼鏡の偏光角度が映写機の左右と同じようにします。そうすることで、例えば、右のメガネレンズを通して見た映像は、縦方向の光で構成された右のカメラレンズで撮影した映像だけが偏光の方向が合致するため見えますが、横方向の光で撮影された左側の映像では丁度90度ずれるためまったく見えません。同じように、横方向の偏光板で投影された左側の映写機で撮影された映像は、左目では見えますが、右目ではまったく見えません。偏光板を利用することで、右に設置したカメラで写した映像は右目で見、左に設置したカメラで見た映像は左目で見ることはできるようになります。

　3次元映像の基本原理です。右目と左目でそれぞれ異なる映像を見ていることになります。—— ここまでは単なる一般的説明です。——

②3D映像では何故、距離が識別でき立体に見えるのか？

　3D映像は、左右両眼で見ています。それぞれの目で見た形などは、微妙に異なります。片目を瞑って映像を見ると、立体感や距離感が無くなり画面は平面に見えます。右目を瞑ったときと左目を瞑った時では、映像が少し異なっていることが解ります。

　この異なり方は視差によって生じています。視差があることで、対象までの距離が識別でき、距離が判ればその積分で立体が判ります。両眼視の視差によって、距離が判るのです。

③何故、3D映像はぼやけないのか？

　3D映像は、左右両眼で見ています。それぞれの目で見た形などは、

視差によって微妙に異なります。両方の映像を同時に見るためには偏光レンズの眼鏡をはずします。偏光レンズの眼鏡をはずすと二つの映写機から投影された映像が重なって見えますが、この映像は、ぼやけて見えます。視差がある映像を同時に見ると微妙に異なる二つの映像が重なってスクリーンに投影されているので当然の現象です。

　しかし、偏光レンズ越しに見た映像は、鮮明な映像に見えます。何故、二つの映像を同時に見ても、映像がぼやけないのでしょうか？

　ゆっくりと左右の目を交互に開けて映像を見てから、両眼で見ることを何度か繰り返して注意深く見ると、両眼で見た時の映像が、左右どちらかの映像と合致することが解ります。両眼で見ている映像は、左右どちらかの目で見た映像に一致します。

　一致する方の見え方をした方の目のことを利き目と言います。私達は対象を両眼で見た時、利き目で見た映像を見ていますが、利き目でない方の目で見た映像は見えていません。見えていない方の映像について考えると、対象からの光は網膜に達し、光から電気信号に変換されますが、脳の情報処理システムでは、その映像を「意識」としては、脳には伝達していないのではないかと思われます。あるいは伝達されても「意識」の表層から削除され、実質的に「意識」されることが無いと考えられます。

　人間が進化の過程で対象を「はっきり」とさせるために、対象を見る機能が習得した現象と考えられます。両眼で見て異なる映像は、片側だけで見ることで「はっきり」した映像になります。

④両眼の役割分担

　利き目でない方の画像があるために距離感が生じ、立体視ができるので、両眼あることで、距離が判り形状が「はっきり」することで、情報はさらに「はっきり」したものになります。

　目は、形状などを見る目と、距離感を測定するのに役立つ目と、役割を分担していると考えられます。なお、形状などが分かることが優先されるため、利き目が使えない時は、利き目でない方の目で、形状などを「はっきり」と見えるように「意識」されるようになります。

3．人間が対象を見る時の動作

⑴ 最初の見方

　人間は目を開けて外界にある何らかの対象を見る時、無意識と言われる短時間の間で最初に行うことは、全体を漠然と見ることです。漠然と見た後、視線を移し、見たい場所を決めます。無意識あるは本能的と言われる短時間の間に見る所を決めます。見る所は一度決めたからといって固定されることではありません。次々と移ることで広い範囲をはっきりと見ることもできます。見る場所を狭い範囲に絞って意識を集中して見る場合もあります。

　外界の光が目に入ると、最初に行うのが、何処を見るかという「意識」ですが、この場合には、必ず順位があります。光が当たって明るいところ、動きがあるもの、陰影などがはっきりしているものなどが優先されますが、必ずしも見る順位は固定されたものではありません。そして、次々と見る先が移るのが一般的です。

⑵「はっきり」させる

　目が対象を見た時には、対象の形状や色彩などを「はっきり」させることが重要です。
「はっきり」しない情報を基に行動すれば、人間は生きていくことができません。情報は「はっきり」させることが必須の条件です。
　目で見て対象から得られる情報をはっきりさせるためには、対象までの距離、対象の大きさ、形状、色彩、動きなどが「はっきり」している必要があります。

⑶ 距離と立体およびその波及

　普通の人間は、対象物をある程度の距離から見た場合、対象物までの距離が判り、大きさなども、見分けることができます。対象物までの距離とその大きさが判る目のシステムなど頭で理解していなくとも、対象物までの大雑把な距離や大きさなどが目で見ただけで分かるのが人間です。何故そのように見えるのかを、ここで説明します。

①距離は２眼あることで判る

　人間の目が２眼あることで、視差が生じ、視差によって対象までの距離が判ります。両眼の間の距離と対象物までの視角によってそれらを結ぶ三角形ができます。三角形では、１辺の長さである両目の間隔と両目から対象を眺めた時の視野角が判ります。相似形の原理から１辺の長さが決まり、両端の視野角が決まれば、距離が判ります。この関係は三角形の相似形の原理を考えれば自明のことであり、科学的な常識です。距離が判れば、その積分で立体が判別できるのも当然の成り行きです。

　錯視の世界では、単眼視から距離や立体を認識しようとする理論が構築されていますが、この考え方は間違いです。単眼視だけでは距離は判りません。距離を解ろうとする場合は何か他の方法を加える必要があります。何か別の方法を追加しなければ、距離は判りません。既存の錯視論では、距離に関する基本が間違っているため、距離や奥行きが関係する理論は、間違いによって構築されている理論になりますので、その結果は全て空論となります。

②両眼の役割

　右目で見る画像と左目で見る画像は、僅かですが異なっています。この異なっている画像を同時に同じように見ると、画像はぼやけます。画像がぼやけると、目の基本的機能である、対象を鮮明に見るという機能が失われます。片目で見ただけで、対象の形などは判ります。

　片目で見ても対象の形が判るように作用しているのが利き目です。対象の形や大きさ、色彩等を見るのには片目があれば十分です。人間は利き目によって、形や色彩等を識別し、「はっきり」とした画像を意識し、認識できます。

　もう片方の目は、対象までの距離を知るには不可欠です。両眼あることによって、対象までの距離が判るからです。そのため、利き目でない方の目も対象を見ています。利き目を瞑れば、利き目でない方の画像が「はっきり」見えることで、利き目でない方の目でも、対象を見ていることが分かります。しかし、両眼の視差は僅かです。

　利き目で見た画像は「はっきり」と見えるが、利き目でない方の画像

は殆ど見えません。見ていて画像は有るのですが、利き目でない方の画像の意識は、殆ど無いということです。利き目でない方の目は、見ていても殆ど見えていないあるいは意識されません。この現象が、私達が通常に見ている現象で、見るということです。

　利き目とそうでない方の目は、同時に同じ対象を見ていますが、役割が違うのです。利き目は形状などを「はっきり」とさせ、そうでない方の目は距離が判るようになる機能を担っているのです。

③意識と見え方

　日常ただ単に見ているこの行為だけで、錯視の基本要素、それも重大な基本要素が含まれていました。両眼視と距離の判別は、当たり前の理論ですが、これさえも理解されていない場合が多かったのです。両眼の機能の分離に至っては、判らない人の方が多いかもしれません。しかし、目が対象を見る時には、先に述べた現象が、何時でも生じているために、対象までの距離が判り、立体を認識することに意識が集中し、そこに本当に重要な第3の要素が潜んでいることには、なかなか気が付きません。

　対象を「はっきり」見るためには、もう一つの要素が不可欠です。利き目で見た画像を残し、利き目でない方で見た画像を意識から消し去ることです。消し去ることは出来なくとも、意識の表層には出現しないようにすることです。少なくとも、利き目よりも大幅に感度を落とし、意識では感じないくらいまでにする必要が生じます。利き目で見た画像を残し、利き目でない方の画像は、実際に見えていても、人間の意識には上らないで、見えないという操作が、人間の意識によって自動的に行われている結果です。

　このことが本章の「いつもみているのに何時も見えない」ということです。

⑷ 優先度

　錯視という現象は、人間の身体で何が行われているかを示す証人です。科学実験では、最初に仮説を立て、次に実験を行って仮説が正しい

ことを証明します。錯視は、錯視そのものが実験であり、錯視現象が実験結果です。錯視とは、その実験が何の実験であったかを説明する必要があります。仮説を立て、結論を導く、その現象を説明し証明するための作用である実験が錯視であり、そこに表現される現象が錯視です。錯視の理由を説明するために新たな実験は基本的に不要です。錯視現象そのものが実験だからです。

　人間が対象を見る作用から言えることは、人間の目は、それぞれの目が同時に二つのことを認識することはなく、必ず片方の目で見て、もう片方は、実質的には見ていない状態になり、異なる役割を実行しているということです。

　利き目で見ることは、利き目に意識を集中して見ることです。意識を集中すれば、対象は「はっきり」見えますが、意識が分散しては、対象は「はっきり」見えません。意識を集中して見る場合（この集中が意図的である場合も含めて）、周辺は見え難くなり、時には全く見えなくなります。多くの中からの一つ、あるいは二つの現象の一つに意識を集中すると、集中した現象以外の現象は、極端な場合は見えなくなりますが、見えていても意識には上り難くなり、見ているという認識が無くなります。

　意識が何かに集中した時、その他のものが見えなくなるあるいは意識には上らなくなるあるいは、意識の集中度にもよるが、その傾向が生ずることを、具体的に実証しているのが、この日常的に対象を見ているときの現象です。利き目ともう一つの目で見ているときの違いから、利き目で見ていることが優先されて、対象が見えており、利き目でない方の目では見えていない現象が生じています。形状などを見ているときに利き目の見え方が優先し、利き目でない方が見えなくなることから、利き目が優先されていることが解ります。利き目か否かという優先度が生じた結果です。錯視の場合は、「意識」という感覚によって生ずる「優先度の錯視」ということになります。

　優先度は錯視の基本要因の一つです。

4．錯視とは

　錯視とは「何かが異なって見えるように意識される現象」です。この言葉を逆に考えれば、何かが異なっているように意識されなければ、その現象は錯視とは言いません（前項のように日常見ていることは錯視とは言いません）。

　単なる間違いや、何かが違っていても人間が違っていると意識しない現象は、錯視とは言いません。何かが違っているのが当然であると考えられる場合も、一般的には錯視とは言いません。何かが違っているときに、違っていることが「おかしいとは思いませんか？」として何かが違っていると意識したとき、はじめて、錯視という認識が成立します。

　そのため、「それは錯視だ」と言う場合は、それが何故錯視かということを説明することが必要になります。

　人間誰もが、それが当たり前と思っている現象は、錯視とは言いません。

　例えば、鏡に映った顔は左右が反転して、本来の顔とは異なって見えますが、この現象を錯視という見方をする人はいません。それが、当たり前の現象だからです。もう一つ例をあげれば、誰か人間の顔を見る場合、正面から見た顔と横顔は当然異なった形になりますが、この異なっていることを、錯視だと言う人はいません。球は何処から見ても同じ形の円形に見えますが、異なる位置から見れば、異なった形になるのが一般的なので、何処から見ても同じ形なのは、通常の万物とは異なっていますが、この見え方を錯視と言う人はいません。あるがままに見えているからです。立方体の場合は、見る高さを変えず、位置を90度あるいは180度ずらしても同じ形に見えます。この同じ形に見える現象も錯視とは言いません。ところが、非対象の形状で、見る位置を180度ずらしても同じ形状に見える形状の場合は、常識では考え難いため、錯視の仲間に入れているようです。しかし、科学的に立証できる現象は、錯視ではないのではという疑問も出てきますが、何かが異なっているように意識される現象は、当然錯視に分類されます。

　錯視は「何かが異なって見えるように意識される現象」です。何かの

現象を錯視であると主張する場合には、何が異なっているか、および、何故異なったかを説明する必要が生じます。NHK放送大学の「錯覚の科学」では、人間が心理的に怠り易い傾向を説明し、何が異なっているか、何故、そのようになるのかなどを、人間の心理にも関連させて数多く紹介していました。

　ここで主張したいことは、「何かが異なっているように意識しない現象」は錯覚や錯視には含まれないという事です。人間が、何かが異なっていると意識した時、初めて錯覚という現象が成り立つことです。ホモサピエンスが詳細を認識する能力を獲得したことが、基本的要因で、錯視が生じたとも考えられます。この考えでは、意識を明確に持った人間以外には、錯視は生じないことに帰着します。何かが異なっているという詳細を解る人間だけに生ずる現象が錯視という事になります。従って、小児や鳥などは、錯視の言葉の意味さえも解らないため、錯視は判らないと推測されます。

　なお、現在までに解明されている錯視の要因は、目の動きを要因とするマイクロサッカードによる錯視です。部分的に解明されているのが月の錯視です。科学的に検証可能な錯視現象である「平面化の錯視」などは、検証の必要性はありません。平面化の錯視はその状況を説明すれば十分で、そのまま要因を説明したことになります。自然の法則による現象は、その法則を説明すれば良いのです。

　人間が対象を両目で見ている現象は、誰もが普通に経験している日常現象です。そのため、実際には利き目でない方の目から見た像は本来見えているはずなのに意識に上らず実際には見えていません。このような当たり前の日常現象は錯視とは言いません。錯視とは何かが異なって見えるように「意識」される現象です。実際に何かが異なっていても、誰もが異なっているように意識しない現象は錯視とは言わないのが現状です。

５．見るということは

　日常、外界の状況を普通に目で見ている状況でも、私達が意識して見

ている画像には、様々な現象が隠されています。その一つが利き目でない方の目の働きで、何時も対象を見ているのに何時も脳が「意識」することはなく、実質的に見えていない状態になることです。比較的近い対象を見る時、利き目で見えない部分を見ようとすると、利き目でない方の目で見た対象の形が見えるようになります。利き目で見えない部分を、利き目でない方の目で見ようとする意識が働くとそれだけで見えるようになります。

　利き目でない方の目は、視差による距離感の判断に寄与しているので、目の両眼は機能を分化しています。そして、目は一つの見え方だけを選択することで「はっきり」とした画像を常時見ていることができます。
「はっきり」と見ることは、見ていても意識に上らず見ていないように意識する目があるから、成立する現象です。

「いつもみているのに何時も見えない」とは、私達の日常の対象の見方、見え方です。あまりにも日常的なことなので、誰も錯視とは言いません。

第2章　月の錯視 (2000年の謎は解かれた)

1. 月の錯視概要

(1) 満月の大きさ (月の錯視)

太陽が水平線の下に沈むのを待っていたかのように、東の山影から煌々たる満月が顔を出します。山の端や木陰、建物のすぐ上に満月が大きく見えます。気のせいかあたり一面がまた明るくなったように感じます。

それから数時間後、満月は中天にあがり、相変わらず煌々と輝いていますが、上る時に見た満月よりも幾分というか、かなり小さく見えます。

月の大きさが変わるわけはないので、目がどうかしたかと思わず考えてしまいます。

2000年以上前から、既に知られていた「月の錯視」と呼ばれる現象です。

(2) 月の錯視が判らなかった理由

月の錯視が起こる理由は、地平線付近の月を見る時は、目の水晶体がその周辺部分も含めて拡大して見ているからです。逆に中天にあがった月を見る時は縮小して見ているからです。拡大して見る月は大きく見え、縮小して見れば小さく見えるのは当たり前です。

今まで2000年以上もこんな簡単な原理が解らなかったのです。

解らなかった理由も原因が判ってみれば、それはもう偏見以外の何物でもありません。目の水晶体が対象を拡大や縮小して見ているなんて考えなかったからです。考えたとしても、何故そうなるか、あるいは実際にそうなるのが妥当なのか、立証できなかったのです。そもそも、何故拡大する必要があるのかも解らなかったからです。

⑶ 月の錯視の要因

　月の錯視の基本的要因は、人間が月を見る時に「はっきり」と見よう
とする「意識」にあります。地平線付近の月と、中天の月を見る時で
は、月の周辺の状況が違います。この違いによって地平線付近の月を見
る時は、その周辺も含めて全体を拡大して見ることになり、中天の月を
見る時は、縮小して見ることになります。具体的に拡大や縮小を行うの
は、目の水晶体の作用です。この作用にさらに、脳内での情報処理作用
においての「意識」が働きさらにその傾向が助長されると考えられま
す。

　月の錯視が生ずる具体的要因は、月の周辺に何かが存在するか否かで
す。何かが存在する場合は、月とその周辺の違いなどを「はっきり」さ
せようとして、脳は目の水晶体に対し、焦点を合わせながら拡大するよ
うに指示を出し、水晶体は脳の指示に従って、厚さを増し、月とその近
傍を含め拡大して見るようになります。拡大された水平線近くの月は、
人間が大きな美しい月だと「意識」し見つめることで、さらに大きく
なったように見えます。中天にある月を見た場合は、月の周辺には大き
な差異があるものは存在しません。そのため、中天の中にある月を漠然
と見ています。広い範囲を漠然と見る場合は、ぼやけ現象は縮小するこ
とで全体が判り易くなることもあり、多少は縮小して見ていると考えら
れます。

　地平線付近の月を見る時には、月の周辺には明るさなどが大きく異な
る暗い影のような山影や木陰、建物などの背景があり、月の明るさと対
照をなしています。これらの違いを「はっきり」させるために、水晶体
を圧縮させ、さらに月を「はっきり」見たいという意識が働けばさらに
「はっきり」させる機能がその働きを加速させ、月が大きく見えるよう
に作用します。中天にある月は、周辺に何も存在しないため、あるがま
まに見えていると言って良いかもしれません。

　満月を地平線付近で見た時には、その周辺に何かが存在し、中天の月
にはその周辺に何も存在しないことが、月の錯視で大きさが異なって見
える具体的原因です。

2．脳の働き

⑴ 脳は正常に働く

　脳が常に正常に働くことが基本です。錯覚や錯視を考える場合に最も基本となる考え方です。既存の錯覚や錯視についての考え方では、脳が何処か間違った認識をするか、特殊な条件下では必ずしもそうではないとする考え方が主流でした。

　この考え方では、何故錯視が生ずるかその理由を示すことは困難です。何か不都合なことがあれば、その要因を全て脳の機能に転化して、具体的な要因を示さなくとも良くなるからです。それと共に、間違った認識では何故多くの人が同じように錯視現象を体験できるかも説明が困難です。多くの人が間違えるのであれば、間違えない人もいるはずです。間違えない人には錯視が生じないことになりますが、実情は殆どの人が同じように錯視に出会います。錯視は、多少は違っていても、多くの人間が同じように見える現象です。普遍性がある錯視現象を、単なる脳の不具合で説明するのでは、錯視現象を正確に説明していることにはなりません。

　そのため、これまでの考え方と全く対立するか、異なる考え方を取り入れました。「脳が正常に働く」ことは、人間の命を支えるための基本要素の一つです。ここでも「脳が正常」であることを、錯視の基本要因として考えました。この考え方は、これまでの錯視の理論では殆ど触れられていなかったようです。「脳が正常」であると考える論拠を次に説明します。そのため、基本的なことから出来るだけ簡潔に説明を展開します。

⑵ 宇宙の基本構造

　この世界を構成している基本は、宇宙の基本構造です。宇宙の構造を出来るだけ簡単に説明すると次のようになります。

「空間」の中にエネルギーと物質が「存在」し、「自然の法則」に従って作用し、「ゆらぎ」によって、「時間」の流れに伴って、「多様化」していきます。

　宇宙の基本要素は、「空間」、「存在」、「自然の法則」、「ゆらぎ」、「時間」および「多様化」となります。一般的にはこの6要素で全ての現象を説明することが可能です。錯覚や錯視についても、不明な点があれば、この基本的な宇宙の構成要素まで遡って考えることで、その要因の解決が可能になると考えました。

　なお、この基本要素が何故存在するかを説明することは出来ません。基本要素はその存在は無条件に認めざるを得ないのです。

⑶　人間の基本

　138億年程前にビッグバンによって宇宙は始まったと言われています。時間の流れによって多様化する宇宙の一角に、46億年前頃、地球や太陽ができ、地球誕生の数億年後に生命が誕生しました。

　地球上に誕生した生命体は「環境の情報を入手し、適応する活動を行って」命を繋ぎ、進化し、適応できた生物だけが現在地球上に存在しています。

　人間は環境の情報を入手し、その情報を適切に処理・判断し、判断に基づいて実際の活動を行い、命を繋ぎ子孫を残し、現在まで地球に存続してきました。ここで重要なことは、環境の「情報の入手」、情報を適切に処理する「人間の能力」、処理結果を適切に実施する「身体機能」です。

　これらを見ることに限定すると、人間は、環境の情報を入手する能力を充実させ、脳の情報処理能力を拡充し、さらに適切な判断が可能になるように脳を進化させました。

　人間の活動から導かれる重要なことは、「情報」「脳の能力」「実際の活動」です。

　人間の基本活動は命を継続させることであり、命を継続させるためには、環境の情報を「はっきり」させる必要があります。少しでも正確で「はっきり」した情報で、人間は実際の行動を行うことができるからです。「はっきり」しないままで、行動すればそのまま命の危機に繋がり、生存は望めません。「はっきり」した情報を入手できたことと、その情報に基づく行動によって人間は命を繋いできました。人間は「はっ

きり」した情報と、その情報に基づく行動が命を繋いだ原動力だったのです。それは現在でも変わりません。目から入る情報も「はっきり」させることが最優先されます。

　命を継続していくために必要な情報は適切であることが非常に重要な要件です。適切でなければ命を継続することができず、滅びる他ないからです。適切な情報を入手し、その情報に基づく行動を継続してきたから、私達人類が現在この地上に生息しているのです。適切であるためには、情報の内容が、正確であり、時間的にも短時間で、「はっきり」していることです。目から入る情報を「はっきり」させることができたこととその情報に基づく行動で、私達人類は、この地上に生息し続けることができました。極言すれば、情報を「はっきり」させることと、その「はっきり」した情報に基づく人間の活動が、今日まで人間がこの地球上に存在してきた基本的理由です。

　情報を「はっきり」させることは何にもまして重要な活動であることが理解できます。

⑷　脳の基本活動
　人間が個人としてあるいは種として生き続けるには、基本的には全ての機能が正常に働くことです。多少の故障があったとしても、基本的能力が正常に働かないと、人間は命を継続することが出来ません。

　人間の脳は、命を継続するため、入手した情報を「はっきり」させ、その情報に基づいて身体器官に適切な指示を行う機能として発達した器官です。脳が正常に機能していない場合は、人は生きていくことができません。もちろん多少の支障があっても、他の人からの援助などがあればある程度のことは可能ですが、基本的には正常に作用することが必要です。

　多くの人が同じような影響を受ける事象は、脳が基本的に正常に作用した上で、生ずると考えるのが、自然の成り行きです。ところが、現在までの錯視論では、何処かが正常に作用しないか、正常であっても特殊な場面で生じているかであるとの考え方でした。

　今までは、錯視を起こす現象の基本的考え方が間違っていました。錯

視に関する基本的な考え方が間違っているので、そのことをここでは「錯視の天動説」としています。

　新たな考え方である「錯視の地動説」では、脳は常に正常に働いていると考えて理論を展開します。

①脳の基本的働き

　目で見ることに関する脳の基本的働きは、目から環境の情報を得て、その情報を脳内で適切に処理し、処理結果を判断し、人間の具体的活動に指示を与えることです。

　人間は脳からの指示に基づいて行動し、命を繋いできました。

　環境の情報を得て以降、脳内での情報処理、処理結果からの判断を一般的に「考える」と表現しています。考えることは、情報を入手してからその情報を処理し、処理結果を導くまでの過程を表しています。脳における情報の処理とは考えることです。

　脳は、網膜からの電気信号を、感覚神経を経由して受け取り、送られてきた知覚、脳内に存在する進化の過程で身に付けた感覚、個人が生きてきた経験などの記憶、この3要素を基に情報処理を行います。この処理過程が考えることです。脳は受け取った電気信号を基に情報を処理します。情報処理は、脳内に記憶されている有限のデータを基に、新たに入力されたデータを加えて推測することです。

　人間の脳が行う情報処理である推測には明確な目的があります。人間が生きていく上で重要な行動に対する指示方針を判断するための明確な情報を提供することです。

　人間の行動を決める処理結果は、方針を決定するためにできるだけ「はっきり」としていることが求められます。「はっきり」しない情報を基に行動すれば、その行為は即座に「死」に繋がります。

　脳で行われる情報処理とは、知覚に、脳内にある記憶と感覚を加えて、「はっきり」とさせるために推測することと言えます。考えることは、人間の行動を指示するために、得られた情報を処理して推測して、情報処理結果を「はっきり」させる脳の働きです。脳で考えることは、情報を「はっきり」させるために推測することと言えます。

脳の基本的働きは、情報を「はっきり」させ、その情報に基づく判断をして、次の行動に結びつける指示を筋肉などの行動器官に発信することです。

②情報を「はっきり」させるために
　脳に送られてきた電気信号で「はっきり」しない知覚情報は、「はっきり」となるように、記憶と感覚を合わせて処理されますが何時も完全な情報が得られるわけではありません。むしろ不完全な情報の方が多いと考えられます。
　情報が不明確な場合、脳は、記憶や感覚などの知識が働く要素を加えて類推します。
　記憶や感覚は、過去の時間的経過のなかで、経験された事項が大部分なので、考えた結果に、過去の経験による記憶や感覚が影響することになります。知覚、記憶、感覚はそのすべてが、厳密に定まっているものではなく、その多くがあいまいな出来事です。その結果、処理結果が、「はっきり」しない場合は、そのまま放置・記憶されますが、はっきりした情報および比較的はっきりした情報は認知されます。そのあいまいさも、情報処理上配慮される事項です。「はっきり」できないことは、保留されます。
「はっきり」させるために、知覚、感覚、記憶などが関係します。
　考えることは、情報を「はっきり」させるために、知覚情報を基に、感覚、記憶を加えて情報を処理し、推測することです。
「はっきり」させるためには、脳の働きが正常であることが必須の条件となります。脳の働きが異常状態では「はっきり」とした結論は望めません。
　脳の基本的働きが「はっきり」させ、行動の指示を与えることから、導かれる必須の働きがあります。同じようなことを同時に２種類以上することは、行動の混乱に繋がります。人間は左右同時に移動することはできません。必ず何方かを選択しなければ行動に迷いや混乱が起き、生死を分ける場合は即、死に繋がります。そのため、脳は、基本的に同時に同じようなことは行いません。同じようなことを行う場合は必ず異な

る目的がある場合です。具体例で言うと両眼で対象を見る場合です。利き目で対象の形状や色彩などをはっきりと見、他方では視差によって対象までの距離が判るようになります。両眼とも利き目のように作用した場合は、画像がぼやけてしまい、対象を「はっきり」見ることはできません。人間は、同時に似たような現象に対しては、必ず一方を優先します。同じような現象が複数ある場合に、一つのことだけが意識されるのも人間が生きていく上で身に付けた基本的な能力と考えられます。

③脳の存在理由

　脳は、人間が命を繋ぐ活動を実施できるように、入手情報を基に推測（判断）し、その結果を反映して、身体の脳も含めた各器官に指示を与えるために存在します。

　脳の異常は、命を危機にさらし、正常に機能できなければ、食料の確保さえ容易には出来ず、その種は滅亡します。現在、人類が地球上に存在するのは、脳の機能が優れていたことは当然のことながら、脳の機能が一般的に正常に作用していたからです。

　正常に作用する脳だけに存在理由があり、異常な作用をする脳は不要です。間違った認識をする脳は存在理由がありません。

④知覚システムと錯覚

　人間が対象を見て、即座に判断する一連の動作は、非常に短い時間に行われるため、人間がある程度の時間考えてから意識することではなく、実質的には非常に短時間である無意識のうちに行われます。

　目の諸器官は、脳の指示に従って行動しています。目は、送られてきた電気信号に従って、水晶体や網膜を無意識といわれる短い時間で作動させます。目は最初の一瞬で視界に入る全体を見ます。そして無意識のうちに、対象のどの部分をどのように見るかなどの指示を目の機能に与えます。対象を初めに見た瞬間、あるいは、対象に大きな変化などがあった場合、瞬時に対応しているのです。目は初めに全体を見た瞬間、どのように対象を見るかを、無意識のうちに判断しているのです。ここで重要なことは、これらの一連の動作が言わば無意識のうちに行われる

ことと、初めには「必ず全体を見る」ことです。対象を見た瞬間に初めから特定の部分を見ることは通常はあり得ないことです。初めから一部分を見ることは、隔たった見方になり、全体から正確な情報を得て必要な部分を「はっきり」させようとする、情報の正確性などを求める行動とは相反する作用となるからです。

　人間は、始めに全体を見てから、その直後、目で見る行動を即座に判断し、目の器官などに対応する指示を与えることは既に述べた通りです。「最初に全体を見る」という意識が、その後を決める非常に重要な要素になります。

⑤恒常性

　脳の基本機能には、もう一つの機能があります。身体の状態を一定範囲内に維持するための指示を行うことです。一定範囲内に収めることを「恒常性」と言います。

　つまり、知覚器官などからの情報に基づいて、脳内で自動的にあるいは無意識のうちに判断され、身体の状態を一定範囲内に収めるように機能するのが恒常性です。脳から対応する器官などに、常に一定範囲を維持するための指示が出されます。なお、恒常性は、器官が作用する結果です。恒常性があるからといって、器官が恒常性によって何らかの反応を示すことはありません。

　既存の錯視論では、錯視の要因を説明する時、感覚の恒常性を理由にする場合があります。しかし、恒常性があるからと言って、その恒常性が理由で、何らかの現象が生ずることはありません。例えば大きさが距離に反比例して変化するよりも実際に見た場合に変化が少ないと、その理由を既存の錯視論では、恒常性によってそのように見えるとしています。仮に大きさの恒常性があるからといって、恒常性によってそのように見えるということは、本末転倒の考え方です。そのように見えることを恒常性と言うだけであって、何ら理由を説明したことにはなりません。

⑥脳は正常に活動する

　脳の働きが正常であることが、人間が生存を続けられる基本要件です。脳は正常に働きます。錯視は脳が正常に働いている状態で発生します。

　脳の正常な働きの基本は情報処理であると考えることですが、考えることは推測することで、推測の目的は「はっきり」させるためです。考えることの他に脳の指示目標の一つは身体を一定状態に保つことで、「恒常性」の維持も基本的活動です。

「脳が正常に働く」ことが基本で、「はっきり」させることと「恒常性」の維持が、考える事である脳の推測であり、考えることの「目標」となっています。

⑦意識

　目で見る情報を「はっきり」させるためには、対象を見る時、その部分に意識を集中させ、焦点を合わせることです。「はっきり」した情報を得るためには、意識が重要な役割を果たします。最初に対象を見た瞬間、何をどのように見るかという無意識の判断も、一つの「意識」と考えられます。

　地上から見える月は非常に小さな対象です。小さな月を見る場合、最初は月の周辺も含めて広い範囲を何気なく見ます。この全体を見る一瞬の見方によって無意識と言える短時間の間に見たい部分に視線を向けます。

　月の錯視は、月の周辺に何かが存在していれば、違いを「はっきり」させようとする「意識」が働き、周辺に何もない大空の中の月は、漠然とした広い範囲にあると「意識」して見ることになります。

「意識」して見ることが「月の錯視」の要因で、地平線付近の月は周辺に何かが存在しているため大きく見えますが、「大きな月、あるいは明るい月がある」などと「意識」して、地平線付近の満月を見ると、ただ漠然と地平線付近の月を眺めるよりも、さらに満月は大きく見えます。「意識」することで、水晶体の拡大作用がさらに促進され、月がさらに大きく見えるようになります。「意識」を集中することは「はっきり」

と鮮明にすることであり、更なる拡大効果を生むことになることは既に述べた通りです。

3．水晶体の働き

⑴ 焦点を合わせる作用

　目の水晶体は、カメラのレンズと同じ役割を果たしています。地平線付近の満月を見る時は、脳からの指令に基づいて目の水晶体が厚くなるように動き、対象である月やその周りを大きくなるようにして見ます。空全体の一角にある中天の月は、何もない背景のなかで漠然と意識され、縮小して見れば良いとの「意識」が働き、水晶体は薄くなるように脳から指令を受けるのです。目の水晶体が対象を拡大や縮小して見るはずがないと考えるのも勝手ですが、水晶体も勝手に拡大や縮小をするわけではありません。「はっきり」させるという目的があっての動作です。

　レンズである水晶体が対象を拡大や縮小して見ているなんて信じられないという思い、目の水晶体が、勝手に大きさを変えて見ているなんてことがあろうとは考えなかったことが、月の錯視の要因が現在に至るまで判らなかった原因と推測されます。人間は勝手に思い込んで幻想を作り上げる天才かもしれません。

　手動式のカメラでは、対象の像が「はっきり」となるようにレンズの焦点距離を調整しました。目も同じように、何時でもどこでも、必要に応じて任意に焦点距離を変えて対象の像が「はっきり」となるようにしています。焦点距離を変える事は、対象の画像が大きくなったり小さくなったりすることです。対象の大きさを変えて見ていることになります。大きさを変えるどころか、時には、大きく見たり小さく見たりする部分が同居する場合もあります。そんな馬鹿なことがと思うかもしれません。この作用は、あまりにも日常的に行われているため、意識もせずに、無意識のうちに行っていることに、肝心の当人がそのことを意識していないだけです。

　目でものを見るという行為そのものが、既に、水晶体の焦点距離を合わせる行為の現れです。目で何かを見る時、見たい方向に視線を向け、

44

見たいものに焦点を合わせます。この焦点を合わせるという目の作用が、焦点距離の調整であり、水晶体の厚さを調整する作用です。対象を「はっきり」見ようとする行為自体が、水晶体の厚さを調整して、細部であれば焦点距離を合わせて大きく拡大して見ますが、広い範囲は大雑把に見ます。

　水晶体の働きが悪くなった場合は、眼鏡で、その働きを補完します。乱視の眼鏡は、一度に拡大と縮小を行い、形の歪みを修正します。

　目が対象を見る時、最初は全体を大雑把に眺め、その直後に、何処を見たいかを「意識」し、見たい所に焦点を合わせます。時には見たい所が移動します。何処を積極的に見たいか「意識」することで、脳は、目の水晶体を動かす筋肉などに、その部分が「はっきり」と見えるように指示を行い、筋肉はその指示に応じて働き、視線を見たいところに向け、水晶体の厚さを調整して「はっきり」と見えるようにします。

⑵　月を見る時

　満月を見た瞬間脳の情報処理機能が働き、月の近くに何かがあれば無意識のうちに水晶体を圧縮させるような指示を出し、何もなければ漠然として見る指示を出します。

　月の錯視は、月の周辺に何かが存在するか否かによって、目の水晶体が月を含めた周辺部分まで、拡大して見るか縮小して見るかの違いです。月を見た最初の瞬間に、月の周辺に何かが存在していれば、違いを「はっきり」させようとする「意識」が働き、拡大して見ようとしますが、周辺に何もない大空の中の月は、漠然とした広い範囲にあると「意識」して見ることになり、縮小して見ることになります。月の周辺に何かが「存在」しているか否かの違いで大きさが異なって見える錯視であるため、「存在の錯視」と言えます。

　月の錯視については、現在までも、地平線付近の月は周辺に何かが存在するように見えることが要因ではないかと推測されていましたが、存在による「意識」の相違と、実際に水晶体が拡大や縮小作用を行っているとは考えなかったことが、2000年間、月の錯視の要因が判らなかった原因であろうと思われます。2000年間続いた月の錯視の原因は、月

の周辺に暗い何かが存在する時は、月も含め、その周り全体を拡大し、何もない場合は縮小する「意識」によって、目の水晶体が厚くなったり薄くなったりする働きで生じていたのです。今までも、月の錯視の要因は地平線付近の月には周辺に何かが存在するからではないかという説がありました。具体的な現象は把握していましたが、目の水晶体の作用が影響していることに気が付かなかっただけです。目の水晶体が対象の大きさを変えて見るという発想が湧かなかったからです。

⑶ 存在の錯視の証明

　月の錯視が「存在の錯視」ということは、月を見た時に月の周辺（視野角的に近くという事で、実際の距離には関係しません）に何かが存在しているか否かの違いです。月の錯視が、周辺に何かが存在するか否かの錯視であることを立証するためには、地平線付近の月を見る時と、中天にあがった月を見る時の、月の周辺の条件（背景）を同一にすれば、月の錯視が生じないことを立証することで得られます。

　周辺の状況を同じにするには、月を見る時に、紙に穴を空けて、周辺部分は殆ど見えないが、月だけを見えるようにして見ることや、もっと簡単な方法としては、50円硬貨や5円硬貨の穴を通して、地平線の月と中天にあがった月を見ることです。この方法では、何方も月を見る時の背景である周辺の状況が同一になっています。この方法を使うと、地平線付近の満月と中天に見える満月は、どちらも同じ大きさに見えます。月を見る時の背景を同じにすると地平線付近の月と中天の月が同じ大きさに見えるのです。カメラを使って同じ倍率で、地平線付近の月と中天にある月を写した場合、何方も同じ大きさに写ります。目に入る前の対象の大きさには、何の変化もないことを現しています。存在の錯視は、目に入る前の大きさに差異は生じていません。

４．月の大きさが異なる他の理由

⑴ 距離の変化

　人間が見ている地上から月までの距離は、地球や月の動きによって変

化します。地球の自転によって、最大で地球の半径程度の距離の遠近が生じます。

　地球の中心から月までの距離を約38万キロメートルとすると、地平線付近で見る月はおおよそこの距離で見ていますが、中天にかかった月は、緯度がゼロの赤道付近で地球の半径程の距離の分だけ、近い距離で見ることになります。その分、中天の月の方が大きく見えることになります。距離の違いは最大に見積もっても1.7％程度、中緯度地方では1％ほどです。大きさから言えば、月の錯視の逆の現象になり、中天の月の方が大きくなります。1％程度では、影響力は大きくはありません。

　月は地球の周りを公転しています。公転軌道は楕円形であるため、地球から月までの距離に差が生じます。この距離の差によって月を見た時に、距離の差が現れ、大きさに差が生じます。同じ日に月を見る場合には比較の対象にはなりません。

⑵　空気層の厚さ

　地平線付近では、月からの光は中空の月を見る時よりも、厚い空気層を通ります。この厚さの違いによって、透過光の色相が異なり、暖色系と寒色系との多少のずれで、距離が少し異なるように見えますが、その影響は小さいものと考えられます。

　空気中には、微粒子が存在します。この微粒子によって月から来る光が散乱し、ぼやけ効果によって大きく見えるという説もありましたが、仮にあったとしてもその効果は小さいものです。大きさに影響があるほどであれば、周辺部分がぼやけて見えるはずですが、月の錯視ではそのようなぼやけは見えず、逆に拡大によってはっきり見えます。

　空気層の厚さの差異は、月の錯視の要因とは言えないでしょう。

1．既存論との考え方の違い

　月の錯視の要因が、何故、今まで判らなかったか、その理由は簡単です。目の水晶体が大きさを調整する作用があると考え付かなかったことです。仮にある程度類推しても、決定的理由を説明できなかったからです。更に付け加えれば、「まさか、そんなことが……」というような思いが根本にあったと思われます。

　第3章では錯視に関する理論を、人間の根幹にかかわることから記述して全体を構成します。人間には何が大切であるかを、「はっきり」と示す理論とも言えます。

　何かが判らない時は、基本に戻って考察するというプロセスを忘れ、誰かが提唱したことを厳密な検証もなしに、結果が正しいと仮定して、その先の検討に進んだことが、現在まで錯覚の要因を判らなくしていた原因です。「判らない時には如何するか？」です。判らない時は基本に立ち戻って検討することが肝要なのですが、今までは、脳の働きが何処か違っているのではないかという考え方や、まったく間違った理論を信じて、屋上屋を重ねたことが、錯視の世界を混迷に陥らせた原因です。

　ここでは、これ以上ないという基本から錯視論を構築します。「錯視の地動説」ともいうべき基本を知ることで、現在まで流布された錯視の理論「錯視の天動説」が如何に矛盾だらけであったかを証明することになるからです。

　天動説と地動説の違いは、基本的現象が判っているか、いないかの違いです。

2．錯視の分類と要因

(1) 錯視の基本要因

　錯視は、目や脳の働きが正常である場合に、目で見る現象が何か異

なっているように「意識」される現象です。

　錯視の基本要因は、人間が生きていく上で最も重要な要素、実際の生存活動とそれに直結する情報の入手にあります。人間が生きていく上での実行動と情報の入手、人間の身体を一定範囲内に維持する恒常性が最も重要です。

　錯視はこの情報の入手においては「はっきり」させるため、恒常性においては素早く元の状態に戻し一定状態を保とうとするため、これらの「過剰反応」によって生ずる現象です。具体的な錯視現象は、知覚器官である目、その構成要素である水晶体、網膜、人間が生命体であるための目等を含めた微小な動き、脳の初期の働きとその後の具体的な働き等が個々の錯視の要因になります。その他にも目に情報が入る以前に要因があるものがあります。

⑵　はじめの過程

　目を開けて最初に対象を見る場合や視線を移して対象を見る場合、あるいは対象が突然変化した場合など、何か大きな変動があった直後に見る場合など全て含め、それ以前と大きく異なった状態で対象を見る場合、ここでは「はじめに見る」と表現します。

　人間は、対象をはじめに見た場合、全体を大雑把に見ます。初めから特定の個所を集中して見ることはありません。全体を大雑把に見て、次にどのように見るかを決めます。

　この動作は、はじめの一瞬であり、本能的とも言われる短時間での現象です。最初から何処か一部を優先して見ることはありません。何かが光っている場合など、目を開けた瞬間、その光に気を取られ、その部分を最初から見ているように意識される場合などは、最初からその場所を見ていると勘違いされる場合もありますが、この場合であっても、最初の瞬間は全体を見て、瞬時に光に気を取られ、その部分を見ているのであって、最初に全体を見なければ光っている場所さえ判っていないため、最初から光っている部分に視線を向けることはありません。

　どのように見るかを決めるのは、最初に全体を大雑把に見て、対象に何らかの注目するポイントがあるか否かを瞬時に見分け、注目するポイ

ントがあると、それを「意識」し、その意識に沿った行動を、目や脳に指示します。注目するポイントが次の見方を決定する引き金である「意識」となります。

　意識が錯視現象を引き起こす具体的要因となります。具体的には、その時「意識」する背景などの周辺状況の違いによって、それぞれの錯視現象が生じます。

　錯視現象に「最初の見方」という要素を組み込んだことは、新たな考え方と言えるかもしれません。現在までの錯視に関する考え方では、最初の見方という考え方が希薄だったように思えます。何か行動を起こす場合は、必ず事前の調査が必要であるという認識が無かったか、詳細に考える必要性を考慮していなかったように思えます。

　対象を最初に見た場合に、何を意識するか、その意識が、具体的な錯視現象の要因の一つとなります。

⑶ 錯視の種類

　見ることに関する人間の器官は、目と目から入った情報を知覚する脳の働きです。目で見る現象については、目の働きと脳の働きが必要で、錯視に関してもこの器官の働きで生ずると考えられます。

　なお、目や脳が関与しないで何かが異なったように意識される現象があり、それらは、目に光が入る以前に要因があります。錯視の分野では、自然現象によるものと、人為的に作成されたものがあります。

　ここでは、錯視と言われる現象を、目の水晶体や網膜が関与する働き、目の動き、脳の直接的働き、目に光が入る前に要因がある働きの次の４種類に分けて考えています。

①目の水晶体や網膜が直接関与する錯視

　目の機能が直接関与するのが「形状の錯視」と「色彩の錯視」です。形や大きさ、色彩などが実際に異なって見えるように「意識」される現象です。

②目の動きが関与する錯視

　目の空間的な微小な動きも錯視に関係します。目の眼球などが微小に動くことによって生ずる現象で、既存論でも「マイクロサッカード」という言葉が使われています。微細な形状の動き、色彩の表出などの現象が生じます。

③脳が直接関与する錯視

　目から脳に入るまでの情報は何も異なっていませんが、脳での感覚や記憶などが直接関与して、何かが異なって見えるように「意識」される現象です。ここでは「感覚の錯視」としています。

④目に光が入る前に要因がある錯視

　情報が目に入る前に要因があって、何かが異なって見えるように「意識」される現象です。目に入る以前に要因があるため、科学的な理論での説明が可能になります。

　自然現象と人間が意図的に作成したものがあります。自然現象で起こるものは、通常は錯視に含めませんが、特異なものは錯視に含める場合もあるようです。その多くは、光の屈折と反射で説明できる現象です。

　自然現象以外にも、人間が意図的に作成して、何かが異なっているように「意識」させる現象があります。人間の意図が深く関わっていますが、これも科学的に証明することが可能な現象です。これらは形状や色彩などが実際と異なっていることはありません。人間が意図的に作成したトリックアートが該当します。ここでは、自然現象による錯視やトリックアートも目に入る前に要因がある錯視に含めて考慮しています。

3．錯視の具体的分類と要因

⑴ 目の水晶体が関与する錯視（形状の錯視）

　目の水晶体が直接関与する錯視は、形状の錯視と呼ばれています。目が関与する錯視の基本要因は、対象を「はっきり」見ようとするときの「過剰反応」です。

目で対象を見る場合、次にどのように見るかを決めるのは「最初の見方」で、人間は対象を見て、どのように見るかを瞬時（無意識のうち）に脳内で判断し、具体的にどのように見るかを判断し「意識」します。意識した結果に基づいて、実際の器官である目に脳から指示が行われます。

　水晶体は外界からの光を受け、像を結ぶ働きがあります。像を結ぶ作用では、形や大きさを「はっきり」させることが重要です。形や大きさに係わる錯視である「形状の錯視」は水晶体の働きで生じます。形状の錯視は、目で見た対象の情報を可能な限り「はっきり」させるために生じた現象で、人間が対象の実体を正確に理解し易いよう「はっきり」させるために起きた「過剰反応」です。突然、過剰反応という言葉が出てきましたが、見えることが直接係わる錯視は基本的に過剰反応によって生じます。正常な当たり前の反応であれば、一定の大きさに見えますが、過剰に反応するため大きさが異なったように見えるのです。この考え方も全く新しい見方であり考え方となります。ここでも気を付けたいことは過剰反応を起こした結果、錯視が生ずることです。錯視を起こしている現象が過剰反応です。過剰反応を説明するためには、その過剰反応が起こるプロセスなどを説明する必要が生じます。

　形状の錯視は、形状を「はっきり」させるために水晶体が「過剰反応」して、本来の大きさと異なった大きさに「意識」する現象です。目は何時でもどこでも、必要に応じて任意に対象の大きさを変えて見ています。大きさを変えるどころか、時には、大きく見たり小さく見たりする部分が同居する場合もあります。この作用は、あまりにも日常的に行われているため、意識もせずに、無意識のうちに行っており、肝心の当人がそのことを意識していないだけです。

　目でものを見るという行為そのものが、既に、水晶体の焦点距離を合わせる行為の現れです。目で何かを見る時、見たい方向に視線を向け、見たいものに焦点を合わせます。この焦点を合わせるという目の作用が、焦点距離の調整であり、水晶体の厚さを調整する作用です。対象を「はっきり」見ようとする行為自体が、水晶体の厚さを調整して、細部であれば焦点距離を合わせて大きく拡大して見ますが、広い範囲は大雑

把に見ます。

　水晶体が厚さを調節する働きが悪くなった場合は、眼鏡で、その働き
を補完します。乱視の眼鏡は、一度に拡大と縮小を行い、形の歪みを修
正します。

　目が対象を見る時、最初は全体を大雑把に眺め、その直後に、何処を
見たいかを「意識」し、見たい所に焦点を合わせます。時には見たい所
が移動します。何処を積極的に見たいか「意識」することで、脳は、目
の水晶体を動かす筋肉などに、その部分が「はっきり」と見えるように
指示を行い、筋肉はその指示に応じて働き、視線を見たいところに向
け、水晶体の厚さを調整して「はっきり」と見えるようにします。

　満月を見た瞬間、脳の情報処理機能が働き、月の近くに何かがあれば
無意識のうちに、水晶体を圧縮させるような指示を出し、何もなければ
漠然と見る指示を出します。

　目の水晶体が厚さを調整することで、対象の大小などが本来の大きさ
と異なるように「意識」される現象は、「形状の錯視」と呼ばれていま
す。言い換えると「形状の錯視」は目の水晶体の厚さの調整によって生
ずる拡大・縮小作用の結果です。

⑵ 網膜が関与する錯視
①網膜の面的配置

　網膜の視細胞は面的に配置されています。水晶体の像を結ぶ作用に
よって、網膜の上に像が投影され、そこに当たった光の種類や強さに応
じて、光は電気信号に変えられます。水晶体を通った光が像を結ぶ細か
さ（精度）は、水晶体の像を結ぶ能力で何処まで鮮明に像を結ぶかが影
響します。この力が弱いとカメラではぼやけた映像になります。もう一
つは、視細胞の数には限りがあります。何処までも精細にとはいかず、
ある程度以上の細かさになれば、同じようにぼやけてきます。水晶体の
像を結ぶ作用と網膜の視細胞のきめ細かさによって、網膜に写る像の精
度が決まります。対象が細かいものが多数集まった場合は、分解能の限
界を超えるため、同化や混合が起こります。視力が人によって異なるよ
うに、同化や混合は人によってその精度が異なります。

②視細胞の感度

　網膜は水晶体からきた光を電気信号に変換させ、電気信号を脳に送ります。この変換過程で起こる錯視が、「色彩の錯視」や「残像の錯視」です。このため、目で見る状況によって、「はっきり」させる方法が異なります。周辺状況である環境によって、「はっきり」させる手段が異なっていると言えます。

　視細胞は光信号から電気信号に変換する器官であるため、光の強さや全体の色調などが、転換後の電気信号に影響を与えます。

　特定の色彩が全視野あるいは広い視野にある場合、その広い視野全体の特定の色彩感度を低下させることで、それぞれの色彩の違いを「はっきり」とさせることができます。「はっきり」させるための具体的活動が、特定色彩の感度の低下です。そこまでやるかとも考えられますが、夕焼け空を始め多くの作図などでその現象が確認されています。この現象は、目で見る視野角としてかなり広い範囲が特定の色彩に偏った場合に生ずる現象です。今までの錯視の説明では、色彩の恒常性によって生ずるとされてきました。このような現象を色彩の恒常性と言うのであって、色彩の恒常性を理由にすることは因果関係の逆転で、何も説明していないことになります。

③時間の継続（残像現象　正の反応）

　網膜の視細胞が、光から電気信号に変換する時、反応時間が必要になります。強いインパクトを与える対象を見た時には見た時だけでなく、その影響がその後も暫時続きます。目で見ている現象が、その現象が無くなった後も続くことを残像と言います。

　視細胞の光に対する反応時間の時間遅れ現象と考えられます。光が網膜の視細胞に達したからといって、即座に変換の反応が始まるわけではありません。非常に短い間ですが必ず時間遅れが生じます。強い光などの場合、対象の光が消えた後も、視細胞は、前からの強い刺激の影響を受け、少しの間、時間遅れで反応し、暫時減少します。

　正反応の残像の出現は、生物学的な時間遅れ現象と考えられます。

　残像は、目で見た影響が、その現象が消失しても、その後の少しの時

間、漸減しながら続く現象です。残像現象があるため、映像を瞬時繰り返し移動することで、画像の移動が円滑に動くように見える映像やテレビが見られます。

④過剰反応　その1　反対色の出現

急激な変化があった場合は、短い時間で元の状態に戻す現象として、「過剰反応」が生じます。過剰反応は、人体だけでなく、ステップ状の電流を流した時の電流の流れのように、急激な変動に対しては、自然の法則でも「過剰反応」が生じます。

色相においては、反対側の色相は補色なので、過剰反応の結果補色が出現します。

過剰反応は過渡的な反応であるため、時間境界や空間的境界から離れると、暫時減少する特性があります。反対色の出現は、色彩に関する時間的な過剰反応です。

⑤過剰反応　その2　境界線を挟んでの強調

一つの境界線を挟んで、異なる色彩が存在する場合、その境界線の左右で、お互いの色彩を強調し合います。色彩の強調です。急激な変化による過剰反応の時間的変化で出現するのが、前項の反対色の出現ですが、空間的変化によって出現するのが境界線を挟んでの色彩の強調です。

⑥網膜細胞の反応時間

目の色彩細胞は、対象の光の強弱などインパクトの強さによって、対象を見る時間が異なります。強い光の場合は、短い時間で光から電気信号への変換ができます。弱い光の場合は、変換に多くの時間がかかります。網膜の視細胞は、刺激の強さによって、反応時間が異なります。

⑶　目の動きが関与する錯視
①微小な動き

対象を見る時、目は生体であるため静止しているつもりでも微小な動

きがあります。一般的な静止状態と考えられる状態で、目が微細に動く現象です。動きは非常に小さいため、狭い領域で生ずる現象だけに影響します。身体の微細な動きや目の動きで、視線などが実際に動いて生ずる現象です。非常に狭い範囲で起こります。そのため、インパクトの非常に強い小さな光点などでその動きがよく観察されます。時間的には、点滅が生ずることもあり得ます。目の動きは微細でも、視線の先の動きは大きくなります。

②方向性とちらつき

小さな図形などで、大中小、黒・灰・白、矢印、などの図形があると方向性があるため、視線が元から先へと誘導されます。この小さな図形が連続して多数配置されると、元から先へ行く動き（視線の動き）が誘導されます。方向性のある小さな図形などが連続することで、動きがあるように誘導される現象です。静止画像に動きが生じているように「意識」されます。目の微細な動きによって方向性が生じ、その結果として、動きが見られます。

方向性がなくとも、急激な変化を繰り返す場合は、「ちらつき」が生じます。相違の大きい現象が小さな境界を境にして、多数連続的に接している場所では、その違いを「はっきり」させようとする「意識」が働きます。しかし、分解能の限界を超えると「はっきり」させるよりも同化や混合によって、一体化する見方に変わります。

意識を集中させた場合は「はっきり」させる「意識」が働きますが、視線の動きは微小空間では常に微細な動きをしているため、長い時間集中して見ることはできません。「意識」を集中して見る時は、違いは強調されますが、「意識」が緊張度を解くと、漠然と見ることになり、対象は同化・混合領域で見られることになります。連続して長時間同じ状態を保つことはありませんので、小さな視野角でインパクトの大きく異なる現象が繰り返される場合、「ちらつき」が生じます。

⑷ 脳の働きに要因のある錯視 (感覚の錯視)
①類推

　情報を「はっきり」させるために、目から入手した情報を脳の情報処理システムで既存の感覚や記憶を基に推測し、目で見た現象の不足分を補うという過剰反応によって生ずる現象があります。

　最初に対象を見て、何か「はっきり」しない時でも、目の器官は見た通りに脳に伝えます。目の器官である水晶体や網膜が直接関わらない情報は、そのまま電気信号として脳に伝達されます。目から入ってきた情報を基に、記憶や感覚などの要素を加えて、脳は情報処理を行います。その後、情報を「はっきり」させるため、脳の情報処理機能は、入ってきた情報と進化の過程で得た感覚、生きてきた過程での記憶を加えて類推を行います。類推過程で本来の形状などに追加してはっきりさせようとする「過剰反応」を起こす現象が「感覚の錯視」です。一般的な類推によって生ずる錯視を「類推の錯視」としてみました。

②優先度 (同時進行での選択)

　情報を「はっきり」させるため、人間の脳は一度に同じような情報について多重の情報処理を行うことはしませんし、出来ません。情報の同時多重処理は、方針などが定まらず情報が「はっきり」しないことになります。多重処理があると、類推結果が輻輳し、行動を指示する場合に支障が出るのではないかと考えられます。そのため、最初に対象を見て、何を推測するのかの優先順位を「意識」づけ、その優先順位に従って、推測すると考えられます。優先順位の選択によって、情報の処理結果が異なってきます。優先順位といっても、一つのことを最優先し、その他は、少なくとも意識の上層に波及することはありません。

　優先順位には、時間、インパクトの強さ、感覚、感情の強さなどあらゆる事項が関係します。時間については、直前の現象が強く、時間を遡るにつれて弱くなり、順位は下がります。喜怒哀楽の感情が影響を及ぼす場合も、その時の、感情の強さや記憶に残っている大きさや強さなどが関係します。人間が生きてきた過程で習得した習性なども大きく影響します。

同じような現象では、「はっきり」させるために、何か一つを最優先することによって生じます。何を最優先するかは、一般的に決まっているような事項と、個人の記憶や感覚に左右される事項があります。人類の進化の過程で習得した特性などは一般的に決まった状況の錯視のため、同じように意識されますが、個人の記憶などが影響する事項については、個人差が生ずる錯視です。

　優先度は、決まっているものではありませんが、一般的傾向があることになります。

　人間は同じ種類の異なる現象を二つ以上同時に知覚することは困難です。具体的な理由は判りませんが、同じ種類の現象を同時並行として知覚すると、脳の働きである推測に支障をきたすため、進化の過程で身に付けた現象と考えられます。進化の過程では、人間の生存活動に有利な働きは残され、不利な働きは淘汰されなくなります。同時進行すると、目で見た結果から、相異なる二つの結果が生じ、人間は次の行動を脳から指示できなくなります。そのため、何かを見た場合、瞬間的にインパクトの大きい方を知覚し、小さい方を無視するか矮小化して意識するようになったと考えられます。

　異なる種類の現象では、異なる結果になるのは当たり前なので、幾つかの現象が同時進行しても支障はありません。

　何かが同時進行している場合は、必ず何方かインパクトの強い方を優先し、弱いほうは、意識し難くなります。強い方が無くなれば、弱い方が、はっきりと分かるようになります。

③漠然と見る

　対象を見た場合最初に行うことは、既に述べたように全体を漠然と見ることです。

　漠然と見て最初に「意識」する内容が、優先度です。

④インパクトの強さ

　最初に感じることは、強い光が当たっているか否かという事です。強すぎる光が当たれば、目の機能を保護するためにも、思わず目を閉じま

す。強めの光には機敏に対応します。

　次は、何か動いているかどうかです。適当な動きで、早すぎず遅すぎずある程度の速さです。動く対象は、動物や人間などを素早く見極める手段です。人間の進化の過程で習得した習性といえるかもしれません。

　その次は、インパクトの強さです。インパクトが強い対象には、素早く対応しますが、弱いと優先度は劣ります。明暗や色彩の違いが、はっきりしている場合も強いインパクトになります。

　時間的には、直前の影響が最も強くなります。時間を遡るとその長さに連動して順位が下がります。時間的な急激な変動もインパクトが強くなります。

　大きさや色彩などの差異が大きいとインパクトが強くなります。はっきりしている対象の影響が強く現れます。

　感覚や習性および記憶については、進化の過程で身に付いた習性や感情、命に直結するような現象についての影響が強い現象が優先されます。記憶には強く残っている記憶と曖昧な記憶があります。強く残っている記憶の影響が強くなります。

　どの影響が強く現れるかは、錯視現象を調べることで、逆に、影響の優先順位を知ることができます。情報を処理するときに参考になる知識、記憶や感覚は、優先順位に従って、処理結果に影響を与えます。

⑸　外部に要因のある錯視

　光が目に入ってくる前に、何かが異なっていると「意識」する要因がある場合を外部に要因がある錯視と考えました。外部で起こる現象では、目に見える形状や色彩などは、何も変わらずあるがままに見えます。外部に錯視の要因があるため、科学的に立証可能になります。人間の身体の外部で生じている錯視は、「科学的に検証が可能である」とした考え方は新たな考え方かもしれません。

①外部に要因のある錯視

　目の水晶体に対象からの光が入ってくる前に、何かが違っていると「意識」する要因がある錯視を、ここでは、外部に要因がある錯視とし

ています。この錯視には、自然現象と主に人為的に作成されたトリックアートがあります。

　トリックアートの一種に、通常の３次元視を無視し、固定点から単眼で見た場合の諸特性を活用して、３次元空間を２次元空間として見ることで成立する、何かが異なっているように「意識」させる「平面化の錯視」があります。外部に要因があるため、目や脳で生ずる錯視の要因などとは関係がありません。その要因は全て科学的に証明ができる現象です。

②平面化の錯視

「平面化の錯視」は、立体において、距離感を無視し、平面化した対象が、距離感が判っていた時の状況と何かが異なっているように「意識」させられる現象です。

　目が２眼あることで生ずる遠近感や立体視を無視できる状況を作り出して、平面状態の中で、人間の記憶などが作り出す立体感等を利用した錯視が、「平面化の錯視」です。目に見える形状、大きさや長さ、色彩なども変わりません。目に情報が入るまで何も変わらずに見える現象です。その現象が、何かが異なったように「意識」される状況を作り出した立体のトリックアートです。

　平面化するためには、距離が判らないようにします。視差が無くなれば、距離は解らなくなるため単眼視が基本条件です。形状が変わらないようにするため、一定の定まった距離における一点から見ることが必要になります。この２条件を簡単に満たすのは固定位置に設置されたモニターで映された画像等です。

　基本構成は、立体構造を平面的に見た場合、構成後の画面で本来の立体構造の時の現象と何らかの違いが生ずるように作成された作品です。映像化することで、遠近や立体は表現できなくなるため、形状や色彩のみが、見る対象となります。距離感や立体感が無くなるので、大きさや形状のみが、一つの基準です。

　立体感というものは、人間の記憶に入っている現象であるため、具体的な距離が判らなくてもある程度の類推は可能です。対象を平面化して

見る状況を設定し、立体視を記憶などで補正して見ているときに、本来の状況とは、何かが異なっている感覚になるのが、平面化の錯視です。平面化の錯視では、形状などが対象と異なって見えることはありません。対象を見た時の感覚などが、既存の意識で対象を見た情景とは異なった状況を作り出し、その感覚的違いを「意識」させる作品です。平面化の錯覚は、何かが異なるように「意識」されることで成り立ちます。

　作成された形状などは、立体的なトリックアートが多く、だまし絵の一種です。

③だまし絵（トリックアート）

　トリックアートは、対象は見える通りで何も異なる現象はありません。表現されている内容を見て、一般的な見え方とは何かが異なっているように「意識」されることで、錯視が成り立っています。一般的な見え方との相違を「意識」することが、トリックアートが成り立つ要因です。

　トリックアートを見て「だまされた」ということに気が付き、その感覚を楽しむのが目的で作成された作品です。トリックアートの特徴は、大雑把に全体を見た場合は、作者の意図したトリックに嵌まり込みますが、ゆっくりと詳細に見ていくと、それが意図的に仕組まれたことが判るようになっていることです。

④自然現象

　自然の法則（物理法則）で説明可能な現象です。日常頻繁に生じている現象については、錯視には含めない場合が多いのですが、稀な現象は錯視として扱う場合もあります。平面化の錯視も、現象面では自然の法則を表現の上で巧みに使われています。

　形や色彩については、光の反射や屈折で説明できる現象が多いと思われます。

4．過剰反応

⑴ 過剰反応

　錯覚や錯視の基本要因は「過剰反応」ですが、この場合の過剰反応は非常に広い範囲の意味を含んでいます。そのため、ここで使っている過剰反応の意味を明確にしておく必要が生じました。

「過剰反応」の意味は、「ある物事について必要以上に甚だしく反応すること」です。具体的にどのような場合が過剰反応と言えるかと考えます。反応という事から、それまでの定常状態から、何か異なる他の状態に変化する反応が考えられます。その変化が、通常考えられる変化の範囲を超え、甚だしく反応することです。ここでは、空間的要素と時間的要素について考えます。空間的要素では、何かの境界があった場合、その境界線を挟んで異なった所では、境界の左右の一般的な変化よりも、甚だしく大きな差異が生ずる現象と言えます。この変化は、境界から離れると通常の値に戻ります。時間的要素では、ある瞬間を挟んで、大きな変化が生じた場合、その前後で、変化前に一定範囲内の状態が続いたが、変化の直後には、変化した量よりも過大な変化が生じることです。この変化は、時間の経過に従って、減少します。

　錯視における過剰反応は、人間の外部、人間の器官である目（水晶体、網膜）、脳の働きによって生じますが、その具体的内容については、既に記載の通りです。

⑵ 錯視の要因と過剰反応

　錯覚の要因と発生器官について、項目として系統的に記載してみました。項目の分類は次の通りです。

①錯覚全体の基本分類

- ○錯覚　何かが異なっているように「意識」される現象で、人間の知覚器官全てで生ずる現象です。
- ○錯視　何かが異なって見えるように「意識」する現象で、目と脳の作用によって生じる現象です。

　　○外部　実際には何も異なっていないが、何かが異なっているように
　　　「意識」する現象で、科学的に立証可能な現象や意図的に作
　　　られた作品があります。

②錯視の基本要因（人体の器官が係わるもの）

　錯視は目が対象を最初に見た時から始まります。始めに対象の全体を
見て、どのように見るか脳が「意識」し、関係器官にどのように見るか
指示することが発端です。脳は何時でも正常に働いています。見方を決
定する基準は「情報をはっきり」させることと「恒常性の維持」です。
「情報をはっきり」させるときや「恒常性を維持」するときにはしばし
ば過剰反応が起きます。この過剰反応が錯視の基本要因です。

③見方の決定

　最初に対象の全体を見て、見方を決定します。その結果から、脳から
器官に見方の指示をします。見方を決定する２大基本要素は、情報を
「はっきり」させることと、恒常性を維持することです。この時、対象
の存在する背景などの条件によって、過剰反応が発生します。この過剰
反応が錯視を生じます。

　　○「はっきり」させるために生ずる過剰反応には次のものがあります。
　　　目の水晶体の過剰反応は、対象物の大きさの拡大や縮小です。
　　　目の網膜における視細胞の配置から生ずる過剰反応は、色彩の同
　　　化・混合です。
　　　目の網膜の空間的感度からは、境界線両側の色彩の差異の相互強調
　　　などの過剰反応が生じます。
　　　目の網膜の時間的感度からは、境界となる時刻前後の差異の強調な
　　　どの過剰反応が生じます。

　　○「恒常性」を維持させるために生ずる過剰反応には次のものがあり
　　　ます。
　　　目の網膜の時間境界における感度から、残像による色相の反対色の
　　　出現が生じます。
　　　網膜の感度における偏り補正で、特定色の感度低下をさせる過剰反

応も生じます。

　○「視線の動き」があるために目の筋肉が動き、対象も微細に動きます。微細な動きから、自動運動が生じます。

④脳の推測

　考えることは、目から得た情報を「はっきり」させるために推測することです。「はっきり」させるために、実際に見える以上のことが「意識」されます。実際に目で見る以上に「はっきり」と見えるようにする過剰反応です。

　「はっきり」させるための脳の推測は、大きく二つに分類できます。

　○脳の情報処理機能によって、脳が感覚や記憶を加えながら情報の不足分を補充し、推測します。対象を明確にするために機能します。そのため、感覚の錯視の中の明確化の錯視と言う事ができます。

　○脳はおなじような動作で、異なる現象を同時に二つ以上発信しません。同時に発信することは、そのまま命の危機に繋がるからです。そのため、対象を見て、瞬時に優先順位を選択し、決定します。背景などの状況が変われば優先順位は変更されます。脳が行う瞬時の優先順位は、感覚的に生じます。そのため、感覚の錯視の中の優先度の錯視と言う事ができます。

⑤乖離

　記憶の中には、間違った記憶もあります。特に知識として蓄えられた記憶には多くの間違いも存在します。基本的知識の不足や間違った記憶などと、人間の直前の行動の異なり方などで、間違いが誘引されることなどがあります。その結果は人間の「意識」として間違った認識を与えます。記憶や知識不足などで実際とは異なる現象が意識される現象です。ここでは、乖離の錯視に分類しました。

(3) 脳や知覚器官以外に要因のある錯視
①科学的現象

　通常とは何かが異なっているように見える現象です。人間の意識が何

か異なっているように感じますが、その現象は自然の法則（科学）によって説明することが可能なため、通常は錯視には含めません。光の反射や屈折などが要因となって生じます。

　目や脳の過剰反応とは直接関係がなく、過剰反応と言うよりは、自然の法則で生ずる現象です。

②トリックアート

　人間が意図的に作成し、何かが異なっているように感じさせる現象です。広い範囲を全体として見るか細かく見るかで異なって見える現象や、自然の摂理とは異なったように意識させる作品があります。

　特に、平面化の錯視は、トリックアートの一種ですが、特定の一点から見て、距離感を感じさせない平面化を利用して、そこで生じている現象が何か異なっているように感じさせる作品です。感覚的な過剰反応と言えるかもしれません。トリックアートは、基本的には全て目や脳に起因する錯視と自然法則で説明できる錯視です。ここでは要因が分類し難いものなどを暫定的にトリックアートに分類しています。

第4章　既存の考え方と反論

1．錯視の意味

　錯視という言葉には、幾つかの考え方があり、辞書や辞典類でも幾つかの考え方がありそれぞれ微妙な違いが見られます。基本的な要因が判らなかったため、全ての現象を網羅する形で、錯視の意味が述べられています。ここでは、既存の錯覚の意味を大きく３種類に分けて考えてみました。

⑴ 既存の錯視の意味
①思い違いや勘違い
　錯覚は、思い違いや勘違いあるいは間違いとする考え方です。単なる思い違いや勘違いには、適切な対応は思い浮かびません。錯覚を研究している方々も、単なる思い違いや勘違いなどは、間違いとして処理されると思います。
　ここでは、間違いという領域に含めここでの検討対象からは外しています。

②誤った認知
　錯視は私達が見ている対象と私達が「意識」する対象との間にズレが生ずることであるとする考え方です。基本的に「意識」の間違いであるとする考え方です。一般的に錯視は、目で見る知覚や脳で受け取る認識などのどこかで間違っていることで生ずると考えられています。また、誤った認知によって生ずると考えられています。

③心理学でいう錯覚
　見ている対象が周辺の状態である環境条件によって、本来の対象の見え方とは異なって見えるように「意識」される現象です。心理学で言う錯覚は、間違いや誤りではなく誰にでも生ずる現象です。人間の対象を

見る時の感覚や意識によって、作り出される現象であり、正常な知覚や意識によって作り出されます。

⑵ 錯視の意味

　前項の二つを統合する考え方は、脳や感覚器の異常の有無を外し、単に現象面だけから考えれば、「錯覚とは、何かが異なっているように『意識』される現象」となります。目で見る場合は、錯覚ではなく、錯視という事から、「錯視は何かが異なって見えるように『意識』される現象」となります。

　ここでは錯視を既存の考え方との矛盾もないように「錯視は何かが異なって見えるように『意識』される現象」と定義して以後の検討を進めます。

２．既存の考え方（既存論）の矛盾

　ここでは錯視における実例を幾つか記載しながら、その矛盾点などを指摘します。既存の錯視論は長期に亘り多くの方々が研究を進め、錯視を説明するための幾つかの理論があります。その中の基本的な考え方を理論的に説明するために、新たに補強する理論がいくつも構築されています。多くの方々の努力の結晶ともいえる業績だと思われます。しかしながら、それらの理論を駆使しても、錯視を統一的にあるいは全体像を説明することはできていません。

　何故統一した理論ができなかったかという検討も行われていなかったように思われます。

　科学的な研究では、整合性のある理論を組み立てる場合は、今までの科学で「はっきり」と解っているところまで遡って、判っていることから新たな理論を構築していくことが肝要であると考えますが、錯視あるいは錯視に関する心理学の世界では、少なくとも錯視に関して、判っているところまで遡って考えるという試みが不十分だったように思います。

この第4章では、既存論における矛盾点を指摘します。既に第3章で錯視の要因を根本から説明しています。第3章における錯視の要因では、既存論とは基本的考え方に大きな乖離が生じています。既存の錯視の要因では、錯視の実例における考え方の整合性などが取れていないことが、錯視の「天動説」を構成する要因となっていると考えました。既存の錯視論が基本的な理論で矛盾を含むことを指摘することで、第3章で主張する新たな理論「地動説」の妥当性の主張に繋がると考えたからです。

⑴ 既存の錯視説明（NHK放送大学　錯覚の科学より要旨抜粋）

　錯視はどういう仕組みで起こっているか、判っていないものが数多くあります。幾つか、はっきりしているものを紹介しながら、錯視の仕組みを紹介し、ものを見るということに、どういう働きがかかわっているのかというところまで考えます。

　目で見るという事は、外の情報を目が受け取って受け身になって情報を処理するというイメージですが、ヘルムホルツは「見るという事は考える事である」と言っています。考えることは頭の中で想像することや推論することです。見ることと考えることは異なるように思えます。ところが、見ることは考えることと密接に繋がっています。そのことを判り易く示したのが不定形図形です。

⑵ 不定形図形と見えたものの決定
①カエルの不定形図形の実験

　不定形図形を見て、何が描いてあるか判らないことを確認します。次にその不定形図形と似た輪郭などの、「はっきり」としたカエルの図形を見せます。その図形を見た後もう一度最初の図形を見ると、その図形には、カエルがいるように見えます。

②不定形図形からカエルが見える理由（従来の考え方）

　カエルの絵を見た後には、実際にカエルが見えるようになります。

　見える前と見えるようになった後では、同じものを見ています。同じ

ものを見ながら、ある時は見えたし、ある時は見えません。ここから言えることは、ひとつで、「目で見ているだけでは視覚は成立しない」という事です。

③見えたものの決定の解説要旨（既存説）

　カメラのフィルムのように、網膜に映った情報をもとに、何が映っているだろうかというパターン認識することで人間は見えたものを決定していると考えられます。ただし、それだけでは何が見えているかということを決定はできません。先ほど確認したように、カエルが如何いうものであるかなどの既有の知識があって、目から入ってきた情報を頭の中で解釈して、その後にどのような対象を見ているかの認識が成り立ちます。そして見えたものが一義的に定まります。

　カエルの不定形図形を見ても、最初に見た時には実際には分かりませんでした。その後、いったいその図形が何であるか判断するときに、人間はカエルを知っていることで、不定形図形とカエルを結びつけます。バラバラの要素を自分の知識に従って結びつけることで、見るという結果が成立していることが分かりました。これが、人間がカメラと違うところです。

④実験の内容と結果の評価（既存説への反論　1）

　この実験は実験結果であり、基本的にこの通りだと解釈されます。しかし、前項の見えたもの決定の解説には、独断的な考え方が入っています。

「カエルが如何いうものであるか知っていること」で知覚が成立したという核心部です。この核心となるところに、論理のまやかしがあります。仮に、ここで表現されているように、「カエルを知っていることで、結びつけて、バラバラの要素を自分の知識に従って結びつけること」で、知覚が成立するのであれば、人間、誰しも、カエルを知っていればカエルの形を知っています。カエルの形を知っている人間は、誰もが最初に不定形図形を見た時に、カエルがいるように見えるはずです。

　知識があれば見えるのであれば、直前にカエルを示唆する図形を見な

くとも、カエルが見えるはずです。しかし、ここでの実験で判るように実際にカエルは見えません。

　最初に不定形図形を見た後に、改めてカエルの図形を見たから、その次には不定形図形を見てカエルの図形を類推することができ、カエルがいるように見えたのです。

　この事実を混同してはいけません。最初に不定形図形を見て、次にカエルの絵を見る前は、カエルの絵は見えなかったのです。次に、不定形図形を見る直前に不定形図形に似たカエルの絵を見た直後に、不定形図形を見たからカエルの絵が見えるようになったという事実です。

　この実験が示すことは、カエルを知っていてもカエルは見えず、直前にカエルを見た後になるとカエルが見えるという事実です。後から不定形図形を見る直前にカエルの形を示唆する画像を見たことで、カエルが見えるようになったことです。

⑤実験の示すこと（既存説への反論　2）

　この実験のポイントは、不定形図形を見る場合、直前に見た図形の知識が強く影響するという事です。直前に不定形図形に似たカエルのはっきりした映像を見なければ、単に不定形図形を見ただけでは、カエルを見ることも無かったと思えることです。ここで言えることは、直前に見たものは、何かを見る時に強い影響を及ぼす場合があるという事です。

　不定形図形を見ただけではカエルを知っていてもカエルは見えず、直前にカエルを見ることで、カエルが見えるようになるという事は、非常に大きな違いです。

　この実験は、知っていても何も類推できず、直前に見ることで類推できるという事を示す実験であり、知っているから判るという一般的な理論を、完全に否定しています。直前に知り、そのイメージが強く残っているから、カエルが見えたと判断すべきです。従って、この実験が示すことは、単に知っているから形が判るという理論を否定することになり、逆に、知っているだけでは形は判らないということになります。

　形を決定するために、形を知っているかいないかという一般的な知識は関係せず、直前の記憶が強く関係することを示しています。

　この実験は、対象の大きさや遠近等がどのようにして判るかという基本的考え方が、目で見たデータだけでなく、対象を知っていることで3次元世界を構築できるという理論を立証するために構築された考え方です。そのため、目で見ただけでなく、既存の経験として知っていることで、脳で再構築して奥行きなどが判るということを説明するための実験であるわけです。

　しかし、皮肉なことに、この実験は、知っていてもすぐには判らず、直前の経験があるから判るという皮肉な結果をもたらしました。実験者自身、あるいは、その実験を評価する人自身が、実験の意味を「はっきり」と理解していないか、あるいはなにかと混同したことから生じた現象といえるかもしれません。

　実験そのものも判り易いのですが、その成果に関する解釈の根本が、具体的な客観性を失い何かが異なってしまった結果だと考えられます。

⑶ 奥行きの処理（NHK放送大学　錯覚の科学より要旨抜粋）
①奥行きの解説（既存説）
　世界は3次元で目の網膜は2次元です。脳は目で見た2次元世界から3次元世界を作っています。3次元のいろいろな像は、2次元として網膜に映るので、目で見た一つの網膜像から、3次元の対象を一つだけ再現することは不可能です。解が判らない不良設定問題を頭の中で計算して解いて、無意識のうちに推論していると言えます。

　（前項の不定形図形の実験は、無意識のうちに推論するという考え方を補強する、納得してもらうための説明資料です。しかし、前項での反論のように、この実験での説明そのものが本来の意味を失っています）

②実感できるビデオ映像（権利者Richard Wiseman）
　エイムズの部屋は、実際の大きさと全く異なった大きさの机や椅子、コップなどを実際に見た場合に矛盾が無いように配置した光景です。一点から見た映像で成り立つ光景です。この光景を見た後の解説要旨です。

　3次元の世界を見るのに、目に映ったものだけをボトムアップ処理し

ていると、近くにあるか遠くにあるか判りません。しかし、私達は椅子がテーブルと対になって、同じような大きさであることを知っています。知っているという知識からテーブルと椅子とは同じような大きさであるというトップダウン的な言わば無意識の推論です。見ることは考えることです。そういうことをして、テーブルと対になった椅子があると、見えたものを決定しています。目がカメラとは違う、作り上げる情報処理を頭の中でしていることが、よく判るビデオです。

　ここでの説明は、目で見るだけでは世界は判らず、目で見てさらに考えて、世界は立体であることが分かるという論旨です。

③奥行きの処理に関する反論

　世界は3次元で目の網膜は2次元です。目で見た場合は2次元世界ですが、左右両眼で見ると画像に視差と言われる僅かの違いが生じます。視差があると対象までの距離が「はっきり」と判ります。従って、単眼で見た像から、3次元世界を知ることは出来ませんが、両眼あることで視差が生じ、距離が「はっきり」と判ります。また、距離が判れば、その長さを積分することで、立体が判ります。

　不良設定問題を計算して解く必要は、まったくありません。

　ビデオ映像においても、知っているという知識からテーブルと椅子とは同じような大きさであると推論しています。見ることは考えることから、テーブルと対になった椅子があると、見えたものを決定するとしています。

　この考え方自体が、言葉のマジックです。実態を知っているから、エイムズの部屋でも実態と同じような大小関係になっていると見えたものを決定すると、考えてしまいますが、実際に存在する椅子やテーブルは極端に大きさが異なる物を配置しています。椅子の大きさやテーブルの大きさが実際とはかけ離れた大きさであるにもかかわらず、同じような大きさと認識したわけですから、明らかに間違った判断をしているわけです。この場面を構成しているテーブルと椅子は、実際には非常に大きな大小の差があります。それがそれぞれ自然な大きさに見えるという事は、テーブルと椅子が同じような大きさと知っているがために脳で勝手

に修正した形状で意識してしまいます。

　この事実は、一点から見た場合は、実際の大きさがまったく分かっていないことを証明しています。片目で見た場合は、実際の大小関係は、まったく分からないことを、実験的に確かめたビデオです。

　片目で見た場合は、奥行き（遠近感）は全く判りません。科学的事実と言えます。片目でも、知識や感覚によって、幾分かの推測をすることは出来ますが、基本的には距離や遠近感はまったく判りません。

　距離感や奥行きは、両眼視によってのみ判断できます。単眼視の場合は、過去の経験などによって、推測によってある程度類推するだけで明確には判りません。

　何故このような理論があるのか、不可解な理論です。見ることは考えることであるという意味を、拡大解釈したか、脳の知覚システムについての理解が不十分なために起こった現象と考えられます。目で見て距離が直接判るのは、視差によってのみです。

　幾何学的錯覚である錯視、そのうちの大きさが異なっているように見える錯視では、この論法が多くの場面で見られますが、奥行き（距離感）や立体は、両眼視差で生じていることを理解していないことから生じたことです。基本そのものが間違っているため、錯視についての遠近に関する全ての理論は、根本から見直す必要が生じます。

　このような基本的間違いが、錯視では何故今まで放置されていたのか、不思議な出来事です。形の大きさ等に関係する錯視に関しては、基本中の基本である距離の解釈が根本的に間違っていると指摘します。

3．双極細胞の同心円状受容野による明暗境界部の強調

　平面で、1本の境界を挟んで左右に、明るさの異なる灰色があった場合、その境界線の近傍では、明るい灰色はさらに明るく見え、暗い灰色はさらに暗く見えるという現象が生じます。色彩の場合もそれぞれが強調されます。この現象を説明するために、双極細胞の同心円状受容野に関する考え方が出てきました。境界の近傍では、何故、そのように本来

の色彩が強調されるのか、説明用の理論と言えます。長年、何故境界では強調されるのか、その理由が解りませんでしたが、21世紀に入って、境界付近の強調を説明できる画期的な理論として考えられたようです。

さらに、この理論を補強するような理論が多数出来上がっています。そして、網膜における光信号から、電気信号への変換に係わるシステムが構築されています。目に見える現象の多くの理論が、この考え方を基礎として出来上がっています。

ここでは、この理論を根底から否定します。以下に理論の概要と、否定する根拠を記載します。

(1) 双極細胞の存在（NHK放送大学認知・知覚心理学他参照）
①存在する細胞の種類と透明性

一つの双極細胞は、中心部の円とそれを囲む同心円状の環からなっています。この内側を中心部、外側を周辺部と呼びます。それに受容野という考え方を導入します。受容野は、光照射によってそこにある神経細胞に影響を及ぼす網膜上の領域のことです。双極細胞では、中心部に光が当たった時の反応と、周辺部に光が当たった時の反応は逆方向の反応を示します（ここでは双極細胞図が省略されていますが、錯視や心理学の本などで閲覧可能です。詳細はそれらを参照して下さい）。

次に、網膜の断面図がありました。光がくる方向から順に、神経節細胞、アマクリン細胞、水平細胞、双極細胞、桿体と錐体細胞が順番に並び、それらの間はグリア細胞が充填されているとの説明でした。この細胞群の他に、方位を選択的に認知できる方位細胞があります。桿体と錐体については触れていませんでしたが、桿体や錐体以外のこれらの細胞はどれも透明だという事です。一番後ろに並び最初に光を受けるのが桿体と錐体の視細胞です。透明というのは、位置関係から、桿体や錐体まで光が届く必要があるからでしょう。

②存在の疑問と確認

視細胞である桿体や錐体については、その存在が明確に確認されています。しかし、ここで記述したその他の全ての細胞が、実質的に確認さ

れているとの報告などには出会っていません。

　透明であれば、（顕微鏡を使った）肉眼では直接確認できなくとも、それぞれの特質が異なるため、染色やその他の方法によって、いわゆる「見える化」を行えば、比較的簡単に、それらの存在を確認できるはずです。単体で存在しているわけではなく、層状になっているため、それぞれの区分も含めて、これらの細胞の存在を具体的に確認することが先決です。これらの細胞の存在がきちんと確認された以降に次の項目に進むのが、一般的な手順です。しかし、この理論での各種細胞の存在そのものが疑問です。私はこれらの細胞は存在しないのではないかと考えていますが、存在しないこと自体の証明は、悪魔の証明といわれるように困難です。ここでは、仮にこれらの細胞などが存在していると仮定して次に進み、矛盾を説明します。

(2) 双極細胞の寸法と機能
①双極細胞への光の当たり方

　細胞に当たる光の範囲が、説明図（ここでは省略）のように分割して当たる説明がありません。ここでの議論において最も必要なことは、双極細胞にこの理論のように分割して光が当たる説明です。基本の説明がないまま、次の議論に進んでいます。色彩細胞の配置と境界部分での光の当たり方を客観的に考えた場合、このように分割して光が当たる現象が、境界部を挟んで連続的に当たる可能性は非常に少ないか、皆無です。1個の双極細胞には、多数の視細胞が接続しており、多数の視細胞での光が双極細胞の中心部や周辺部に、分布するように当たっているモデルもありました。

　ここでの説明で使用されている双極細胞に、光が分割して当たるのは、この説明で使用されている双極細胞5個のうちの1個だけです。境界部分を挟んで明るさが大きく異なる境界で、境界線を挟んでその両方の光が当たるのは、双極細胞が境界線を挟んで垂直に並んでいる場合は、水晶体の像を結ぶ解像度が非常に高い場合であっても1個だけが両方の光を分割して受けます。そのため、境界線上で、中心部と周辺部に分割して光が当たる細胞は1個だけになり、5個ほどが順次その比率を

変えながら分割して光が当たることはありえません。

②双極細胞の相互位置に関する記載

　双極細胞が1個だけでかつ、上下完全に細胞レベルで1列に並んでいる場合は、あるいは、このような考え方も生ずるかもしれませんが、一般的に細胞レベルで完全に一列に並んでいるとは考えられません。仮に一列に並んでいれば、ほんの少し視線を傾けただけで、まったく異なる現象が生ずるはずですが、その説明はありません。

③分解能の矛盾

　双極細胞がこの機能を有していれば、分解能が非常に高いことになります。人間の視力における分解能が、細胞数にも依存していることを考えれば、一つの細胞でこのように鮮明に識別することは考えられません。この考え方では、色彩の同化・混合、細部における形状のぼやけ現象の説明が不可能になります。色彩細胞の感度に言及する論文であるため、感度に対する他の現象が、説明不可能になる研究成果です。同化や混合を考えた場合、この論では、同化や混合などの説明が不可能になります。分解能と同化や混合など鮮明さに関する議論は、基本が同じであるため、何方か一方だけが成立し、他方がまったく説明できないような議論は、基本的な説明が間違っているとしか言いようがありません。

　以上3点の矛盾を付し、この理論を否定します。この理論は、一つの境界線を挟んで相互に強調し合う現象を説明するために、考え出された一つの仮説に過ぎません。境界部分の強調は、網膜にある視細胞の過剰反応によって生ずるという案を既に提唱しています。そして網膜の視細胞における過剰反応は恒常性の発露であると考えます。

④視細胞の光応答曲線　その1

　双極細胞による境界部の強調に関する実験では、何故か、視細胞の光応答の実験を使っています。視細胞の光応答を調べるため、2秒間ステップ状に光刺激をあたえ、その時に生ずる電流との相関関係を調べる

実験です。
　双極細胞が存在するのであれば、双極細胞を使って実験を行うべきです。何故、視細胞を使うのかの説明がありません。光刺激に対応できる器官が視細胞である証しかもしれません（双極細胞の存在が疑われます）。

⑤視細胞の光応答曲線　その２
　視細胞の光応答曲線は、実験結果であり、尊重されるべき実験です。この実験は、素晴らしい結果を現しています。

　○入力である光刺激と出力である電流とは、対数関係にあることを実
　　証しています。
　○光刺激と電流との間には、時間的遅れが生じています。
　○光刺激が一定の強度を超えると、反応の直後の非常に短い時間経過
　　後にピークがあり、その後、減少しています。このピークは、電気
　　回路にステップ状のパルス電流を流した時にも現れる「過剰反応」
　　です。急激な大きな変化があった場合に生ずる現象です。その現象
　　が、目の網膜である視細胞でも生じていることになります。

　この実験結果は、錯視に関する目の作用について、有益な実験結果であると考えられ、網膜での光から電気信号への変換でも過剰反応が起こっていることを明らかにしています。
　対数関係からは網膜の色彩感度に係わる錯視、時間遅れからは残像の正反応、ピークの発生からは強度に関する過剰反応である強調の要因を説明可能にしてくれます。

4．外界と正確性

⑴ 不良設定問題
　心理学では、視覚系は外界の正確な内部コピーを産み出しているわけではないことを概観するというような意見があります。私にはなかなか

意味が解らなかったのですが、身体の外にある何らかの対象を見た場合、脳が認識する画像と必ずしも一致しないということのようです。見えているものがそのまま脳で意識される画像ではないという事です。見えているものが脳で正確に見ているものとは限らないということで、認識のズレがあるということでしょう。視覚系に関する脳の役割は、2次元の網膜情報から3次元の構造を復元するということにしています（本論では、前項でこの考え方を否定しています）。

　この問題は答えが一つに定まらないという意味で、不良設定問題といわれています。そして、関連する心理学の研究が行われています。

　2次元情報から3次元情報を推定するという考え方は、根幹が間違っています。このような不良設定問題はありません。視覚系の脳の役割は、両眼で見た視差だけで、3次元が認識できるため、脳は、視差から3次元空間を組み立てる作業をするだけです。

　簡単にできることを、複雑な理由をつけて説明する必要は一切ありません。心理学ではそのことが一つの公準のように判っています。

⑵ 脳の訓練
①概要
　老眼や近視は、ある訓練をすることで軽減できるとの研究成果が最近発表され、テレビでも紹介されました。

　幾つかのはっきりした部分とその周辺が少しぼやけた小さめの幾つかの方向性や形状の異なる図形の特殊な画像のシートを作り、そのシートを集中して見ることで、老眼や近視が軽減されるというものです。特殊シートの代わりに透かしのある千円札の透かし部分を日にかざすようにしてはっきりとさせて見、次に少し下げて透かしがぼんやりするようにすることを交互に行っても同じ効果が得られるようです。

　この方法や成果は実験結果であり、何ら、問題はないと思われますが、その理由には納得がいきません。放映された内容が何処まで正確かは判りませんが、その時の放映内容による理由は次のようなものでした。

「人間が対象を見た時は、全体が漠然としているが、その漠然とした像

を脳で処理することで、鮮明な画像を得ることができます。少しぼやけた部分もある像や千円札の透かし部分を見て、ぼんやりした画像から鮮明になるように、脳を訓練することで、脳が活性化し、像が鮮明に見えるようになります。人間はただ単に対象を見ているだけでなく、ぼやけた像から脳が考え、鮮明にする作用を行うため、この脳の力を活性化すると、像は鮮明に見えるようになります」

　この考え方の根底には、見ることは考える事であり、見ただけでなく考えることで画像が決定され、鮮明になるとの考え方があると思われます。

②見ることは見ること

　一般的に見ることは見ることであり、考えることではありません。そうは言っても、最初に対象を見た時、どのように見るかを瞬時に決め、その後どのように見るかを決定するため、人間が見ることに意志や脳の働きが皆無というわけではありません。

　人間が対象を見る時は、出来るだけ「はっきり」させようと意識して見ます。最初に見た時もその後もぼんやりした画像で、脳が考えて鮮明な画像を決定するのであれば、そこに時間が必要になります。脳が考えている時間は、脳の疲労に繋がり、その他の対応が遅れるため、生存競争に大幅に不利に働きます。このような働きをもった生物は淘汰され現存しないようになります。

　人間は、最初の一瞬を除き、初めから画像を鮮明に捉えていると考えるのが自然な考え方です。脳の過度な働きも少なくて済みます。

　鷲や鷹などの猛禽類は、かなり小さい対象も遠方から的確にとらえています。鳥類が獲物となる対象を見て、脳で考え再構成している間に、獲物は逃げてしまいます。

　目で見て、対象を正確に捉えるから、獲物を確保できるのです。「はっきり」見ることには、脳の瞬間的な判断（本能的判断）は必要ですが、一般的に考えるという短くても時間的要素がある判断は係わらない方が、短時間で済みます。

③訓練

　この実験での訓練は、脳の訓練ではなく、目の水晶体を動かす筋肉の活性化を促す訓練と考えられます。目の水晶体を動かす筋肉を柔軟にし、焦点を結びやすくした訓練であるため、脳の訓練とは言い難いのです。作用の要因で判らないことは全て脳のせいにすると、現実には何の説明をしなくとも、何となく納得できるような風潮によって生じた現象と考えられます。

　筋肉などは訓練によって改善可能ですが、脳の働きそのものは訓練によってどこまで改善可能か疑問です。脳内に蓄積する記憶などの増加によって、判断力などが強化されるかもしれませんが、日常的な目で見る行為について、何が脳の訓練になっているかの証明が必要ですが、ここでは単に、脳の訓練という事で説明がされているだけでした。

5．知覚の恒常性の否定

　恒常性とは、人体を一定範囲内の状態に保とうとする身体の基本的機能です。恒常性があるために、人間の体温は一定範囲に保たれ、内臓などの器官も常に同じような状態が保たれます。

　恒常性は人間に備わっている基本的機能です。実際の恒常性を保つ働きを行うのは、人体の各器官です。恒常性の解釈において最も重要なことは、「人間の各器官は、人体を常に一定範囲内の状態に保つように機能する」と考えることです。便宜的に恒常性によって人体は一定範囲内の状態に保たれているというのも間違いとは言い切れませんが、この言い方は、目的と結果を入れ違えた本末転倒あるいは因果関係を逆転した考え方です。人間の身体を常に一定範囲内の状態に保つように機能する現象を恒常性と言うのです。

　常に一定に保つということから、既存の錯視の世界では、知覚の恒常性という言葉がしばしば使われます。既存の錯覚論では、知覚の恒常性は、環境が異なっても、対象を比較的一定のものとして知覚することです。

　知覚の恒常性は本来の恒常性の意味とは、まったく異なります。本来

の恒常性の意味は、人間の身体の状態を一定範囲内に収める人体の各器官の働きの「目的」を表しています。ところが、知覚の恒常性と言う場合は、外界の情報を得た知覚が、大きく変動することなく「一定範囲内の状態に知覚」することを表しています。知覚の恒常性は、感覚器がとらえる外界の情報（網膜像）が変化しても、対象は安定して知覚されることです。簡単に言うと知覚の恒常性があるために、人間の知覚は、実際の変化程大きくは対象を捉えていないことになります。大きさで言えば、近くのものも遠く離れたものも、距離に反比例した大きさの差よりもその差は小さくなるという事です。

　本論では知覚の恒常性によって錯視が生じるとする考え方を、否定します。このような考え方が通用する世界は、本末転倒の世界で、天動説の世界と言えます。

　恒常性とは、人体を一定状態に保つために身体に備わった基本的機能ですが、感覚の恒常性は、恒常性があるために、対象が変化しても対象は安定して知覚されることを表しています。本来の恒常性は身体の機能の目的を表しているのに、感覚の恒常性は対象を見た時の状態を表しています。はっきり言えば、まったく関連性のない現象です。強いて言えば、一定の状態と安定してという現象が似ているくらいです。

　感覚の恒常性は、感覚器がとらえる外界の情報が変化しても、対象は安定して知覚されるという言葉の意味そのものは、言葉の定義ですので、なんら否定されるものではありません。しかし、錯視の要因の一つが感覚の恒常性であるとする考え方を否定します。

　感覚の恒常性とくに大きさの恒常性は、既存の錯覚論では大きさは距離に反比例して大きさの見え方が決定する現象に対し、実際はそれほど大きな差異が生じない現象などの説明に使われることがあります。視覚の恒常性があるから、大きさがそれほど違わないのではなく、大きさがそれほど違わなく見える現象を視覚の恒常性と言うだけです。

　ここでは視覚の恒常性について既存の考え方の概略を示し、疑問点を提示します。

(1) 形状の恒常性

　形状の恒常性は、対象が同じであっても、見る方向や距離、照明など
が異なれば、網膜に映る像もそれに合わせて変化するが、対象は比較的
一定のものとして知覚されることです。大きさの恒常性は、対象までの
距離が、２倍になれば、それに応じて網膜に映る像の大きさも２分の１
になるが、実際はそれほど大きさが変化したとは感じられないことを言
います。

　このような大きさの恒常性は、対象までの距離が判っている場合に生
じます。対象までの距離が正確に判断できない場合には、網膜像の大き
さに基づいて知覚されやすくなることです。大きさの恒常性は、それほ
ど大きさが変化したとは感じられないことで、感覚、あるいは意識とし
て、小さな変化があるということで、厳密に言うと、もとに戻ること
ではありません。

　形状の恒常性は、物理法則に従った形状の大きさの差異よりも人間の
目を通して見た形状の大きさの差異が小さくなる現象を表現した言葉で
す。従って、実際にそのような現象があるため言葉自体は否定しません
が、差異が小さくなる現象を「恒常性」があるからとする理論は因果関
係が逆であるため、ここでは、はっきりと否定します。

　形状の恒常性は、奥行き（遠近感）についての解釈が根本的に間違っ
ていることから生じています。奥行き（遠近感）や立体が判るのは、単
に人間の目が２眼あることによって視差が生じ、その結果距離は判り、
視差の集積によって立体が認識できることです。

　距離が違っても、対象を同一のものとして知覚することができます
が、大きさは距離に逆比例して、距離が遠くなれば、大きさは逆比例し
て小さく見えます。人間の目から見て、逆比例しないのは、まったく異
なる理由によるものです。視覚の恒常性から「奥行きがあると、大きく
補正を行うというように、目は推論して見ている」という考え方を既に
否定しています。従って、「遠近は、対象を知っていることによって、
脳の推論することで生じている」との考え方を否定します。

⑵ 色彩の恒常性 (光の恒常性)

　色彩の恒常性とは環境の光が変わっても色の見え方があまり変わらないことを言います。よく例にあげられるのが、夕景色です。夕焼け空を写真に写した場合は、鮮やかな赤色が画面いっぱいに広がりますが、肉眼で見た場合には、それほど赤くは見えず、昼間見た光景が少し赤みを帯びたような状態に見えます。人間の目には写真で写したほど赤くは見えません。既存の錯覚論では、何故色彩の恒常性があるのか、要因は明らかにされていないとされています。

　既存の錯覚論では、色彩の恒常性があるから、目で見た場合は、昼間とあまり変わらず、多少赤味がかった程度に見えるという論法です。これまでも述べたように、恒常性があるから目で見た場合、あまり変わらないように見えるのではなく、あまり変わらなく見える現象を色彩の恒常性と言っているわけです。従って、人間の目で見た場合、色彩の恒常性によって、昼間とあまり変わらない光景に見えるという論法は説明になっていません。夕焼けの色彩が人間の目には、昼間とあまり変わらないように見えることを色彩の恒常性と言っているだけです。

　色彩の恒常性を論ずるときに必要な事項は「感度」です。網膜やフィルムの感度を考えれば、人間の目で見たときと、映像での違いが理解できます。写真は単にカラー素子の感度が単純比例ですが、光から電気信号に変える目の網膜での感度は、対数比例になっていることです（このことは、双極性細胞の項の実験で既に立証されています）。

　赤色光への反応も、夕暮れになると写真では急に赤色が多くなりますが、人間の目は対数比例であるため、それほど大きな赤色への変化にはならないことです。

　人間の目は、目で見る光景の広い部分で特定の色彩が多い場合は、その色彩の感度（光から電気信号への変換効率）を下げていることも推測されます。比較的広い範囲が特定の色彩で覆われている場合は、特定の色彩の感度を下げますが、狭い範囲だけが特定の色彩で覆われている場合は、特定の色彩の感度を下げることはありません。視野の全範囲で見た状況が優先されます。特定色が視野全面あるいは非常に広い範囲で見られる時は全体の感度を下げますが、狭い範囲では特定の感度を下げる

現象は見られません。これらの現象を確認するには、全体が特定色で覆われた状況を見る時、白紙に小さな穴を空け、その穴の中を通して比較的狭い範囲を見ると、いわゆる色彩の恒常性が見られなくなることで証明されます。

　色彩の恒常性は、人間の網膜の感度が、対数比例することで生ずる現象であると共に、特定の色彩が画面の非常に広い範囲を覆う場合に、その色彩の感度を下げることで生ずる現象です。

6．止まっているのに動く錯視

⑴ 静止画像の動きの既存説明
①静止画像の動き
　私達の目は、生物として安定性は高いのですが、何処までも静止状態とは言えず、非常に狭い範囲では、微妙に動いています。目自体が大きく動くだけでなく、非常に小さな動きは常時生じていますが、比較的広い範囲を見る時は、動いているようには感じられません。微小な範囲を見た時には、視線の先が動いているため、網膜に映る動きも微小に動いていることになります。

　既存論の中には、この動きが、目と脳の巧妙な仕組みによって生じ、この網膜像の動きは実際の動きとは解釈されないとの意見もあります。その理由は、脳は目の動きから生ずるブレを補正しているからとしていますが、何故補正するかおよび補正するメカニズムの記載はありません。

②静止画像の動きについて
　静止画像の動きについては、錯視の中で唯一、要因が説明されている現象です。

③動きを止めると
　マイクロサッカードの実験で、微細な目の動きを強制的に止めてしまうと、モノが消えてしまうということが知られています。まったく動き

がなく静止しているものに対して、「感度がゼロ」になるとの考え方があります。

④感度ゼロへの反論

　視覚システムは、まったく変化の無いものに対しては、感度がゼロになり、目の前の静止したモノは見えなくなるという考え方に反論します。日常私達が目にする静止した風景や建物などは全て静止状態です。この静止状態で、モノが見えなくなるのであれば、私達は日常多くのモノが見えなくなってしまいます。

　視覚システムはまったく変化の無いものに対しては、何故感度がゼロになるのかの説明もありません。説明のつかないことをブラックボックスである脳に求めることは、まったく説明していないことと同じです。

　目の動きを止める手法などが記載されておらず、結果だけが記されています。実験的に目の動きを止めた場合、目の前の風景や物体が完全に消えてしまう原因は、他にもあるかもしれません。微細な目の動きを止めることには、通常、非常に大きな困難が伴います。眼球の微細な動きを止めることには非常に大きな困難が伴うため、人間の「意識」は、眼球の動きを止めることに集中しなければなりません。眼球の動きを止めることに「意識」が集中すると、それ以外のことが分からなくなります。前方を見ていても、意識を集中することに力が注がれるため、周辺の状況は判らなくなります。実際には光が眼球の目の中まで入って画像を結んでも「意識」は眼球を動かさないことに集中し、それ以外には「意識」が向かわず、その結果視界としては見えていても「意識」の上では見えていないことになります。

　視覚システムの影響で、感度がゼロと考えるよりも、眼球を動かさないことに意識を集中して対象が実質的に見えなくなると考える方が合理的であると考えられます。

　意識が片方に集中するともう一方が見えなくなるあるいは意識されなくなる現象は、通常私達が対象を見ている時の利き目と反対側の目との関係に類似しています。

⑤止まっているのに動く

　目は常に微細には動いているため、ブレの補正が効かないと、網膜の上では動いているように見えます。この網膜上の動きを実際の動きと意識するため、動いているように見えます。脳が作り出す現象です。

⑥「止まっているのに動く」への反論

　「止まっているのに動く」錯視では、ブレを補正する働きがないとの主張ですが、何故？　ブレを補正する働きがなくなるかの説明が必要です。

　私達が一般的に見る光景は、通常静止していて、その中に何らかの動きが見られる現象です。静止画像などで「止まっているのに動く」現象が見られるのは、一般的にはかなり狭い視野角の範囲内だけです。

　現象的には、カメラの手振れと同じで、手元の非常に小さな動きも、遠くにある対象を見る時は、大きな動きになってしまいます。そのため「実際のパターンは止まっていても、網膜の上では動きが生じます」という考え方は妥当だと思います。

　ここで突然、脳の運動検出メカニズムが出てきます。実際のパターンは止まっていても網膜上では動いて見えるので、そのまま認識しているとすれば良いのです。脳の特別な働きは不要です。通常の動いている対象と同様に、限定された条件の下では、実際に動いているように網膜上には映っているのです。人体側の微小な動きは、感覚的には動きと感じられず、見ている対象の方が動いていると意識することで生じています。

　動くということも最終的には、脳で意識して成り立つことですが「止まっているのに動く」現象も「実際に動いている」現象も全て同じです。「動く」という現象は、実際に網膜に映った現象を脳で意識して成り立つ客観的な現象です。静止画像を見た時も、実際に網膜に映った現象を脳で意識して成り立つ客観的な現象です。

　脳が印象によって全てを作り出すのであれば、その脳は何か間違った働きをしていると考えられます。脳が勝手に映像を作り出す現象は、脳の間違いとも言えます。現在までの錯視論では、脳の間違いが基本的前

提となっていますので、現在の錯視論上では「止まっているのに動く」での考え方は了解される理論だと思います。

　本論では、錯視は脳の誤りとする説を否定しています。その理由は、脳が誤るのでは、人間は現在まで生存できなかったであろうと思われるからです。

　次に一つの実例をもとに、既存の要因の説明と、本論での主張を比較しながら記述します。

7. ライラックチェイサー

(1) ライラックチェイサー錯視の概要

　ライラックチェイサーは背景が灰色で構成され、中心に＋の目印を置きます。その中心を囲むように、ライラック色（赤紫）の薄い色彩の小円を時計の文字盤の数字の場所に12個ほど配置します。ライラック色の12の小円は全て中心部がライラック色で、周辺部は順次灰色になるように色彩の勾配が付けられています。小円は少しぼやけていると言って良いでしょう。＋部分が中心で、12の小円は周辺部にあります。初めに中心部にある＋字形を見つめ続けます。その後、小円の明かりを1個だけ、順次時計回りに消し、次の小円が消えた時にはそれまで消えていた現在の小円が点灯します。そうすると、小円は順次消えますが、消えた後には赤紫（ライラック色）の補色である薄い緑色が現れます。小円が順次消えるのと同調して、薄い緑色は、現れては消えていきます。小円は順次消えるだけですが、規則正しく順次消えては現れるため、動いているように見えます。

　最初は、ライラック色の色彩が消えた後に薄緑が現れ動くように見えるだけですが、直ぐに、薄緑の色彩が消え始め、一時は、小円全てのライラック色の色彩がなくなり背景の灰色に見えるようになります。不思議に思っていると、また、ライラック色が現れたり消えたりします。周辺の小円の一つに着目して、その小円に意識を集中して見ていると、その小円では単にライラック色が消えた後に、暫時薄緑が見えるだけです。

⑵ 既存の説明要旨

　この錯視は二つの現象が組み合わさっていると考えられます。

　その一つであるライラック色（赤紫）が消えた後に薄緑の小円が見えるようになるのは、ライラック色を見続けた後、急にライラック色が消えるために生ずる残像現象の反対色応答です。人為的に消える位置が次々と順序良く変わるため、薄緑の小円は順次動いているように見えます。

　しばらく見続けていると、ライラック色の小円が徐々に消え、時には全部消えて見えなくなります。ぼやけて見難いパターンを視野の周辺に配置して、じっと見続けると、視野から全て消えてしまいます。その理由は、網膜上で変化の無いパターンに対して、「視覚システムの感度はゼロ」だからです。

　二つの効果が重なり合い、ライラックの小円が消えても、薄緑の円だけが動くという素晴らしい錯視が生じたのです。ライラックの小円がなかなか消えないという方は是非リラックスして見て下さい。動く薄緑の小円を目で追いかけずに、画面の中心をぼやっと見ると、ライラックの小円が消えやすくなります。

⑶ 既存の説明に対する反論

　小円が時計回りに順序良く短時間消えてすぐに点灯しているだけであるのに、全体の動きとして時計回りに動いているように見えるのは、残像の正反応で、ここでの記載の通りと思います。ライラック色が消えた後に薄緑が生ずるのは、残像の逆反応であり、これも、ここでの記載通りと思います。

　もう一つの現象である、ライラックの小円が消える現象についての理由に納得がいきません。既に記載した通り、既存論では、網膜上で変化のないパターンでは「視覚システムの感度がゼロ」であるため、見えなくなると主張していますが、視覚システムの感度についての説明がありません。

　ライラック色は順次消えています。あるものが消えることは最大の変化パターンです。網膜上で変化の無い場合は視覚システムの感度がゼロ

になり見えなくなるのであれば、この場合は、ライラック色の明滅という最大の変化があるため、見えなくなることはあり得ません。何故変化のないパターンと考えたのか、その理由を考えてみました。小円が順次、時計回りに短時間消えていく現象の繰り返しであるから、全体のパターンとしては、同一の現象が順次繰り返されているので、変化していないと考えたのかもしれませんが、繰り返しも変化です。動きが無いということにはなりません。また既にここでは、「視覚システムの感度がゼロ」という考え方も否定しています。

⑷ 消える理由
①小円の色彩と動き
　この錯視は、残像の正・逆反応と、感覚の錯視の優先度の錯視で構成されています。
　周辺部の小円の1個に着目すると、その小円では、ある時間単位で短時間消えることを一定の周期で繰り返しているだけです。全体で見ると、消える順番が時計回りで順序良く行われているため、画像は残像の正反応によって、右に時計回りに回っているように見えます。ライラック色が消えた小円では、このとき残像の逆反応によって薄緑色が生じています。この薄緑の小円が、順に時計回りに回っているように見えるようになります。移動と残像による現象です。

②小円が消える現象
　ライラック色の小円が全て消えてしまう錯視については、この錯視が生ずる周辺状況まで詳細に考える必要があります。
　基本配置は、背景が灰色で、明度的には、周辺にあるライラック色の小円の明度に近似しています。中心には＋字型が書かれ、その部分をしばらくじっと見ることで、その部分に意識を集中させます。中心部分に意識を集中させることで、その他の部分が大雑把に見えます。
　残像で生じた薄緑の小円は、順次ライラック色の目立たない小円の上を移動しているように見えています。薄緑の小円の通過と、ライラック色の復活によって、多少は混合効果によって、色彩が灰色に見える傾向

が生じます。薄緑の残像の上にライラック色が部分的に重なる現象が生じます。残像と元の色の同化や混合が、ごく短時間生じていることになります。この混合があると背景の灰色と同化するため、小円は背景と同化して見え難くなり、極限まで進めば見えなくなります。

　小円が薄緑に変化し直ぐにライラック色に戻る現象の動きにつれ、ライラック色の小円は、そこに意識が集中されていない場合は、背景に同化するように隠れて見えないように意識されます。意識そのものが中心部に集中されているため、周辺部の動きは鈍く、時には全周に亘って、ライラック色の小円が背景と同化し、消えたように見える場合があります。「意識」を中心部の＋字形に強く集中すれば、周辺部への意識が弱まるため、先に述べた同化の現象とも相まって、周辺部分は見え難くなります。そのため、中央部への意識が乱れると直ぐに周辺部が見えるようにもなります。この結果は、中心の＋字部分を集中して見て集中度が高まっていくと、ある瞬間には、全体までが見えなくなり「あれっ」と思う意識などが働くと、急に周辺部分の小円のライラック色が見えることになり、再度＋字型へ意識を集中すればまた全体が消えるまでになる現象となって現れます。

　中央の＋字形に何処まで意識を集中しているかで、差異が生じます。

　なお、外周の何処か一つのライラック色の小円に意識を集中して、その部分だけを見ていると、ライラック色が単に短時間消滅し、その直後に短時間ライラック色になる現象だけが生じます。

　人間の意識が強く関与する感覚の錯視には、不足する情報を補い明確にする明確化の錯視と、必ず一つを選択する優先度の錯視があります。この錯視は、何処かに意識を集中させることで、その他の部分が見え難くする、あるいは極端な場合はまったく見えなくなる優先度の錯視と言えます。

8．既存の要因説の否定

⑴ 疲労説

　既存の錯視の要因の考え方の中に、錐体の疲労説があります。反対の

現象が生ずる残像は、網膜疲労によって生じるという説です。

①錐体疲労に関する既存の説明

　例えば赤色を少し長い間見続けると赤色を感知するL錐体が疲労し、急にその色を見ないようにすると、その間何もしなかったM錐体やS錐体が働き始め、補色が見えるようになるという考え方です。

　解説。この議論の要点は、同じ色を長時間見続けると錐体が疲労するため、素早く目をつぶると、見続けた色が見えなくなるという論理で、疲労していない反対側の色彩が見えるということです。

②反論

　ここで更に長時間見続けたら、疲労によって、その色が見えなくなるでしょうか？　実際には同じ色が見え続けます。疲労であれば素早くでなく、ゆっくり瞑っても同じ現象が見えるはずですが、素早く瞑る理由が示されておりません。錐体疲労とは関係なくこの現象が起こっていると考えるのが妥当と考えます。また、疲労に結びつけるため1分という長い時間を設定していますが、別に長い時間でなくともはっきりとしていれば同じような現象が生じます。

　既存の説明には、理論的矛盾があります。「白い壁を見ているとしたら、それは緑と青と赤が平等に合わさった状態なのですが、緑だけ反応しなくなっています」という記述をして、緑だけが反応しなくなっているのでマゼンタ色が見えるとしています。

　同系色を長く見ていると、疲労してその色彩が見えなくなるという説ですが、この現象があるのならば、白色を見続けた場合は、疲労によって、全ての色が見えなくなり、黒くなっていかなければなりません。目の色彩細胞は、通常、そんなに簡単に疲労しません。同じ色彩を見続けた場合、疲労によって、何かが変わるのであれば、わざわざ目を瞑ったり他所を見たりする必要はありません。さらに疲労が重なれば、その色が見えなくなることになりますが、数分程度でそのような現象が起こることは確認されたことがありません。

　目に強力な光が当たった場合、その光が強すぎると、網膜が損傷しま

す。損傷まではいかなくとも、しばらく、その機能を失い、網膜細胞が部分的にその機能を失って光に対応できず、全体や部分が、真っ黒に見えるという現象はあります。しかし、ここで論じているのは、そのような言わば緊急事態ではなく、通常の状態です。

　残像で反対色が見えるようになるのは、目の色彩を識別する細胞の過剰現象によって生じます。色相の場合は補色、明暗の場合は明暗の反対色で明るい部分では暗くなることです。

⑵　回転体
①既存の説明
　眼球には回転を判別する特別な細胞があるという説です。その細胞を使いすぎると、脳が疲れて反対方向に回り始めると勘違いするため、逆方向に回転しているように見えると考えられます。疲労によって反対傾向の動きが見られるということです。

②反論
　目の網膜にあり光を電気信号に変換するのは桿体と錐体だけです。回転を判別する特別な細胞は確認されていません。ここでまず証明しなければならないことは、異なる方向の回転を判別する「特別な細胞」が存在することです。その存在が立証できなければ、この理論は始まりません（方位を識別できる細胞の存在に関する仮説はありますが、実際に存在していることの確認はなされていません）。

　仮にこのような細胞が存在したとしても、疲労すると脳への信号発信が間に合わなくなるとしていますが、間に合わなくなったら同じ動作が連続するか、停止するだけです。逆の現象が起こる理由がありません。

　そこで、脳の勘違い説で説明しようとしていますが、脳が勘違いしているかどうかの説明が付きません。なんでも判らないことは、脳が勝手に間違った類推をして、そこに要因を押し付ける、脳のブラックボックス説に帰着します。脳が勘違いする理論は、基本的に避けることで錯視論が成り立ちます。既に記述した通り、勝手に間違える脳では、人間は生き残っていけません。

　従って特別な細胞を理由にする理論は成立しません。

　疲労によって反対方向に回転する理由がありません。通常は止まると考えるのが一般的です。さらに、ここでは脳の勘違いという考え方を導入していますが、脳は正常に作用するものです。要因が疲労であるという説を否定します。

⑶ 脳の誤作動
①既存の説明

　脳が間違えて錯覚を起こすということは、脳のユニークな誤作動のシステムと考えられます。矛盾を生ずるような現象が生じた場合、その矛盾を無くすために脳が作り出した行動と言えるかもしれません。私達の脳はその行動によってある保護を受けているのかもしれないと考えられます。

②反論

「脳が錯覚するということは、脳のユニークな誤作動のシステム」としていますが、この考え方は、脳の誤作動という考え方であり、脳の働きが誤った場合が錯覚であるとする考え方です。錯覚や錯視は、脳の働きが正常であるとする考え方と矛盾しますが、既存の錯視に関する考え方の基本は、「脳のユニークな誤作動のシステム」です。本論で述べる脳の働きが正常な時に起こるとする錯視とは、決定的に矛盾します。

　錯覚は脳が正常に作用しているときに生ずる現象です。

　脳のユニークな誤作動のシステムというのであれば、脳の誤作動システムをはっきりとした形で説明する必要がありますが、脳の誤作動システムは証明されていません。

⑷ 錯視に関する既存の考え方
①錯視の要因に関する既存の考え方

　目の錯覚というのは一言で説明すると、脳の思い込みです。目から入ってくる映像に対して、脳は瞬時にして過去の記憶の中から類似した情報を引っ張り出します。そして、脳に残っている「残像」とリンクさ

せて、実際の絵が動いたり、回ったり、大きい物が場合によっては小さく見えるという「現象」が起こります。つまり脳が勝手に「実際は、こうであるはず、こうであるに違いない！」と判断することです。視覚から入ってくる目の情報というものは脳に直結しているので、脳がそう判断してしまうと、私たちは目の錯覚を起こしてしまうというメカニズムです。無意識のうちに、瞬時に過去のデータを引っ張り出して「認知」に役立てるので、目の錯覚は、脳の思い込みと言えます。

　目から入ってくる映像を脳は瞬時にして過去の記憶の中から類似した情報を引っ張り出します。そこに脳に残っている「残像」がリンクして、実際の絵が動いて見えたり、回って見えたり、大きい物が場合によっては小さく見えたりしてしまうという「現象」が生じます。脳は複雑で高性能です。しかし、結果的にはまれに目の錯覚も起こします。脳は一番複雑な超高速思考回路でありながらもいい加減な思考回路です。

②本論での解説

「目の錯覚は脳の思いこみ」とするのが今までの要旨ですが、本書では、錯視は脳が正常に働いている状態で、何かが異なって見えるように「意識」される現象と述べています。

「目から入ってくる映像を脳は瞬時にして過去の記憶の中から類似した情報を引っ張り出してくる」という今までの説ですが、これは、最初に全体を見て、対象の見方を瞬時に判断して、見方を決定するという趣旨に一致しています。この時、「過去の情報を引っ張り出してくる」ということは、本文では、人間の進化の過程で取得した能力、感情、感覚などと、生きてきた過程で取得した多くの記憶と考えれば、「過去の記憶の中から類似した情報を引っ張り出してくる」に該当していると思います。錯視における最初に対象を見て、どのように見方を決めるかということと同義のことと考えられます。「脳に残っている残像がリンクして、実際の絵が動いて見えたり、回って見えたり、大きい物が場合によっては小さく見えたりしてしまうという『現象』が起こる」という表現に関しては、私には判り難い表現です。「残像」の意味が判り難いのです。この場合の「残像」を人間の記憶と置き換えると、少し判り易くなりま

94

す。ここでは勝手に、次につなげるために「残像」という表現にしたのだと思いました。

　次の「実際の絵が動いて見えたり、回って見えたり、大きい物が場合によっては小さく見えたりしてしまうという『現象』」は錯視そのものです。「つまり脳が勝手に『こうであるはずだ、こうであるに違いない！』と判断するということです。視覚から入ってくる目の情報というものは脳に直結しているわけですから、脳がそう判断してしまうと、私たちは目の錯覚を起こさずにはおれないというメカニズムなのです」との表現については、「脳が勝手に『こうであるはずだ、こうであるに違いない！』と判断する」としていますが、『勝手に』という表現を「自動的に」あるいは「瞬時に」と考え、必然の行動と考えれば、ここに記載の通りと思えます。

「脳がそう判断してしまうと、私たちは目の錯覚を起こさずにはおれないというメカニズム」という表現についても、必然的にそうなるという事ですが、そのメカニズムそのものに関する解説はありません。強いて記載すれば、これまでの錯視に関する要因は、「脳の勝手な判断によって引き起こされる」という事です。具体的な要因の説明はありません。

○ いい加減な思考回路
「本当に脳って複雑で高性能です。結果的にはまれに目の錯覚なんかも起こすので、脳は一番複雑な超高速思考回路でありながら、けっこういい加減な思考回路でもあるのかもしれません。人間の脳のメカニズムはまだまだ解明されていない部分がありそうです」

○ 本書での解説
「脳は一番複雑な超高速思考回路でもありながら、けっこういい加減な思考回路」という考え方の中の「けっこういい加減な思考回路」という考え方に反論します。

　目の錯覚が「いい加減な思考回路」で生ずるのではなく、必然の結果として生ずるとの考え方が、錯視の基本理論です。
「いい加減な思考回路」では、人間は生き延びることは出来なかったと

考えられることが理由です。「いい加減＝間違いを多く含む」と考えれ
ば、「けっこういい加減な思考回路」は間違いの多い思考回路と考えら
れます。脳の働きが間違いだらけでは、人間は具体的な行動ができませ
ん。やはり、脳は正常に働いていると考えるべきです。全般について、
錯視の要因を脳の思いこみとする表現だけで、具体的な要因については
何も記載されていません。

⑸ 運動残効（滝の錯視）
　ここで感じられた錯視は、運動への順応（長く見続けること）に伴う
残像であり、「運動残効」と呼ばれています。滝を長く見た後に、隣の
木々などに目をやると、それらが上へ動く錯視が見えるということか
ら、「滝の錯視」と呼ばれることもあります。錯覚を引き起こす運動は
上下左右どの方向でもよく、回転するものを見つめていても起きます。
拡大運動や縮小運動をする映像に順応すると、とても強い運動残効が経
験できます。流れ落ちる滝を比較的広範囲の視野で、しばらくの間、集
中して見て、視界を隣に移すと、静止しているはずの滝の周辺の光景
が、滝とは逆に上に向かって動いているように感じ、しばらくするとま
たもとの静止状態にもどって見える錯視です。視線を移すことで静止し
ている滝の脇が動いているように見えることから運動残効の錯視となり
ます。滝が見える範囲が小さかったり、見る時間が短かったり、滝を見
る時に意識を集中しないで漠然と見ていた場合などは、滝の錯視は生じ
ません。既存の理論では、動かない対象が動いているように見えること
から、動きのある錯視に分類されています。

① 既存の説明
　認知心理学などでは、脳の視覚システムという考え方を採用してお
り、それぞれに得意な神経細胞があります。自分が得意な方向性や速度
があります。これらの神経細胞は常に一定の出力を出し続けています
が、得意なパターンではさらに出力が大きくなりますが、その出力が急
になくなると、反対側の出力だけが現れるようになり、その結果、相対
的に反対側の出力が大きくなり、反対側の現象が見えるようになりま

す。

　なぜこのような残効が見えるのでしょうか。脳の視覚システムには、運動の検出にかかわる神経細胞がたくさんあり、それぞれの神経細胞には、自分が得意な「方向」や「速度」があります。これらの神経細胞は、たとえ動くパターンが提示されていない時でも、自発的に一定の出力を出し続けています。そして、自分にとっての得意なパターン、例えば右斜め上に速く動くパターンが提示されたときには、出力がより大きくなります。私たちが認識する動きの方向や速度は、これらの神経細胞群を基盤とした神経メカニズムにおける応答の総和に対応すると考えられます。さて、一定の運動を見続けると、それまで活発に出力していた神経細胞は順応により、出力が小さくなります。このとき映像を静止させると、反対方向の運動を検出する神経細胞からの出力が「相対的に」大きくなり、結果として反対方向の運動が見えるのです。

②本論の反論

　従来の説では「一定の運動を見続けると、それまで活発に出力していた神経細胞は順応により、出力が小さくなります。このとき映像を静止させると、反対方向の運動を検出する神経細胞からの出力が『相対的に』大きくなり、結果として反対方向の運動が見えるのです」としています。「一定の運動を見続けると、それまで活発に出力していた神経細胞は順応により、出力が小さくなります」との表現は、見続けることで出力が小さくなるので、見続けることで、対象の動きが小さくなると解釈できます。一定の動きが一定でなくなり、少しずつ小さくなることになります。見続けることで対象の動きが小さくなることはありません（もし、現実にそのようなことが起きれば、一種の超能力です。現実的ではありません）。対象は、少しくらい長く見続けても、かなり長く見続けても同じ速さで動いています。従って「一定の運動を見続けると、それまで活発に出力していた神経細胞は順応により、出力が小さくなります」という、疲労によって活動が鈍るような表現は、実際にはあり得ません。強いて言えば、対象が目の視細胞などの疲労によって見えにくくなるくらいです。動きそのものに変動は生じません。従って、反対方

向の動きが相対的に大きくなることもありません（著者は「脳の視覚シ
ステムには、運動の検出にかかわる神経細胞がたくさんあり、それぞれ
の神経細胞には、自分が得意な『方向』や『速度』があります」という
内容を理解できていません。神経細胞の存在、得意な「方向」や「速
度」が何故存在するのかなど、実際にどのように確認されているのか
が、判っていません）。

　滝の水と周辺の光景は、相対的に動いています。滝の動きに意識を集
中して見ている後で、急に目線を周辺に移すと、相対的に動いている周
辺が、滝の動きと逆に動いているように見える過剰反応です。滝の水が
視野の広い範囲を占めているときは、水が落下している動きが見え、周
辺に視線を移し、静止している光景が、視野の大きな範囲を占めると、
その部分が少しの間、逆に動いているように見えます。本来なら、滝の
水が落下し、ほんの少しの間、周辺部分が上昇するように見えているは
ずですが、この時、滝の水の落下は殆ど意識されません。なお、滝の水
に視線を向ければ、即座に水が落下する光景がみられます。

　残像と同じように、時間の経過に従って、周辺光景の上昇が無くなる
ことから、残像の影響があることは明白です。残像の動きに関する反対
反応が主因とする考え方ができる錯視です。

第5章　錯覚を理解するために

1. 錯覚の意味

　錯覚という言葉は、現在まで多様に使われ、明確には定まっていないように思えます。錯覚という言葉は錯覚をどの程度まで理解し、何処までを錯覚と考えるかで、その言葉の意味が大きく異なります。何を錯覚と考えるかという基準が違うため、言葉の意味も多様になっています。そのために、錯覚や錯視を論ずる場合は、錯覚や錯視の意味を明確に決めておく必要があります。

　既存の錯覚の意味は、「錯覚は、私たちの脳が認識する世界と客観的な世界にズレが生じる現象」で、「誤った認知」あるいは「特殊な条件下で現れる現象」であるとする考え方でした。

　錯覚の考え方や言葉の意味などの要旨を既存の記述などからその概要を次に記載します。

⑴ 客観的な世界とのズレ（既存論）

　脳が認識する世界と、客観的な世界にズレが生じる現象が、「錯覚」です。心理学は記憶や思考などさまざまな心的過程で生じる錯覚の特徴やメカニズムを明らかにしてきました。錯覚とは基本的に「誤った」認知です。知覚・認識過程のどこかの部分がミスしたことで生じると認識されています。

　しかし、それは必ずしも人の認知の欠陥や能力不足のために起こるものではありません。効果的な認知を実現するために、人は敢えて世界を歪めてとらえることがあります。

⑵ 錯視の意味

　錯覚はいろいろな言い方がされていますが、明確な定義がないというのが実情です。既存の文献で錯覚がどのように考えられているか等を次に示します。文献によって微妙な表現の差異があります。

特殊な条件のもとで、通常の場合とは食い違って知覚される現象で、知覚器官などに異常がなくてもしばしば起こります。視覚について現れる錯覚が錯視であり、視覚が最も多く知られています。錯覚とは、感覚器に異常がないにもかかわらず、実際とは異なる知覚を得てしまう現象のことで、対象物に対して誤った感覚や認識を得るのが錯覚です。

　錯視は、対象の大きさ、形、色、明るさなどの関係が、対象の客観的な関係と著しく食い違って見える現象をいいます。

　心理学でいう錯覚とは、間違いや誤りの類いでは無く、注意深く観察しても、予備知識があっても生じてしまう、人間の感覚・知覚特性によって作り出される現象を指します。現代の心理学では、錯覚とは、病的な異常条件や心理的変動にあまり影響されない通常の状態において生じる知覚現象を言います。錯覚は、実際に刺激または対象があって、それの誤った知覚であり、常態においていつも認められる現象です。

　物理的な計測手段ではかられた長さ、大きさ、角度、方向ないしはそれらの幾何学的な関係が、ある種の条件のもとで、それとは著しく食い違って見える現象です。

　事実と異なるが、そうであるかのように思うことでは、思い違いや勘違いもあります。

⑶ 錯覚の意味のまとめ（既存論）

　錯視は、視覚について現れる錯覚の一種であり、視覚的錯覚とも呼ばれます。つまり錯視とは、視覚に関する錯覚のことです。俗に「目の錯覚」ともよばれ、形・大きさ・長さ・色・方向などが、ある条件や要因のために実際とは違ったものとして知覚されることです。生理的錯覚に属するもの、特に幾何学的錯視については多くの種類が知られています。錯覚の意味をまとめると、次のようになります。

　対象が特殊な条件のもとで、通常の場合とは食い違って知覚される現象で、特別な条件の場合に、ある対象が通常の場合よりも著しく異なって知覚される現象です。何ら異常がないのに、実際とは違った知覚が起こり、実際の知覚に、そこにないものの知覚や思い込みが加わる現象です。

　対象の客観的な関係と著しく食い違って知覚される現象で、病的な異常条件や心理的変動にあまり影響されない通常の状態において生じる知覚現象で、実際に刺激または対象があって、それの誤った知覚であり、常態においていつも認められる現象です。

　特殊な、異常な現象ではなく、正常な視知覚現象で、事実と異なるが、そうであるかのように思うことでは、思い違いや勘違いもあります。

　知覚が客観的事実と著しく食い違ったものを知覚することで、感覚器に異常がないにもかかわらず、実際とは異なる知覚を得てしまう現象のことです。

　錯覚は知覚の誤りと考えられていて、感覚・知覚・認識過程のどこかの部分がミスしたことで生じる、と認識されています。対象物に対して誤った感覚や認識を得るのが錯覚です。幾何学的な関係が、ある種の条件のもとで、それとは著しく食い違って見える現象で、形・大きさ・長さ・色・方向などが、ある条件や要因のために実際とは違ったものとして知覚されることです。

　既存の錯覚の意味のまとめとして、さらに短縮すると次のようになります。

　錯覚は、対象が特別な条件の時に、客観的事実と違ったものを知覚することです。感覚器に何ら異常がないのに起こる現象で、事実と異なるが、そうであるかのように思うことです。対象の客観的な関係と著しく食い違って知覚される現象です。

　思い違い、勘違いもあります。錯覚は知覚の誤りと考えられていて、感覚・知覚・認識過程のどこかの部分がミスしたことで生じると認識されています。

⑷　本論での錯覚の意味
①本論で扱う錯覚の意味

　本論は、目に見える現象である錯視についての記載であるため、「錯覚は、感覚器に何ら異常が無いのに、特別な条件の時に、客観的事実と違ったものを知覚することである」という考え方を採用しています。

錯覚は、本来のあるべき現象と、部分的に異なって知覚される現象
で、知覚された現象との間にズレが生じる現象です。本来の現象とまっ
たく異質な現象というのではなく、本来の現象からのズレが錯覚です。
錯覚は、時間的空間的な特定の条件下で、必然的に起きる現象で、誰も
が同じように知覚する現象です。目で見た時に起きる錯覚を錯視とい
い、錯視はものの形や大きさ、明暗、色、動きなど、もののみかけ全般
にわたって現れます。「何かが違っている」とした場合は、何が違って
いるかその要因を解明して、それが錯視の要因とする考え方です。違い
ということになれば、その要因は少数に限定され、特定が可能になりま
す。錯視の要因を、合理的に解明することが可能になります。何かが違
うという場合には、元になる現象と認知される現象が、何処か少しズレ
ているように意識されることで、誰もが同じように認知する現象です。

②既存論での知覚の誤りや思い違いなど
　錯覚は、知覚の誤りや思い違い、勘違いであるとする考え方もありま
すが、思い違いや勘違いに起因する錯覚は、外界の刺激が知覚器官に入
る前にその要因がある場合が非常に多いため、科学的方法で説明可能な
現象が大部分です。
　「何かが間違っている」として、何故間違ったかその要因などを解明し
て、それが錯覚の要因とする考え方で、間違いの要因は非常に多く存在
するため、錯覚を何かの間違いとした場合には、錯覚の要因を限定する
ことは困難になります。錯覚の要因が未だにはっきりと解明できなかっ
た基本的な理由の一つです。何かの間違いという場合には、脳が何処か
誤魔化されているようなイメージがあります。
　「錯覚とは基本的に『誤った』認知であるが、それは必ずしも人の認知
の欠陥や能力不足のために起こるものではありません。より効率的で適
応的な認知を実現するために、人は敢えて世界を歪めてとらえることが
ある」と、その要因に言及しています。
　何故、敢えて世界を歪めてとらえるかの説明が必要ですが、その理由
は説明されていません。

③著者の主張

　全ての錯覚は、人間が環境の情報を的確に得ようとするときに生ずる現象です。基本能力はいずれも、人間が生きていく上での必須の能力です。人間が進化の過程で取得した基本能力には、五感、運動感覚、平衡感覚、内臓感覚等の感覚と、情報を「はっきり」と認知する能力、身体の状態を常時一定範囲内に戻そうとする「恒常性」の能力です。

　既存論の「人は敢えて世界を歪めてとらえることがある」という部分を解釈し、補足すると、「敢えて世界を歪めてとらえる」には、何らかの理論的解説が必要ですが、その理由を「より効率的で適応的な認知を実現するため」としています。この表現は、錯覚を基本的に誤った認知としたために「世界を歪めてとらえることがある」という、表現になったと考えられます。

　著者は、「錯覚は、誤った認知ではなく、必然的に生ずる認知である」ことを主張します。言い換えると、錯視は誰にでも必然的に生ずる現象です。この視点から既存の錯視論を言い換えると、「敢えて世界を歪めてとらえる」は「本来の現象とは何処か異なったようにとらえることがある」となります。「より効率的で適応的な認知を実現するため」を「正確ではっきりした認知を実現するため」と言い換えます。

　このようにして出来上がった表現が、「錯視は何かが異なって見えるように『意識』される現象」ということになります。

2．何が錯覚か？

　錯覚には、思い違いや勘違い、間違いなどが錯覚だとする一つの考え方があります。この考え方は、ここでの検討からの除外項目ですが、ここでは、この除外項目について少し実例をあげて記載します。多くの場合が、錯覚と言われる現象で間違い等を含んでいます。

⑴　1/2＋1/3＝2/5

　母校のクラス会が五十数年の時の後に今年も開かれました。数年前まで大学の理工学部の教授をしていたクラスメートの話です。

「難しいことを教えるのは簡単だけど、簡単なことを教えるのは難しい」と言うのです。大学の理工学部に入学した学生の中には、分数ができなくて、「1/2＋1/3」を「2/5」と答える学生がいたというのです。確かにトップ数人は、優秀な学生がいるので、トップの学生に難しいことを教えるのは簡単だが、分数が判らないあるいは百分率が判らない学生にどうやって教えるかは、非常に難しいと言うのです。

　私が「いくら何でも、そんなことがあるのですか？」と言うと、傍にいたもう一人の友人が「そんなの当たり前だよ」と言いました。人事担当をしていた時に同じような入社希望者に出会ったというのです。パーセントが判らない入社希望者がいたが勿論採用はしなかったと言いました。「自分の会社も業界ではトップクラスの大企業だけど、そこを受けに来るのに、まさかと思うかもしれないが……」と言われたので、私は「そんな話、初めて聞いた」と言うと、次に返された言葉は「それは、貴方が幸せな会社生活だったからだよ」との言葉が返ってきました。そして付け加えられたのは「もちろん、優秀な学生も多かった」ということでした。

　ここでの課題は、何故、1/2＋1/3が2/5となるかです。

　単なる間違いと言ってしまえば、それまでです。何故、このように間違えたかが課題です。教授と人事担当経験者の話では、1/2の分子の1と、1/3の分子の1を足して2となり、その数を分数の上に書き、分母同士も足して5となるので、そのまま分母に書いた結果、2/5となるという事でした。これを単なる間違いと言っただけでは何の解決にもなりません。その要因を分析することが肝要です。

　この学生や入社希望者は、単に分数の意味を正確に理解しないまま、大学生になり、また入社試験を受けるまでになったのです。それでも、分子同士を足すことや、分母が何か関連していることは理解していたのかもしれません。分数の意味を正確に理解することなく大人になり、通分という基本的言葉も理解しないまま成長したのです。分数は、現代の数学を理解する上での最初の関門かもしれません。

　ここで筆者が主張したいことは、この場合の答えの間違いが、答えた人間に分数に関する基本的な知識に欠けることで生じた現象であるとい

う事です。単なる間違いと言うよりは、基本的知識の欠如による必然の結果です。知識があって異なる結果が生ずるのは間違いですが、知識が無くて異なる結果が生ずるのは、必然の結果です。

　同じ間違いという現象でも、そのプロセス等をどのように考えるかで、要因に対する考え方が変わります。

　何かが違う、間違っていることを錯覚と言う場合、上記の学生の場合は、何かを錯覚して間違ったのか？　基本的知識がないために間違ったのか？　と考えれば、当然後者です。後者の場合は、錯覚と言うよりは、必然の結果であり、単なる知識の欠如です。何か、途中に誤った認識があった場合には、錯覚と言えるのかもしれません。

　現在まで錯視の要因が判らなかったのも、基本的知識が欠如していた当然の結果です。基本的な考え方が判れば、正確な答えが導かれます。錯視についても、正確な要因が判れば、全ての錯視が説明可能になります。

⑵　相撲放送と母集団

　一昔以上前かもしれません。大相撲の八百長問題が世間を賑わした時がありました。この時、NHKに多くの投書がありました。１万通以上あったその投書の約３分の２が放送を中止すべきとの意見でした。NHKはその投書の意向を酌んで放送を中止することに決めました。放送中止が決定されると、今度も投書があり、その約３分の２が放送の継続を望む声でした。放送中止の発表を挟んで、その前後でまったく反対の投書内容になりました。しかし、一度決まった放送の中止は覆されず、放送は中止されました。

　この状態をどのように考えるかが、ここでの課題です。結論的に言います。

　NHKは世論というものを理解していなかったか、正確な世論を調べようとしなかったことが原因です。一方的な一部の投書による意見を全体の意見として、誤った解釈あるいは偏った解釈によって、放送の中止を決定したことです。

　放映の可否が重要事項であれば、NHKは視聴者の考えを自ら調べな

ければならなかったのです。最初は、放送継続に批判的な人々が数多く、投書をするので、その結果、放送中止を求める声が大きな比重を占めることになります。中止が決定した後は、放送継続を望む人が、継続して放送するように求める人が、積極的に投書します。その結果、放送中止発表の前後で、賛否の比率が反転したのです。NHKが視聴者全体のあるいは相撲放送について関心のある人々の意見を尊重するのであれば、NHKへの投書だけに頼らずNHK自らが主体性を持って客観的に賛否の調査を行わなければならなかったのです。

　一言で言えば、NHKは統計における母集団のとり方で、偏った集団の意見を鵜呑みにして決定をし、その次には、反対に偏った集団の意見に出会ったのです。

　統計的処理には、必ず、母集団がどのような存在であるかが、必要不可欠の要素ですが、実際の統計処理においては、多くの場合、ある特定集団を想定して、全体との隔たりに気がつかないまま処理されるケースが多いのです。

　放送に反対する意見が約３分の２あったことから、その意見が視聴者全体の意見であると考えたことが、混乱の始まりです。放送中止が視聴者の意見と考えるのであれば、中止決定後の視聴者意見との乖離であり、実情にそぐわないことになります。ここで言えることは、NHKが、単に放送中止決定前の意見が視聴者の意見の集約と考え決定したのであれば、それは母集団のとり方を知らなかったことによる単なる間違いです。基礎的な知識不足であり、前項の１／２＋１／３＝２／５と答えた学生とまったく変わりません。

　決定後、賛否が逆転していることを発表しただけ、NHKはまだ良い方と考えるべきなのでしょうか？

　中止決定後、反対の意見が多く寄せられたことが錯覚というものなのでしょうか？

　何かが間違っているという場合に、錯覚と言われることがあります。この場合の錯覚の使い方は「錯覚であるから間違えるのは当然で仕方がない」というふうに、一種の免罪符のように使われてしまいます。自分の間違った知識などが棚上げされ、間違えるのが当然、あるいは間違え

ても仕方がないなどの理由に使われてしまいます。
　錯覚は脳の正常な働きのド で発生する現象です。錯覚は免罪符にはなりません。

⑶ 鳩を使った実験 (錯覚の弁別実験)

　比較心理学の基礎となる考えは進化論だそうです。心の機能は、人類の進化の過程で入手した能力で、外界の環境に適応する形で変化してきました。モーガンの公準は「低次の心的能力の結果として解釈できるものを、高次の能力の結果として解釈してはならない」というもので、比較心理学に大きな影響を及ぼしているそうです。
　錯視について、動物が人間と同じような錯視が起きているかどうかを確認する実験が紹介されています。この実験では鳩を使いました。鳩に長さを区別できる動機付けを行い長い方を選択させるようにします。

①ミュラー・リヤー錯視を使った実験

　鳩にミュラー・リヤー錯視の図を見せると、鳩は長い方を選択しました。
　ここでの実験者の解釈は、鳩は、長さの錯視が判るため、長く見える方を選択したという事です。

②エビングハウス錯視を使った実験

　エビングハウス錯視が判るかどうかを確認します。エビングハウス錯視は、同じ大きさに描かれた中心円の大きさを比較する錯視です。錯視によって、左の大きな外側の円に囲まれた中心の円は小さく見えますが、右の小さな外側の円で囲まれた右の中心の円は大きく見えます。
　鳩がこの錯視を判るか、図を見せた時鳩は大きな円で囲まれた図形を選択しました。

③実験の評価

　鳩の場合、ミュラー・リヤー錯視の場合は、錯視が発生するが、エビングハウス錯視では人間とは逆になるという結論が得られました。

この実験は、鳩が、錯覚を理解できるか否かという実験です。実験者の意図は、鳩に錯覚が生じているか、あるいは人間と同じであるか否かを確認するためです。

④問題点

　この実験は、鳩の錯視が人間と同じように見えるのかどうかの実験です。しかし、この実験は実験そのものに問題があります。

　はじめに「モーガンの公準」で、「低次の心的能力の結果として解釈できるものを、高次の能力の結果として解釈してはならない」と意識を誘導し、「低次＝簡単に考えること」を推奨しています。次に、鳩を使った錯視の実験であることを明示するため、実際の錯視図を使って実験しています。

　その結果分かったことは、鳩は、ミュラー・リヤー錯視は判るが、エビングハウス錯視では人間とは逆になることです。

　この実験は実際には、実験者の意図に反して鳩が錯視を判るかどうかを確認する実験にはなっていないことです。実験者の思い込みによる錯誤が生じた例です。

⑤鳩は言葉が解らない

　弁別実験を行ったが、言葉が解らない鳩に、この実験が「錯視」の実験であることを、どのようにして判らせたかの記載がありません。鳩は、錯視の実験ということを理解できないと考えるのが通常の考え方です。ここではそのことを実験で確認したかったのだろうと思います。実験する人間が、勝手にこの実験は、錯視の実験と称しているだけです。錯視の判らない鳩には、この弁別実験は、錯視を弁別する実験ではなく、単なる長さと大きさの実験になります。

　長い方を選択するように動機付けされた鳩は、ミュラー・リヤー錯視では、上下二つの長さを比較し、長い方を選択しています。エビングハウス錯視では、中の円ではなく、全体として大きい方を選択しています。

　鳩は、錯覚とは関係なく、全体として図形の大きい方を選択していま

す。どちらも、全体として大きい方を選択した結果、錯視とは異なる結果になりました。従って、鳩が錯覚を理解できるかどうかは、この実験では何ら証明することができません。むしろ判らないという結果だと思われます。

　鳩が、ミュラー・リヤー錯視は判るが、エビングハウス錯視では人間とは逆になることも、実験結果としては真実でしょうが、錯覚の実験とは関係のない実験です。

⑥乳幼児も言葉が分からない

　エビングハウス錯視（円の大小）は、乳幼児には生じない研究例があります。

　乳幼児は中の同じ大きさの円を比べるのか、全体の大きさ比べるか理解できないため、全体の大きさで判断します。錯視という言葉が理解できる年齢の人は、錯視という視点で対象を見て判断しますが、理解できない場合は、全体で判断するためです。

⑦実験目的の間違い

　この実験は、錯視の実験と銘打っていますが、実態は錯視の実験ではなく単なる大きさや長さの比較です。鳩や乳幼児の共通点は、錯視を理解していないことです。理解できないため、同じ長さや、同じ大きさである線分や円の大きさ等を比べるのではなく、全体としての長さや大きさを比較することになります。実験結果は、鳩や乳幼児は正確に回答していることになります。鳩や乳幼児は正確に答えていますが、実験者が、基本的な事項を理解しないために生じた現象です。

　基本的な事項とは、初めに全体を広い視野から見たり考えたりすることです。ここでも、実験者が基本的な事項を理解していなかったことが、実験が成立しない原因です。

　1/2＋1/3＝2/5と答えた学生と本質はまったく変わりません。最初に全体を考えるという基本知識が欠如していたことに要因があります。

⑷ リンゴとみかん
①リンゴとみかんの問題

　テレビの話に戻ります。「初耳」に関係した番組でした。その中の話で算数の問題でした。「リンゴが３個、みかんが２個あります。合わせて何個でしょうか？」この答えが、如何なるかということです。

　一般的な回答はもちろん５個です。しかし、この回答者は５個という回答にはなかなか思い至りませんでした。問題の本質的意味を分かっている人には「リンゴが３個、みかんが２個」の回答しかないのです。リンゴとみかんが何故同じになるのか理解できないのです。一般的に言えばそういう理解の仕方をしなかったのです。リンゴはリンゴ、みかんはみかんです。

　何故一緒にしなければならないのか理解できなかったというよりも、その発想が間違っていると考えたのです。違うものを同じにしてはいけないという考え方で、一般社会では当たり前のことです。発言者がようやく理解した時には、まったく、新しい概念を導入した時でした。二つに共通の事項を導入したのです。リンゴは果物です。みかんも果物です。果物であるリンゴ３個と同じ果物であるみかん２個を合わせたら何個の果物になるかという問題に置き換えたのです。その結果、果物は合わせて５個になります。

　それでは、最初からリンゴやみかんに分けずに「果物が３個と果物が２個あります。果物は合わせて何個でしょうか？」という問題にしなかったのでしょうか？　足し算の問題とすれば、果物と説明するだけで十分です。あるいはリンゴだけで良いのです。

　この一見単純な問題には、幾つかの本当の問題点があります。最初に回答に関する問題点です。子供の回答が本来正解である「リンゴが３個でみかんが２個」と答えた場合、この答えが正解として採点されるかという問題です。本来の趣旨からすればこれが一番の正解であるべきです。これは私の推測ですが、この答えでは、多分、答えになっていないと小学校の先生は×の評価を与えるような気がします。「リンゴが３個とみかんが２個」の答えを正しいとする評価者は本当に判っている人です。

　しかし、多くの評価者は、合わせて「5個」の答えを求めています。リンゴとみかんは個数として評価して個数として答えなさいという、出題者側の暗黙の了解事項のようなものがあるからです。成長過程でそのような暗黙の了解事項を理解した子供は、5個と答えることが出来ますが、異なるものを足し合わせることは出来ないと本質を理解している子供は、「リンゴが3個でみかんが2個」と答えます。ただ、この答えを言う子供は圧倒的少数派でしょう。

　このリンゴとみかんの個数の問題は、問題の作成過程に本当の問題があったのです。正確を期するよりは、できるだけ短く表現しておこうとする意図です。本来、正確を期するのであれば、もう少し説明を加えなければならないのです。この説明を加えなくとも誰もが判るとして作成したのがこの問題です。常識的なことは『設問に加えなくとも判ってくれる、あるいは、判るのが当然である』との認識があるためです。もう一つは、この問題は一般的には小学生低学年の問題です。文章があまり長くなると逆に判り難いという判断があったせいかもしれません。

　私が考えるこの問題の出し方は次の通りです。
『リンゴが3個、みかんが2個あります。リンゴもみかんも果物です。リンゴ3個、みかん2個を合わせると何個の果物があるでしょう?』または『リンゴが3個、みかんが2個あります。リンゴもみかんも果物です。合わせて何個の果物があるでしょう?』。

　最初にあげた問題は、『リンゴもみかんも果物です。合わせて何個の果物があるでしょう?』の説明として必要な部分が抜けていたのです。あるいは、次のように考えます。『リンゴが3個、みかんが2個あります。リンゴは1個、2個と数えます。みかんも1個、2個と数えます。3個と2個合わせて何個でしょうか?』

　この問題で意図した本当の目的は、数を足すことだったと思います。しかし、余分な説明が加わることで、問題が複雑化し、本質が判らなくなっていくので、質問で説明しなければならない状況を省略したのです。質問そのものが説明不足の間違った質問だったのです。多くのお母さん方はこの問題は小学校低学年の算数の問題と思うでしょうが、実はこの問題の本質は、国語の問題だったのです。「リンゴは1個、2個と

数えます。みかんも１個、２個と数えます。数えることができるものは足すことができます」という考え方なのでしょう。しかし、これでも十分な説明ではありません。「数えることができるものは足すことができます」というのも、一方的な考え方です。「同じ種類のものであって、数えることができるものは足すことができます」と言って初めて問題は、問題として成り立つのです。同じ種類ということは、共通項です。共通項（ここでは果物）でまとめることが出来るだろうという問題でもあった訳です。さらに加えれば、異なる物同士でも、その属性を考えれば、共通項（ここでは果物）が見つかるという教えかもしれません。意識してもしなくとも共通項を見つけ、答えだけが重視されるシステムがこの問題には内包されていたわけです。

　この問題を拡大すると、論理的思考にも直結する問題です。リンゴは、リンゴとして真です。みかんはみかんとして真です。リンゴはみかんと同じではないので、みかんとしては疑です。同じようにみかんはリンゴではないので、リンゴとしては疑です。

　論理的に真と疑は足し合わせることはできません。あくまでもリンゴはリンゴ、みかんはみかんです。それではリンゴとみかんは足すことができないのか？　リンゴとみかんという属性では足すことができません。そこで登場するのが、リンゴとみかんの共通項です。リンゴもみかんも、どちらも果物であるということです。リンゴは果物です。果物としてリンゴは真です。同様にみかんも果物として真です。真同士は加算することが可能です。従って、リンゴとみかんは、果物のリンゴが３個、果物のみかんが２個なので、果物が合わせて５個あることになるのです。果物として５個あることは真ですが、リンゴもみかんもそれぞれでは、合わせても５個にはなりません。

　科学的ということは、この問題においても間違いのないように、必要な説明を加えることです。リンゴが３個とみかんが２個の後に、リンゴもみかんも果物であり、回答は果物の数を求めていることを明らかにしなければならないのです。果物の説明などが入って初めてこの問題は、問題として完成するのです。「そんなこと判り切ったことでしょう」と言う人は、科学的方法が判っていないことになります。科学的という時

は、必要な条件はきちんと説明されていなければならないのです。

　科学的方法は、必要な情報やデータに基づいて進められる方法です。必要な情報が欠けている場合は、その情報を推定して、論理展開を進める場合があります。その論理展開は推定結果です。科学者は、その推論が、必要な情報の一部を推定したことを明確にして、論理展開はその情報が正しいと仮定した場合に正しいと明確にします。仮定が間違っていれば当然間違った結論になります。このような手法も科学的な推論方法でしょう。後日、その仮定が観測や実験結果などから正しいとなれば、その論理そのものが正しいことになります。

②リンゴとみかんの本当の問題

　リンゴが3個、みかんが2個あります。合わせて何個でしょうか？

　幼稚園児や小学生にこの問題を出せば、5個とする答えが期待できます。中学生が高校生になれば、同類項という言葉を習います。その結果、中学生や高校生はリンゴが3個、みかんが2個と答えます。それでは社会人に聞いてみましょう。この問題の本当の問題は、この問題が不確定問題あるいは問題として設問の仕方が不十分であることを指摘することです。人は、何処までを知っているか？　理解しているかでその答えが違っていることを理解することが重要です。リンゴとみかんの問題は、そのことを私達に示してくれる事例です。ここでも、1/2＋1/3＝2/5と答えた学生とあまり変わらないレベルにあることが痛感されます。

⑸ 何が錯覚か（思い違いや勘違い、間違い）

　既存の錯視論では、錯覚は知覚の誤りと考えられていて、感覚・知覚・認識過程のどこかの部分がミスしたことで生じると認識されている「思い違いや勘違い」です。ミスや思い違い、勘違いは、視覚以外の錯覚にしばしば起きやすい現象です。思い違いや勘違い、間違いは、前項⑴〜⑷で示したように、人間の無知から生ずる部分が多くあると考えられます。無知から生ずる思い違いや勘違い間違いは、多くの場合、本人はそれが間違いであると意識せず、正しいと思うことに問題点があ

ります。間違いと判れば、修正するのが人間の基本的行動です。ここでの錯視の検討では、この無知による間違いや思い違い勘違いを除いて、検討しています。

　錯覚は、感覚器に何ら異常が無いのに特別な条件の時に客観的事実と違ったものを、知覚することです。目で対象を見る錯視の場合は、目の機能に何ら異常が無いにもかかわらず、何かが異なって見えるように「意識」される現象です。

3. 錯視の全容

　錯視の全容を次に表現します。まだまだ未完成の部分があると思われますが、概略を理解するには役立つと思います。

⑴ 錯視のフローチャート
①基本フロー

○錯覚　➡　全知覚器官　➡　何かが異なる＝間違い・勘違いを含む
　　　　　▼
○錯視　＝　錯覚のうち見ることに限定
　　　　　◆　➡　外部
　　　　　▼
○目と脳の機能
　　　　　◆　➡　異常　⇔　損傷、病気、薬物　⇔　何かが不明
　　　　　▼
　　　正常　＝　基本要件
　　　　　▼
　　　対象の存在
　　　　　◆　➡　存在無
　　　　　▼
　　　存在する
　　　　　▼
○最初に見る　＝　全体を見る

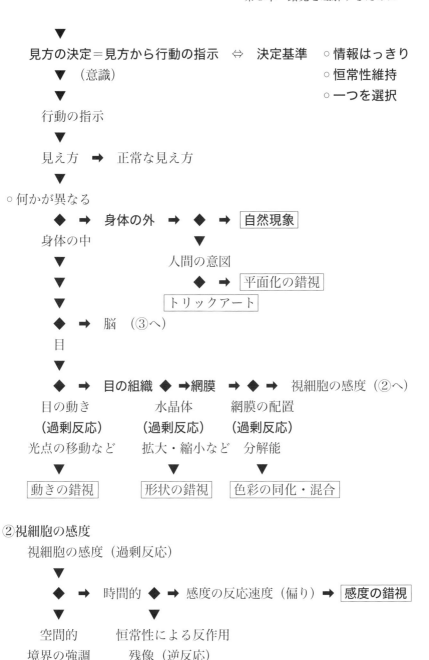

| 色彩の錯視 | 残像の錯視 |

③脳の働き

脳の働き＝正常であること

▼

基本的働き＝推測すること➡推測の目的＝「はっきり」させること

▼

情報処理(推測する具体的活動)➡目からのデータ＋感覚・記憶データ

▼

推測で「はっきり」させるための過剰反応

　　　　　▼　（実際の作用）

　　　　　◆　不足分の補充　　➡　◆　➡　不十分　➡　乖離の錯視

　　　　　▼　　　　　　　　　　　　▼

　　　優先順位　　　　　　　　　可能

　　　　　▼　　　　　　　　　　　　▼

　　優先度の錯視　　　　　　明確化の錯視

⑵ 人体に要因のある錯視

　人間は最初に対象全体を見て、目や脳が対象をどのように見るか、その見方を無意識と言われる短時間の内に瞬時に判断します。その時の判断要素は、情報を「はっきり」させること、恒常性を維持すること、行動に迷いを無くすために必ず同じようなことは、一つに絞って判断することです。判断要素はいずれも人間の生存活動に直結する重要事項です。

　自然現象、一部に平面化の錯視を含むトリックアートなど、人間の器官には直接関係せず、科学的にその要因を「はっきり」と説明可能な錯視があります。

　人間の身体の器官に要因がある錯視は、一般的な科学的現象では説明が付き難い現象で、人間の目と脳の機能が関係します。

　前項では、錯視における全体像を一連の流れとして簡潔に記載してい
ます。この図でも解る通り、最初に対象を見た時の判断要素は「はっき
り」させること、「恒常性」「一つの選択」でしたが、人間の目や脳など
の器官が係わる錯視の基本要因は「過剰反応」です。ただ、ここでいう
過剰反応では、一般的な過剰反応を少し拡大解釈しています。

　対象を見ることに関係する器官は、目と脳です。錯視は目や脳が過剰
反応することで生じる現象です。

　前項から錯視についての項目を抽出すると以下のようになります。一
般的には、平面化の錯視から下の項目が錯視として考えられる項目かも
知れません。また網膜が係わる錯視についての区分は、さらに検討が必
要かもしれません。いずれにしても暫定的な区分です。

- ○水晶体が関わる錯視　★形状の錯視
- ○目の動きが係わる錯視　★動きの錯視（目の動き）
- ○網膜の視細胞が係わる錯視
  - ☆配置が係わる錯視　★色彩の同化・混合
  - ☆網膜の感度が係わる錯視　★色彩の錯視　★残像の錯視　★感度
    の錯視
- ○脳の機能が係わる錯視　★明確化の錯視　★優先度の錯視　★乖離
  の錯視
- ○自然現象
- ○トリックアート（平面化の錯視を含む）
- ○間違い・勘違い等（単なる間違いや勘違いは、一般的に錯視には加
  えません）

４．過剰反応

⑴ 錯視とは

　錯視は「何かが異なって見えるように『意識』される現象」です。人
体に要因のある錯視において、最も重要な要素の一つが「意識」です。
最初に全体を見て、人間は瞬時に何を如何見るか「意識」し、この「意

識」に基づいて、各器官にどのように作動するかを指示するのです。

　最初に対象を見て、感じる意識が、その後の対象の見方を決定し、各器官は、その決定された意識に従って作動し、次の見方が決まります。最初に対象を見た時の直感とも言うべき動作である意識がその後の見方を決めるのです。この「意識」の作用が強く感じられるため、この意識に従って、その後に実際に作用する目や脳の機能による錯視現象をすべてこの「意識」に起因させようとする考え方が、現在までの錯視の要因の主要部分を占めていたのではないかと考えられます。最初に全体を見た時の脳の瞬時の判断と、その後の目や脳の機能で起こる現象を分離して考えることが錯視の要因の理解に繋がります。

　最初に対象を見た直後の本能的意識に従って作動し、関連する器官が「はっきり」させるためあるいは「恒常性」を維持するために「過剰反応」を起こした結果が、錯視となります。そのため、錯視の基本的要因を一言で言えば、「過剰反応」が適していると考えられます。

⑵ 過剰反応

　過剰反応は、ある刺激や働きかけに対して、一定限度を超えた反応をとることで、過剰に反応することです。必要以上にはなはだしく反応することと言えます。

　人間の器官が直接関与する錯視について、どのような過剰反応があるか、その概要を錯視毎に次に記載します。

①形状の錯視
○存在の錯視

　対象物の周辺状況によって、本来の大きさとは異なった大きさに見える場合があります。周辺状況の影響を受け、本来の大きさとは異なっているように見てしまう大きさなどに関する過剰反応です。月の錯視が代表的例です。

　形状の錯視は目の水晶体の作用が過剰反応することで生じます。

　目には水晶体があり、対象の像を「はっきり」見るために、必要に応じて拡大や縮小して対象を見る場合があります。基本的作用は、最初に

対象を見た脳の指示によって「はっきり」させるために、水晶体が焦点を合わせる行為です。細部を見る時には「過剰反応」によって、正常に見る場合以上に拡大して見てしまいます。目の水晶体の拡大・縮小作用によって、形状の錯視が生じ、小さい部分として見る場合は拡大し、大きな広い範囲を見る場合は縮小します。形状の錯視は最初に対象を見て、大きく見るか、小さく見るかを「意識」することで生じます。

○方向性の錯視（動きが生ずる錯視＝動きのある錯視）
　幾何学的図形の中には、方向性が誘導される図形があります。単一で誘導されるのは、矢印のような図形の場合です。一般的には、明るさや色彩などが順次異なると、方向性が「意識」されるようになります。多くの場合は暗い方から明るい方に目線を移す場合が多いと思われます。黒、灰色、白と同じ形状の四角や三角、円などが直線状に並んでいると、黒い方から白い方に向かって方向性が生じます。単一の場合には、その影響は少ないのですが、この方向性がある図形を、連続させて表示するとその部分にまとまった方向性が生じます。
　方向性があると、人間は無意識のうちに、元から先へと行く「意識」が生じます。方向性がある図形が多数連続すると目線が元から先へ動き、多数が継続することで、そこに動きが感じられるようになります。この図形には、小さなセルを積み上げた多数のセルが必要になります。錯視図において、小さな図形を多数組み合わせ、動きがあるように見える錯視図はこの原理を活用しています。
　ここでは「方向性の錯視」としています。
　本来方向性とは関係のない図形などの組み合わせで、方向性が生ずるという反応が現れます。方向性が無い場面に方向性が現れるということで、過剰反応の一種であると考えました。

○ちらつきの錯視
　ちらつきとは、さざ波が立つ水面に光が当たると、反射光がさざ波の移動に伴い、きらきらと光って見える現象に代表されます。見ている部分が急激な明暗を繰り返すことで「ちらつき」を感じる現象です。

「ちらつき」は大きな変化が小さな範囲で数多く繰り返されることで生ずる現象で、時間の経過が関係します。静止画を見た場合は、通常は「ちらつき」は生じません。静止画には時間要素はありませんが、静止画を見る人間の目は、時間をかけて画像を見るため、時間の要素が生じます。

　静止画像であっても、小さな異なる現象が繰り返し表現されている部分では「ちらつき」を生じさせることができます。大きな変化が非常に狭い範囲に順次混在する場合です。何らかの境界を挟んで、色彩等に大きな変化のある場合、対象となる場所の幅などが小さい場合、相互に強調しますが、その幅がさらに狭くなると、今度は、色彩の同化や混合が生じます。幅などのほんのわずかな変化でまったく異なる現象が生じます。

　さざ波の場合は、波面の傾斜の異なり方が、時間の経過に従って変化するため、明るさと暗さが交互に生じて起こります。幅が非常に狭いところでも、そこから人間の目に入る光は、時間が経過してもまったく変わりません。そのため、その部分をいくら調べても何ら変化は認められません。変わるのはその場所を見る人間の目の「意識」です。相互に強調している部分を見る時は、最初はどう変化しているか「はっきり」させるために「意識」を集中させて見ますが、次の瞬間には、同化領域でもあるため、その部分を「同化」して見ます。非常に小さなある範囲は、強調領域と同化領域が混在していますが、同時に強調と同化を見ることができないため、人間の目が交互に強調と同化を繰り返すことになります。その結果が、「ちらつき」となります。「ちらつき」がある場合は、矛盾したように思える現象が見られることがあります。

　ここでは「ちらつきによる錯視＝ちらつき錯視」と呼ぶことにしてみました。

　ちらつきによって、本来とは異なった反応が生ずる現象が過剰反応と言えます。

②動きの錯視（目の動き）

　人間の目は、広い範囲を見ているときは、目自体の動きは気にかから

ず、対象を見ることができますが、狭い範囲を見る時は、生体としての目の位置が微妙に動くことで、対象を見るときも、この動きの影響を受けます。非常に狭い範囲を見る場合は、身体の動き、目の動き、視線の先の動き、視点の「ちらつき」など、微小な動きがあるのが一般的です。視野角が非常に狭い対象を見る場合、人間の目や視線の先が微妙に動きます。本来ならば静止して見えているはずですが、暗い場面で微小な光点など刺激の大きな場合には、必要以上に大きく動くようにも感じられます。人間が生体であるため、目自体あるいは視線などは常に動いていることに起因する現象です。大きな視野からすると動いているとは感じられなくとも、微細な部分を考えると、人間の目は常に微細な動きを生じ、実際に動いていると考えるのが妥当です。カメラで言えば、「手振れ」に該当する動きです。

　既存の錯覚論の中では、マイクロサッカードという考え方ですが、ここでは単なる眼球の生態的な微小な動きだけでなく、人間の無意識によっても生ずるあらゆる微小な動きを念頭に入れて考えます。

　静止画像を見る時にも、静止画像が何か動いているように見える現象があります。静止画像そのものは動きませんが、静止画像を見る人間が画像を見るためには、画像を網膜で電気信号に変える時に、短時間ではあるけれど、変換するための時間が必要になります。静止画像は動かなくとも、それを認知する人間の側に時間が必要です。一般的には無意識と言われるくらいの短時間です。

○自動運動

　暗い部屋や暗室、暗箱でも良いのですが、その中で小さな静止した光点を見つめていると、実際の光点が動いていないにもかかわらず、目には少し微妙に動いているように感じられます。これは、光点が動いているのではなく、それを見つめる人間の目が、身体全体の微妙な動きや目の小さな動きに伴って動いているように見えるのです。目の方が動いているために、実際の光点が動いているように見える現象です。人間の目の視線の先が、カメラの手振れのように微細に動くことによって、人間の目の動きではなく、対象が動いているように意識する現象です。暗室

内を見た場合は、広い空間を占める暗室は静止しているとの感覚が生じ、小さな光点など目立つものが微妙に動いているように見えます。目の方が動いているのですが、「意識」としては、目の動きが小さいため、実際の光点が動いているように「意識」される現象です。

　微小な動きに関する過剰反応と考えられます。

○仮現運動（視線の動き）

　見かけの運動でキネマ性運動ともいいます。一定位置にある刺激対象が、瞬間的に出現したり消失したりすることによって、あたかも実際に運動しているように見える現象です。自動運動が空間的動きであることに対し、この動きは、時間的変化と言う事ができます。光点などの瞬間的移動に伴い、目線が無意識のうちに順次移動することで生ずる現象です。

③色彩の錯視

○同化と混合

　色彩細胞が有限であることから、解像度が課題となります。水晶体の働きが正常であっても、光を電気信号に変える網膜の色彩細胞の配置と数量が、解像度に影響を与えます。解像度の限界を超えると、「同化や混合」が起こります。解像度は視力です。視力が良い人と悪い人では、「はっきり」見える対象の大きさが異なります。個人差が大きく影響する現象です。一定限度を超えた反応を過剰反応と言うため、解像度の関係で異なった現象が生ずるのも過剰反応と見なすことができます。

○網膜の感度　　その1　　同一時間内

　色彩は網膜の色彩細胞（桿体、錐体）で光から電気信号に変換されて、脳で知覚されます。光から電気信号への変換、変換係数である変換の感度は、対象の全体を（あるいは広い範囲）を見て、脳でどのように見るか判断し、色彩細胞に指示を行います。

○感度の低下

　広い範囲（あるいは全体）が同一系統の特定の色彩になっているときは、その色彩の感度をある程度下げます。特定の色彩が全体や広い範囲を覆っている場合は、その感度を下げることで、色彩の変化などが鮮明になり「はっきり」します。夕景色などでは、全体は赤色が多くなっているため、目の網膜細胞の赤色の感度を下げます。その結果、夕景色の色相は、写真などで見るほど赤くならず、色彩の違いなど本来のものがよく判るようになります。物質と生体の感度特性の違いもあります。

○感度の上昇

　赤に少し黒を混色した赤黒い色彩の円状のものを紙で作り、黒い少し広めの紙の上に乗せると、赤黒い円状の色彩は、鮮やかさを増し赤く見えます。同じものを彩度の高い赤色の紙の上に置くと赤黒い円状の色彩は、さらに暗さが増した赤黒さになります。この事例のように、比較的単純な図形で、色の彩度などの色彩の比較では、その差を強調するようになります。強調することで、違いが「はっきり」するからです。

　感度の上昇・低下によって、網膜の色彩感度が調整されることで、一定範囲を超えた過剰反応が現れます。

○網膜の感度　その２　時間の経過

　強めの光や色彩の大きな差異がある対象などインパクトの強い対象を見た場合は、網膜は短い時間で光から電気への変換を行いますが、弱い光や色彩の差異が小さいか色彩が暗い場合などインパクトの弱い対象を見た場合は、網膜の光から電気への変換時間が長くなります。

　目に入る光の強さによって、電気信号への変換時間が異なります。このことが何らかの方法で検証された実験などはまだないかもしれません。一般的な考え方として、何らかの現象に対する入力の大きさと時間の積が、ある一定範囲内の時に次の反応が生じるとする考え方は、科学的に考えても妥当な考え方でしょう。ここでも現象の強さと時間の積がある範囲内の時に次の反応が起こると考えました。

　目の網膜の視細胞では、強い光の場合は素早く短い時間で反応する

が、弱い光の場合は、少し長めの時間が必要になると考えられます。

　平面上に強さに大きな差異がある現象が「はっきり」と分離できている状態で存在する場合、異なる対象を知覚する視細胞の働きに、差異が生ずると考えられます。

　網膜感度によって生ずる時間差現象です。

　平面上に描かれた画像は、平面の移動と同期して、何処もが同じように移動するはずですが、インパクトが強い場合は素早く反応し、インパクトが弱い場合は、画像認識に時間がかかるため、強い場合に比較して長い時間がかかります。本来ならば、時間的にインパクトの強弱にかかわらず同じ速さでの移動になるはずが、異なる反応時間になることから、画像の移動に時間差が生ずる過剰反応です。

　細部に意識を集中すると、その部分を「はっきり」させようとする意識が優先するため、時間的な刺激の差異による相違は、小さな差異であるため意識されなくなるようです。「はっきり」させることが優先されるのです。

④残像の錯視
○残像の正反応

　対象が強めの明るさや色調などの時、その現象が無くなっても、もとの色彩と同じ現象が少しの間続き、暫時減少します。対象が消滅してもしばらく続く現象を残像と言います。対象が無くなる前と同じ状態が続くのが特徴です。元の映像が少しずつ異なり、連続させることで、動きを生じさせているようにしたのが、動画の映像です。

　網膜が光を電気に変える時に、時間がかかり、その影響が瞬時に消えるのではなく、暫時残るためです。影響が消失時刻後もまだ残っていることが過剰反応です。

○残像の逆反応（過剰反応）

　急激に何かが変わる時には、「過剰反応」が起きます。網膜では光信号から電気信号に変換する過程で、時間が必要になります。はっきりした色彩が急に無くなると色相の反対側の色が暫時見えるようになりま

す。時間的な急激な変化を短時間でもとに戻そうとする（恒常性を維持しようとする）作用の現れです。

⑤感覚の錯視（明確化の錯視を含む）

目の水晶体が直接係わる錯視が「形状の錯視」で、脳に電気信号が入ってきて以降の脳内での情報処理以降に起因する錯視が「感覚の錯視」です。

脳の情報処理とは、知覚に、脳内にある記憶と感覚を加えて、「はっきり」とさせるために推測することといえます。考えることは、人間の行動を指示するために、得られた情報を処理して推測して、情報処理を出す脳の働きです。脳で考えることは、情報を「はっきり」させるために推測することといえます。何をどのように「意識」するかで「はっきり」させるための情報処理方針が決まり、脳はその処理方針に従った場合、新たに何かが異なっているという「意識」を得ます。

何をどのように処理するかは、最初に対象を見てその時の状況に応じて短時間の間に決まります。脳の基本的働きは、情報を「はっきり」させ、その情報に基づく判断をして、次の行動に結びつける指示を筋肉などの行動器官に発信することです。

脳に送られた電気信号で「はっきり」しない知覚情報は、「はっきり」となるように、記憶と感覚を合わせて処理されますが、何時でも完全に、はっきりするわけではありません。

情報が不明確な場合、記憶や感覚などの知識が働く要素を加えて類推します。

記憶や感覚は、過去の時間的経過のなかで、経験された事項が大部分なので、考えた結果に、過去の経験による記憶や感覚が影響することになります。知覚、記憶、感覚はそのすべてが、厳密に定まっているものではなく、その多くがあいまいな出来事です。

その結果、処理結果が、「はっきり」しない場合は、そのまま放置されるが、はっきりした情報および比較的はっきりした情報は認知されます。そのあいまいさも、情報処理上、配慮される事項です。「はっきり」できないことは、保留されます。

「はっきり」させるために、知覚、感覚、記憶などが関係します。考えることは、情報を「はっきり」させるために、知覚情報を基に、感覚、記憶などを加えて情報を処理し、推測することです。

　一連の動作は、非常に短い時間に行われるため、この動作を人間が意識することはなく、実質的には、無意識のうちに行われます。目は、送られてきた電気信号に従って、水晶体や網膜を無意識といわれる短い時間で作動させ続けます。目の諸器官は、脳の指示に従って行動しています。

　感覚の錯視は、対象を「はっきり」させたいときに生じます。脳は、対象を「はっきり」させるために、脳内に在る記憶や感覚などのあらゆる要素を総動員して情報処理を行いますが、同時に全ての処理を行うことは、有限の脳細胞では不可能です。そのため、脳は優先度の高いものから順次、情報処理を行うと考えられます。優先度の高い記憶や感覚などから情報処理され、ある程度「はっきり」すれば、その段階で次の処理行程に進むことなく、処理結果に基づく脳からの指示が出されるでしょう。

　情報が網膜で電気変換され、その次の過程で何かが変わっているように「意識」する現象は、全て、脳内の情報処理によって生じていると考えられ、ここではこの現象を「感覚の錯視」としています。

　対象を見た時の脳が受ける対象に対する感覚、その優先度がそのまま感覚の錯視に影響を与えます。従って、感覚の錯視のうちの優先度の錯視は、対象を見た瞬間と、その対象に関係しそうな記憶や感覚におけるインパクトの強さが優先度と重なって、優先順位が決定した結果生ずる錯視と言えます。

　感覚は、人類が生存してきた進化の過程で生じた事項などが多く、誰もが共通して持っているものです。そのため、感覚に関するインパクトは誰もが共通して同じような、錯視現象を起こすのが一般的です。しかし、記憶は、個人としての過去の歴史や直前の経験などが大きく、個人差もあります。従って、記憶に基づく現象に関しては、時には、個人差が出てくることがあります。意図的に意識を変えることもあります。

　これらの現象があるため、感覚の錯視は多くの人が共通の感覚を持ち

ますが、その時や人によって、時には異なることも出てきます。感覚の錯視では、ある程度違っていることも当たりまえと考えて良いのかもしれません。

　優先度は、決まっているものではありませんが、一般的傾向はあります。

　インパクトの強いものが優先されます。光であれば明るい光、色彩であれば、彩度や明度の高い色彩、あるいは、明度や彩度の差が大きい組み合わせです。変化であれば時間的、あるいは空間的に急激に変動することです。感情においては、恐怖心などは命への関わりから生じているので、比較的強いインパクトを与えます。

　背景に対する動きに対しては、一番判り易い適度な動きがあります。速すぎては見えませんし、遅すぎては動きが判りません。動いている対象が大きすぎると、動いている方が止まっているように感じる逆転現象も起こります。適度な大きさの対象での動きが一番判り易くなります。小さすぎては、動きが判らなくなります。

　誘導運動は、対象の動きが広い範囲で起きていると、動いている対象ではなく、それを見ている人間が動いているように感じる現象です。視野に入る全景の中で、広い範囲と小さな範囲が相対的に動いている場合、広い範囲が静止し、狭い範囲が動いているように感じられます。誘導運動は、大きさが小さめ（狭め）の方が動いていると選択されるために起きる現象で、優先度に係わる錯視です。

　二義的錯視のように、何方にも優先度が傾いていない場合は、人間が生きてきた過程で身に付けた感性が優先される場合があります。しかし、反対側の視点を意識することで逆転させることができます。

　共通して言えることは、同時に二つの現象を意識することはなく、必ず一つの現象を意識することです。優先順位の考え方の中には、必ず一つを最優先するという考え方が入っています。

　過去の記憶を鮮明に思い出すと、実情との違いが鮮明になり、何かが異なったように感じる錯視があります。現実より、記憶が優先される現象とでも言えそうです。実情よりも過去の記憶が重視された結果です。実情が意識されればすぐに収まります。

体調の良し悪しが、実際の感覚を凌駕した時に、逆転現象が生じます。実際の現象よりも、体調が優先された結果です。体調の良い時は、少しの登りも下っているように感じられる時があります。これらはいずれも、通常の反応を超えた過剰反応です。

　データを集積して、形状などはっきりとしたものを類推することは、科学的な手法として使われています。類推の特徴は、不明確な対象を漠然と見る時よりも、その対象が何であるか、はっきりとしようと「意識」したときほど、明確に見えます。

　直前の知覚や個体の経験や記憶など、比較的短い時間単位の記憶や感覚の影響を受けた推測によって促進されるのが明確化です。明確化には、元になる不明確な現象があります。元になる不明確な現象の一つは、欠損部分などが有る現象です。もう一つは、不鮮明な模様などです。

　見えない部分まで実際に見えるように明確にすることが、明確化の錯視で、見えない部分を類推するという過剰反応によって、形状などを補足してみる錯視が明確化の錯視です。

⑥乖離

　記憶などが、実情と異なっていた場合や、間違った知識を信じている場合は、実際の現象とは異なった対象が見えます。見えていることが、記憶と異なっていると言う方が良いでしょう。一般的には間違った見え方と言えます。

　一般的な「錯覚」についても、記憶や知識の間違いが原因で、何かが異なっているように知覚される現象を錯覚と言っている場合があります。この場合は、何故間違えたかその理由を説明することで、要因を説明したと考える場合がこれまでの錯覚の要因の説明です。この場合も、記憶や知識の間違いがあることが基本的要因であることを記述した方が良いのではないかと考えました。多くの間違いは、記憶や知識の間違いで生じます。本書では「乖離の錯視」と言うことにしました。

第6章　錯視の天動説から錯視の地動説へ

1. 天動説の主な要素

⑴ 系統的な考え方

　錯覚や錯視の要因は、それぞれ異なることから、系統的に検討されたことが少なかったことです。要因が明確でないため、分類できないのは当然です。現在、分類といえるのは、『日本大百科全書』の錯視の分類くらいでしょうか？　今井省吾氏の記載が、一般的に入手できる数少ない分類に思えました。現象面からの分類では、北岡明佳教授の分類もありました。しかし、錯覚の要因については、明確な記載はありません。どのような錯覚であるか、分類に必要な記載があるだけです。

　錯覚や錯視についての系統的な考え方が必要ですが、何故錯視が起こるか、その要因が明確に説明できないため、どのような時にどのような錯視が生じているかの説明に終始しているのが、現在までの錯視の世界です。

⑵ 錯視の要因

①錯視の定義

　錯覚や錯視については、心理学の分野での研究が多いようです。「私たちの脳が認識する世界と、客観的な世界にズレが生じる現象が『錯覚』である」とする考え方が、錯覚の定義のように思われます。「私たちの脳が認識する世界」を単純化して「意識」とし、「客観的世界」は省略し、「ズレが生じる」を「何かが異なっている」と置き換えてみました。そして、錯覚とは「何かが異なっているように『意識』される現象」であると考えました。

　錯覚については、「何かが異なっているように『意識』される現象」が拡大解釈あるいは転用されて、「間違い」「勘違い」「記憶違い」などと説明されてもいます。

　「間違い」「勘違い」「記憶違い」も、初めに何かが存在して、その存在

が本来の現象と異なっていることを表現する言葉です。錯視においては感覚の錯視が主に該当する分野と考えられます。そのため既存説では要因を記載する場合、感覚の錯視は、「間違い」「勘違い」「記憶違い」などを起こす要因を記載するようになりました。

錯視は何かが異なって見えるように「意識」される現象です。

②天動説の要因

現在までの錯覚の要因などに関する記述を見ると、その多くが間違った記述か、一方的な根拠のない記述になっています。合理的でないそれらの記述が何故今まで指摘されなかったのか、不思議な話です。

不確かな情報や理論であっても、それを否定する明確な情報や理論が無い場合や出てこない場合は、次々と初めの不確かな情報や理論を補足する情報が出現し、不確かな情報があたかも真実のように解釈され、それが一般化します。現在の錯覚に関する知見は、まさにこの状態です。根本の認識に何か間違ったことがあるから、錯覚や錯視の要因が判らなくなっていたのです。

現在まで錯視の要因が明確に示せなかった原因は、目などの知覚器官や脳の働きなどを正確に錯視現象に結びつけなかったことにあります。錯視は、詳細を客観的に理解できる人間だけが理解できる現象かもしれません。目や脳の基本的な働きなどを理解できないと、何故その錯視が起きるか理解できないのではないかと思われます。

目と脳の働きなどを具体的に理解していなかったことと距離に関する基本的認識が間違っていたことなどが、錯視の要因が現在に至るまで、解明されなかった理由です。

言い換えれば、目と脳の基本的働きと挙動を理解することで、錯視の要因が判ることに繋がります（その内容は既に記載した通りです）。

(3) 天動説の主な要素
①系統的な考え方の不足

錯覚や錯視の要因は、それぞれ異なることから、系統的に検討されたことが少なかったことです。要因が明確でないため、分類ができないの

は当然です。

　錯覚や錯視についての系統的な考え方が必要ですが、何故錯覚が起こるかが明確に説明できないため、どのような時にどのような錯覚が生じているかの説明に終始しているのが、現在までの錯覚の世界です。

②科学的な考え方の不足

　天動説は、基本的な客観的事実のデータが欠けていたためと、聖書から考えられる世界観との整合性を基礎に中世までの長い間、考えられていた理論です。客観的な科学的データによって、地動説が唱えられるようになりました。基本的な科学的データが揃えば、地動説が唱えられるのは必然の成り行きです。

　錯視の天動説の論拠には、現代科学で考えれば矛盾する考え方が含まれていました。

③脳の働きについての誤解

　脳の基本的働きについての理解が不足しているか、判っていないのではないかと思われます。そのため、脳の働きを過大評価し、ブラックボックス化して、多くの能力があるように根拠もなく想定して、錯視で起こる現象の説明を正当化しているように思えます。天動説において聖書の創世期などから解釈されたように、その具体的内容がブラックボックス化されていたのです。その一例を次に記載します。

○形状の錯視について

　形状の錯視は、目から入った情報に脳が勝手に補正をかけてしまうために起き、脳内で複雑に交差する神経の働きによって引き起こされると今まで主張されています。情報はまず目によって集められ、そして脳によって処理されます。錯視は、脳が初めに受け取った画像と実際の画像と大きく異なっています。ものを見るためには、目がきちんと働くことが必要で、「脳」の働きが決定的に重要です。ものを見るために目と脳は協調して働いておりその仕組みを「視覚システム」と呼びます。「錯視とは、目や脳のミスである」といった説明をみかけることもあります

が、必ずしも正しくないと考えています。

「見ること」は、画像にそもそも何が写っているのか、それを「認識する」という作業が必要です。それを瞬時におこなわなければならないのですが、視覚システムは、きわめて巧みな方法によって、正確にこなしています。

　──ここまでの記述については、この通りなのかと思います。しかし、これに続く次の表現には異論が生じます。──

　日常生活にあまり見かけないような特殊な図形を見たときに、視覚システムの「賢さ」がかいまみられるときがあります。錯視システムの賢いふるまいの背後では、脳が四六時中、一生懸命に働いています。錯視を通して脳の働きを知ることが出来ます。

　脳の視覚システムは巨大であり、その全貌はまだまだ謎に満ちています。脳は過去の経験から状況を推測します。推測によって騙されてしまうこともあります。

　──ここまでが、形状などが異なっていることと脳の働きに関する既存の説明の一つです。この説明文に関する反論を以下に記載します。──

　目から入る情報を「脳が勝手に補正をかけてしまう」という記載があります。この根拠として、「脳内で複雑に交差する神経の働き」とし、視覚システムが「きわめて巧みな方法によって、正確にこなしている」としています。「特殊な図形を見た時に、視覚システムの『賢さ』がかいまみられることがあります」とも表現しています。「脳は過去の経験から状況を推測する」とし、「推測によってだまされてしまうこともある」ということが、形状の錯視などに関する旧来からの考え方です。

　このプロセスを説明するために「脳の視覚システムは巨大であり、その全貌はまだまだ謎に満ちている」としています。

　これらを纏めると、脳が勝手に補正をかけるが、視覚システムの全貌が判っていないので、その理由は判らないということです。一言で言えば理由は判らないということです。この後半の説明は、心理学でいう「反論できない論理は、論理として不適切」とする考え方に該当する考え方です。判らないことは論拠にはできません。この説は、形状の錯視

について、具体的には何も説明していないと言えます。

２．錯視の地動説（錯視の基本原理）

⑴ 基本構成
①宇宙の構成要素

　大宇宙は、「空間が存在し、その中にエネルギーや物質が存在し、それらが時間の経過と共に、物理的法則に従って、ゆらぎによって多様化」します。宇宙の構成要素である空間、存在、物理的法則、時間、ゆらぎ、多様化が、錯覚の背景として関係しています。

　宇宙の構成要素について、その存在を証明することはできません。基本的なことは証明できないため、存在するものとして、その後の検討を進めるしかありません。

　何らかの不明なことがあれば、この基本要素まで戻って、検討を進めることが一つの基本的考え方となります。

②人間の基本活動

　人間は、環境からの情報を得て、脳が推論し、判断して行動を決定し、実際に行動器官を動作させ、命を繋いできました。人間に限らず全ての生物は環境の影響を受け、適切に対応できた生物のみが現在もこの地球上に生息しています。個体として種として命を繋ぐことが生命体の基本活動です。

　人間に限らず、全ての高等動物は、環境からの情報を得て、脳が推論し、判断して行動を決定し、実際に行動器官を動作させ、命を繋いできました。

　人間が、環境から得られる情報は必ずしも十分というわけではありません。人間は、環境からの情報を得て、脳の活動などによって、推論することで実際に行動できる情報にして、その情報を基に活動することで命を繋いできました。人間の基本活動は、命を繋ぐことですが、命を繋ぐうえで最も重要なことが、適切な情報を得ることと、恒常性を維持することです。

このためには、適切な情報である「はっきり」とした情報で行動を指示し、運動機能などが適切な行動を実施し、命を繋いでいくことです。命を繋ぐもう一つの基準が「恒常性」の維持です。

③過剰反応
　宇宙の基本要素でも触れたように、全ての基本に「ゆらぎ」があります。何か大きな変動を伴うときに「ゆらぎ」が起こります。人体における「ゆらぎ」の具体的現れが「過剰反応」です。何か一つの現象が急激に現れれば、必ず反対側の現象などが現れます。
　この具体的な様相は多岐に亘りますが、空間や時間にも直接関係します。
　情報の知覚に伴って発生する過剰現象が、錯覚の要因であり、目に関する錯覚が錯視です。従って、錯視は人間が見る知覚器官である目や脳の働きによって生ずると考えるのが適切と思われます。
　情報を「はっきり」させるためと「恒常性」を維持するために、「過剰反応」を起こしたのが、錯覚であり、目で見る現象では錯視です。

④目と脳の基本的働き
　目の水晶体で対象の像を結び、網膜で画像を電気信号に変換します。この過程で重要なことは、水晶体では画像が揺らがないように対象を見る時に目が固定していることと、正確な像を結べるように焦点が定まることです。網膜では、網膜の配置と光信号から電気信号に変換するときの桿体や錐体の感度などの特性です。
　人間の目が両眼ついているために視差が生じ、遠近感や立体視ができるようになります。
　脳は、目から入った情報をもとに、感覚や記憶を加えて、情報の推測を行います。この推測において重要なことは、「はっきり」させることと「恒常性」の維持です。さらに「はっきり」させるための、一つの手段として、人間は同じようなことを二つは同時進行させないという特性を有しています。同時に二つのことを行うことは、行動に矛盾が生じ、命の存続を脅かすからです。

　これらが、情報入手に関する目と脳の基本的働きです。目と脳が直接
係わる錯視は、目と脳の基本的働きに、過剰反応を生ずることで発生し
ます。

⑤錯視の基本要因
　錯視は、目と脳が正常な働きの時に生ずる過剰反応です。目と脳の基
本的働き、記憶や感覚、意識、周辺の環境条件などが関与し、情報を
「はっきり」させ、恒常性を維持し、命を継続させるために生じます。

⑵　錯視を考える時に重要な要素
①命の継続と積極性
　錯視の地動説の隠されたキーワードが命の継続です。命を継続させる
ためには、情報を「はっきり」させることが重要であることは、再三に
わたって述べてきましたが、その「はっきり」した情報に基づいて実際
に活動をします。その時に重要なことは、人間の「意識」です。「意識」
が錯視にも大きな影響を与えていることは既に述べた通りです。意識と
実際の行動の間には、もう一つ大きな関門があります。命の継続に必要
なことは「積極的」に行わなければなりません。「積極的」に行うとい
う「意識」が重要です。
　行動を積極的に行うには、積極的に行う「意識」が生じていなければ
なりません。
「好んで行うという意識」が、積極的な行いを助長し、実際の活動に結
びつきます。
　好んで行うという意識、その逆に避けようとする意識は社会生活その
ものの活動の基盤をなすものであるため、とても一概には説明できませ
ん。ここでは味覚を例に、単純に記載します。
　味覚において好まれるのは美味しさです。美味しさにもいろいろな種
類があります。味覚について、好まれた基本は、美味しさと甘さと適度
な塩辛さなどです。酸っぱさや苦さなどは基本的には好まれませんでし
た。その理由は、人間の身体に有害な作用があるものだからです。食物
が腐敗すると酸っぱくなります。熟していない果物などでは苦さや酸っ

ぱさがあるものが多く、その中には有毒なものが数多くあります。命を継続させるためには、それらを意図的に避ける必要がありました。

　しかし、その後、適度な酸っぱさや苦さは、病気などの時の回復効果を持つ食材などにもなることや、食料危機などを回避するためなど多くの理由により徐々に取り入れられるようになりました。そして、現在の多様な味覚の世界が成り立っています。

　美味しさは、もともとは、人間が命を継続させるために積極的に食べられるように進化の過程で入手した味覚の基本機能です。

　多くの中から一つを選択することも、積極性の表れと解釈できるでしょう。

②生きること

　錯視は、人間にとって何が重要であるかを、具体的に示唆する重要な要素です。本書の本当の目的も、錯視を理解することで、人間にとって何が重要であるかを理解できると考えたことです。

　人間に最も重要なことは生きることです。個体として生き、子孫を残し、命を継続していくことです。何故そのようにするのか、その理由は私には判りません。しかし理由は判りませんが、そのようにしてきた結果、現在地球上に人類が繁栄しているという事実です。

　具体的な人間の活動を知ることで、何が、重要かが判ります。人間の基本活動は既に記載した通り、命を継続させることですが、その方法は命の継続活動にあります。

　人間は命を継続させるために、環境の情報を得て、その情報に即した適切な行動を行ってきました。環境の情報が適切に得られなければ、適切な行動を行うことができなくなります。そのためには、情報が「はっきり」していなければ、適切な行動は行えません。不確かな情報で行動すれば、環境に対応できず、食料の不足や敵性動物の攻撃によって命を落とし、種としてこの地上に存在していることはできません。

　人間が命を継続させるために最も重要な要素が、情報を「はっきり」させることです。それと共に、恒温動物として、恒常性を保つことも人間の重要な特性です。

③「はっきり」した情報のために

　目から入る情報を「はっきり」させるため、あるいは「恒常性」を維持するために、発達した過剰反応による機能が「錯視」と呼ばれる現象です。従って、情報を「はっきり」させるために、具体的にどのような要因で過剰現象が起こっているかを知ることは、とりもなおさず「はっきり」させるためには、どのような現象が具体的に関わっているかを知ることであり、人間にとって何が重要であるかを知ることではないかと考えられます。

　ここでは、次項以降で、錯視現象を起こさせる要素と人間にとって何が重要であるかを関連付けながら記載します。

　錯視の天動説では考え難かった事実が、錯視の地動説には含まれている証しかもしれません。錯視の真実は「はっきり」した情報を目から得ることにありました。

④「はっきり」した情報を得る手段

「はっきり」した情報を得るための基本的要素は、情報を得るための器官が正常に作用することです。目と脳の機能は正常に作用します。この要素が全ての前提です。

　対象をどのようにして見るかが、最初の関門です。対象を最初に見た時、あるいは急激な変化があった場合、人間の目は、全体を見ます。人間が対象を見る時の最初の動作です。

⑤全体を見る

「最初に全体を見る」という当たり前のことが理解できていないことで、多くの間違いや勘違い、思い違いなどが生じます。具体的な事項については、最初に全体を考えると言い直しても良いと思います。最初に全体を見ることで、人間は即座にその後の行動の可否を無意識のうちに判断し、行動に移すのです。このとき、一部だけを見ると、全体を見た時からは想像もできないような出来事が生ずる場合があります。

　錯視の例で言えば、誘導運動などが相当するかもしれません。暗い非常に小さな範囲に小さな光点がある場合、その光点が本来は静止してい

るはずなのに、あちこちに不定形で動いているように見えます。現実は静止しているのに、人間の目などが微妙に動く結果、人間の動きそのものは非常に小さいため感じず、対象が動いているように感ずる現象です。

　全体を見ることで、その後の行動が決まります。全体を見てその後の行動を脳が指示して決めているのです。

　全体という言葉の中には、幾つかの要素をその中に含める必要があります。最終的な要素は、宇宙の構成要素まで考えれば十分でしょう。全体というと常識的には、空間的要素だけを考えがちです。しかし、時には、時間的要素が必要になります。また、見方を多面的に考えれば、宇宙の構成要素である「ゆらぎ」を考えたいものです。
「ゆらぎ」とは、一つの現象が起これば、必ず反対方向の現象が起こることです。一方的に一つの現象だけで完結することはあり得ないと考えることです。過剰反応も「ゆらぎ」の一つです。

　全体を見ることと、過剰反応は一つのセットのように考えると良いかもしれません。

⑥無知をなくす

　全体を客観的に見る力、理解する力、知的な活動では知識と言って良いと思いますが、正確な知識に欠ける場合、その多くは、全体を客観的に見る視点に欠けるか、基本的知識が欠けている場合で、知らないあるいは偏見によって、対象を正確に、あるいは「はっきり」と見えなくさせてしまいます。

　無知には幾つかの種類があります。

　正確な知識に欠ける場合は、例えば分数の計算において $1/2 + 1/3 = 2/5$ という計算をしてしまいます。

　前に基本的なことを知らない大学生の項で説明したように、このような間違いは、間違いには違いありませんが、基本的な分数の理解ができていないことに、その要因があります。分数に関する基本知識を知らない、無知による結果です。

　基本的な知識に欠けることで、常識を備えた多くの人が怠り易い場合

があります。

「相撲放送と母集団」という項での説明では、放送の可否を判断する人が、視聴者を代表する意見とはどのように集約するのが適切かという視点が欠けていたことです。視聴者の意見全体ではなく、一部の意見を全体の意見と考える無知が招いた結果です。ここでは、初めに全体を考える、全体とは何かを考える視点が重要であることを示しています。

「鳩を使った実験」では、鳩の錯視が人間と同じかどうかに焦点があったため、鳩が最初にどのような見方をするかという視点が欠け、実験者が最初から錯視の実験と思い込んだところに、人間との違いが出てしまったのです。鳩も人間も予備的な偏見が無ければ「最初に全体を見て判断」するという視点になるでしょう。客観的に全体を見る視点が重要です。

「奥行きの処理」については、錯視の既存理論の中枢的意見かもしれませんが、「奥行き」という概念は、遠近感と立体感にその根源があり、距離が判れば立体が判り、奥行きも判りますが、肝心の距離についての基本的考え方が間違っていたことです。

　２眼視による視差によって奥行きである距離などが分かりますが、奥行きの理由を両眼視差以外に求めたことです。科学的理論を無視した理論構成に矛盾がありました。

　間違いには違いありませんが、もっともらしい理由付けによって、考え方の全方向が、この意見を裏付ける方向に引きずられました。無知と言うよりは、積極的な間違い現象からの理論的構築がなされてしまいました。心理学の世界では、間違いの再生産とでもいう現象かもしれません。

　双極細胞と同心円受容野の考え方も、何を説明したいのか、その理由は理解できますが、前提条件である、受容野にこのように光が分割してあたるという基本的考え方の検証がなされないままに理論が構築されていることです。最も重要な部分が説明されないままに、その条件が成り立つとして理論が構築されています。あり得ない状況を最初に仮定して、初めて成り立つ理論です。それでも、この理論に基づいて、実際にこの理論で述べる各種細胞が存在し、それぞれの機能が確認されれば、

逆に光の当たり方を再度考える必要が生ずるかもしれません。現状では、明暗境界部分の強調を構成する有力な理論ですが、基本的なところに、証明できない部分を含むので、容認することはできません。理論構成上矛盾を含む現象であり、無知と言うよりは、結果的な矛盾を含んでいると言うべきなのでしょう。

　無知によって、多くの間違いが生じています。初めに全体を見ることと、正確な知識が如何に重要であるかを示しています。

　1/2＋1/3＝2/5と答える某大学理工学部学生を笑うことはできません。

⑦学ぶ

　無知を無くすには、基本的なことを学ぶことです。無知を無くすことはできませんが、基本的なことを学び、無知による誤解を避けることができれば、情報を正確に理解できる確率は増加します。学ぶことが情報を正確に理解し、「はっきり」と「意識」することに繋がります。学ぶことは、情報を正確に理解することに繋がるため、人間が個人として生き延びる確率を増加させます。人間が基本的に求める現象です。
「何故、学ぶか？」の答えがここにありました。

　学びの形態には、後天的な学びと生まれながらに備わっているものがあります。生まれながらに備わっている形態は「刷り込み」です。鳥は、最初に動いている対象を見た時、その対象を親だと思い込み、親鳥についていき、生きるすべを少しずつ身に付け成長します。少し時間差のある「刷り込み」に準じた現象もみられます。日本の猫は、昔から魚が好きで、好んで食べます。イタリアの猫はスパゲッティを好んで食べます。猫が乳離れをする最初の頃に多く食べた食べ物は、その後も好んで食べるようです。これも一種の時間遅れのある刷り込みと考えられます。人間ももの心ついた頃の影響が、生涯にわたって大きく影響します。

　人間の場合、学ぶことで、生きていく上で有益なことを身に付けます。子供の頃、勉強する理由は、生きるすべを身につけることです。生きていく上で基本的なことを身に付けるのが、学ぶ理由です。刷り込み

現象を考えれば、幼少期の経験がその後の人生に大きな影響をあたえることが理解できます。親は、子供が生きていく上で重要な基本的事項を、この幼少期に身に付けさせたいものです。

⑧学ぶ目的

　学ぶ目的は対象を「はっきり」させることです。間違いなどを無くし、生きていく上で必要な知識を身に付けることと言えます。学んで正確な知識を身に付ければ、対象を「はっきり」と認識でき、生き延びる確率が増加します。

⑶　意識
①最初に全体を見る意識から

　目が最初に対象を見た時の「意識」によって、対象の見方が変わります。「意識」は人の感覚や記憶などに依存し、何をどのように思い、考えるか、心に強く思う事の意味です。時には霊魂が大きく作用すると言う人もいます。単に意図的に思う事くらいとする考え方もあるかもしれません。

　最初に対象を見る場合は、全体を見て見方を決めますが、「意識」を集中することで、さらに錯視現象における過剰反応が促進されるのかもしれません。対象を見る時にも「意識」が非常に重要であることの表れです。

②はっきり見ようとする意識

　最初に対象を見た時の「意識」だけでなく、どこを集中的に見たいかという「意識」によっても、対象の見え方は変わります。一つの例として、月の錯視で、周囲に何かがある時、何かがあることを意識し、地平線付近の月をさらによく見ようと「意識」して凝視すると、地平線付近の月はさらに大きく見えます。

　対象を見る場合も「はっきり」見ようと意識すると、さらに「はっきり」見えるようになります。具体的例としては、視力検査で対象を見る時に、「意識」を集中して見ると「はっきり」見えますが、漠然と見て

いると、対象を見てもよく見えず、視力が少し落ちたようになります。遊牧民族の人たちの中には視力が5くらいの人がいると言われます。慣れによる訓練と遠方に「意識」を集中することで、「はっきり」見える例と言えます。

　ここでいう意識は、心ではっきりと何かをしたいという意識だけでなく、漠然としたように心で感じ、無意識のうちに行動に取り入れている数多の行動意識を含みます。

③好みと積極性

　人間は過剰反応を起こすことで、対象を「はっきり」と「意識」します。その時に対象となる現象が強調されますが、強調された現象を基に行動に移す時に、もう一つ重要な事項があります。それは好んで行うことです。好むことは積極的に行うようになります。食べ物であれば美味しさであり、身体を使うことであれば心地よさです。快感を伴うような行動は積極的に行われるため、命を継続する行いは全て積極的に行えるよう、心地よさを伴うことが必要です。

④目の機能の進化と意識の形成

　人間への進化の大きな部分を占めているのが、目の機能の進化です。700万年程前、人間が猿から分かれた時、目に白目ができ、何処を見ているか相手にも判るようになりました。この時以降、人間には相互性の機能が備わりましたが、180万年程前、人類に思いやりの兆候が見られるまで長い育成期間が必要でした。

　十数万年前、現在のホモサピエンスが誕生した時、詳細を理解できる能力が備わりました。ホモサピエンスが獲得した能力は、言語能力であるとする説が有力ですが、私は、もっと一般的に詳細を理解できる能力だと考えます。しかし、その成果が出るまでには、また長い月日が必要でした。数万年前の洞窟画などにその成果が見られ、本当の意味で詳細を理解できる能力が開花したのは、農耕や牧畜を行うようになったとき以降です。多くの現象が記憶として「意識」され、実行に移されることで文明は急速に発展しました。

　詳細を理解できる能力の入手と、情報を「はっきり」させ、詳細が判ることで対象を強調して見ること等の過剰反応を生じさせ、その結果として記憶や感覚などの蓄積や進化の結果が重視されるなど、目と脳の視覚能力と判断、心の在り方である「意志」などが輻輳して、また、それらを実行する能力を身に付けたことが、現在の人類の繁栄をもたらしました。詳細を理解できる能力と、「はっきり」とした情報の入手、情報を判断した後の「意識」と適正な実施によって、現在の人類は繁栄しました。

⑤選択

　人間は、同時に同じようなことを二つ以上行うことは出来難くなっています。進化の過程で身に付けた習性かもしれません。同時に二つのことを行うのは、行動の分裂を招き、命の継続に不利に働くからです。

　同じような情報が二つ以上ある場合「はっきり」した情報を得ようとしますが、必ずどれか一つを選択することになります。人間は、同じようなことは常にどれか一つを無意識のうちに選択するのです。この選択行為も無意識のうちの行動かもしれませんが、このような基本的選択を行うことは、十分知っておく必要があります。

　多くの錯視図や実際の錯視が、この一つの選択から生じています。

　人間の脳は同時に二つの同じような現象を行いません。人が何かに関心を持った時その関心をそらすためには、その現象に比較的似た現象に「意識」を向けさせることです。似た現象は、そうさせたい現象よりも、大きなインパクトがあることが望まれます。その現象に関心が向かえば、本来の現象への関心が薄らぎます。

　二者択一の原理は「はっきり」する情報を得るために発達した能力ですが、逆の使い方を意図的に行えば、都合の悪いことを「意識」から遠ざける有力な手段となっています。政治の世界では、不都合な現象を意図的に避けようとする場合などに利用されます。スポーツの世界では、フェイントとして、積極的に活用されています。

　囲碁や将棋のような競技では、お互いに対等な条件を設定して競いますが、次の手を打つ時には必ず一つの指し手を決定します。より多くを

知っていて適切な判断ができるかが、勝敗の分かれ目です。同時に二手を打つなどは有り得ません。一つを選択する時には、その選択の要件が非常に重要になります。

⑥明確化

　人間の脳は、視覚から得られた情報が不確かであった場合、感覚と記憶を加えて、少しでも「はっきり」させるために推測します。何かを付け加えて、形状や色彩などを「はっきり」させようとします。脳が推測する結果です。このことから、脳の基本的働きは、情報を「はっきり」させるために、推測することであることが判ります。

⑦意図的なだまし方

　錯覚は、対象の情報が、何か異なっているように「意識」される現象です。この意味が転じて、間違い、勘違い、思い違いなども錯覚であるとされています。さらに、意図的に、何かが異なって見えるようにされた対象も、錯覚と言われているようです。

　錯視については、何かが異なって見えるように「意識」される現象ですが、人間の意図によって「意識的に」何かが異なっているように見せるものがあります。この中には意図的なだまし方が組み込まれています。

　錯視の分野ではトリックアートです。一般ではマジックや手品と呼ばれる分野です。

　次に記載したことは、一般社会に係わることです。

　錯視を起こさせる現象は、何かが異なっているように「意識」される現象で、実際にそのように見える現象です。騙すとか、騙されるとかいうレベルではなく、実際に間違いや勘違い、思い違いをおこさせる現象です。錯視の基本原理を知っていれば、簡単に勘違いや思い違いを起こさせることができるということです。

　誰もがよく判る例は、平面化の錯視です。「なんでも吸引四方向すべり台」や「四角と丸」あるいは「矢印」は、種明かしをされないと、思わず自分の目や感覚と常識との違いで混乱を招くほどです。

　一般社会においては、錯視を起こさせる具体的要因である「一つの選択」、「無知」などが利用されます。さらに「はっきり」させないために、「意識」を他所に向けるなどの方法が取られます。「意識」を他所に向けるということは、二つ以上のことは「意識」できない人間の特質を巧みに利用しています。「無知」によって何か理由を勝手につけて、本質を失うことも、同時に二つのことができないあらわれです。

　騙されないためには、騙しがどのような状況で起こるか、錯視の場合で言えば、どのような背景で起こり易いかを知っておくことです。

第7章　錯視に関する考え方

　この章では、錯視に関する考え方などを、明確な基準もなく、羅列的に記載しています。一部では既存の説明やこの後の説明ともダブることがあるかもしれませんが、何らかの参考事項として、記述しています。

1. 錯視の概要

⑴ 情報の入手
①情報の重要性
　錯視の要因を考えるには、基本的事項から考える必要がありました。基本的事項は、昔から哲学の一分野でも考えられていたように思います。唯心論や唯物論です。現代では心も物質もどちらも単一ではあり得ず、両者が相まってこの世を構成しているように考えられ、相互に何らかの関係があるように考えられているのではないでしょうか。見るという行為とその結果に関しても、単に対象を見ているだけでも、その時の心のありようによって、具体的に見える対象が、異なっているように見えます。錯視の一つの真実と言えます。

　錯視の要因を考えることは、錯視のプロセスを考えることであり、対象を見る機能と対象を見る時の意識が強く関連しています。

　対象からの情報を得る時にも、あらゆる現象と同様に、宇宙の構成要素である、時空、エネルギーと物質、自然の法則、ゆらぎ、多様化が、基本要素として関係します。その次に関係するのが人間の基本行動です。人間は、環境の情報を得て、行動し、命を繋いできました。情報を得るためには、脳を含めた知覚の機能が重要です。

　命を継続するためには、環境から得られる情報が「はっきり」としていなければなりません。人間は、情報を得て実際の活動を行いますが、行動を起こすには「はっきり」した情報でなければ、そのまま命を失う行動に繋がります。情報を「はっきり」させることは、命に直結する重要事項です（命に直結する人間の活動には恒常性もあります）。人類の

祖先から、現生人類までの歩みの多くは、目から入る情報入手方法の進化と、具体的な行動機能の進化です。

②機能の進化
○ 親指の変化

5500万〜5000万年前頃、親指が内側に曲がる哺乳類が現れました。

4000万年前頃広葉樹が現れ、親指が内側に曲がることから木に登り易くなり、樹上で生活できるようになりました。

○ 立体視

この頃、目が正面に並び視差によって距離感が判るようになり、立体視が可能になりました（3次元空間が判るようになりました）。

○ 目の分解能の向上

2500万年前、眼窩が後壁になり、視細胞の集中が起こりました。目の分解能が発達し、それまでよりも詳細に対象物を見ることが出来るようになりました。

○ 視力の進化

2000万年前、視力が進化しました。高い視力を持つようになりました。

○ 3原色と色彩の識別

1500万年前、色覚が発達し、それまで見えなかった赤色が見えるようになり、「3原色」が見えるようになりました。

ここまでが人類の祖先の機能の進化です。

主に目の機能の進化であり、目で見る情報が詳細に判るようになってきたことが判ります。言葉を変えると情報の入手を最優先して進化したことが判ります。

⑵ こころと意識

①猿との別れ

700万年前頃、猿人の眼に「白目」が現れました。人間には白目と言われる部分が眼球の周辺部にありますが、サルにはありません。人と猿の違いは、目に白目があるかないかの違いです。

白目の存在は、自分の目を見た相手に、自分が何処を見ているか判ることです。相手を見る場合もその相手が何処を見ているか判ります。白目の存在は、お互いに相手が何処を見ているか判ることです。

ここに猿とは大きく違う新たなことが起きたのです。お互いに何処を見ているか判るという相互性です。自分のことを相手に伝え、相手も自分のことを伝えます。この相互性が人類の特徴です。この時人類は、瞬時の反応能力を減退させたと言われています。何らかの対応をすることは、その間の時間がその反応のために使わざるを得ないということで、何かを得れば何かを失います。

②思いやり

180万年前頃、人類の祖先は、自分以外の人への思いやりの痕跡が発見されたとの記事がありました。「思いやり」という相互性は白目ができた時に、その機能的素因が生じ、500万年程の時を経て、実際の行動に現れたと考えられます。基本機能があっても、その具現化には長い習熟期間が必要なようです。

③ホモサピエンスの誕生

人類の誕生後、600万年程の時間をかけ、脳機能が充実し、今から20万年前頃、現在の人類であるホモサピエンスが誕生しました。

ホモサピエンスには言語能力があることが、一般的に言われている特徴です。旧来の人類に比べてホモサピエンスは言語能力が備わったことが特徴という説です。私は、この説はあまりにも矮小化した考え方だと思います。ホモサピエンスが取得した能力を一言でいえば、「詳細が判る能力」です。それまでの人類は詳細が区別できなかったため、感情表現も希薄で、道具類も簡素な形状でした。能力は備わりましたが、その

能力が開花するには、長い年月が必要でした。最初の兆候は、数万年前の洞窟画に見られます。次は、1万年ほど前に始まった牧畜と農耕の開始でした。これ以降は、文明が生じ爆発的な勢いで発展しました。しかし、人間の基本的能力は、ホモサピエンスになって以降変わってはいません。白目があることで意志や感情が備わり、詳細が判ることで、多くの違いが理解できることです。

④人間の機能の充実

　日々の食料の調達に追われる人間は、新たな情報を詳細に知り、判別するというこの能力を十分には発揮できないままに過ごしていました。

　十数万年前、現在の人類が誕生してから、現在まで、人間の機能の進化はありませんが、詳細を区分できる生物的な機能である能力は身に付けました。しかし、細かな区分は判るけれど、最初から詳細に判るわけではありませんし、直ぐにその能力を発揮できるわけでもありません。

　人間に必要なものは生きていく上での食料です。詳細を区分できる能力は、人間が生きていく上で必要な出来事である食料の確保に関する情報の違いが解ることです。

　ホモサピエンスが生まれて十数万年の間、人類は、情報としての違いが解ること、詳細を知り表現する能力を発展させました。この期間は、人間の機能の慣らし運転期間といえるかもしれません。ホモサピエンスが生まれてからの最初の十数万年の間は、それまでと同じように、日常は食料の確保に明け暮れました。

　日々の食料の調達に追われる人間は、新たな情報を詳細に知り、判別するというこの能力を十分には発揮できないままに過ごしていました。

　十数万年の時間をかけ、少しずつ周辺環境の違いが解るようになりました。違いの認識は深まり、それを少しずつ蓄積しました。

　現在のような言語とは違うでしょうが、簡易な言葉による食料や周辺環境に関する情報の交換があったかもしれません。

　ホモサピエンスが地上に誕生した当初は、情報の伝達手段は、直接的手段に限られていました。伝達方法は、身振り手振り、顔の表情、音声等です。伝達相手は、身近な者に限られ、見える範囲に限定されます。

音声でも聞こえる範囲と時間的には同一時間に限定されます。同じ地域に同じ時間帯にいる人々の間で、身体能力を駆使した伝達の時代です。この十数万年間は言わば詳細判別能力の熟成期間です。

⑤詳細が判る能力の開花

　約1万年前、農耕や牧畜がおこなわれるようになりました。詳細が判るようになった人類は、20万年近くの歳月を経て食料の入手手段を画期的に進歩させたのです。

　その後の、人類の文明の発展は、人間が詳細を解るようになった成果と言えます。

　詳細が判るようになった人類は、生き残るためにさらに「はっきり」とした情報を求めるようになり、小さな違いも判るようになったと考えられます。詳細判別能力が開花したと言えるでしょう。

　細かな違いが解ることで、情報は「はっきり」とします。細かな違いが解らなければ、情報が「はっきり」していると言えない場合も生じます。情報を「はっきり」させる能力は、詳細が判るようになって、さらに進化したと言えるかもしれません。

　錯視は、何かが異なっているように「意識」される現象です。詳細が判らなければ、何かが異なっているかどうか判りません。詳細が判るようになって、初めて、細かな違いも「意識」できるようになります。錯視という現象は、細かな違いが解る能力があって初めて生ずる現象と考えられます。何が細かな違いかも判らない状態では、錯視という現象が生ずることも無いと思われます。

　この現象の一つの錯視実験結果が、既に記載した「鳩を使った実験（錯覚の弁別実験）」です。鳩も幼児も、詳細なこと（ここでは錯視という事です）が、判りません。鳩も赤ちゃんも詳細が判らないため、単に全体の大きさの比較をしていました。

　錯視が判ることの前提条件は、詳細が判ることです。

　錯覚は、何かが異なっているように「意識」される現象です。そこから転じて、違い、勘違い、思い違いなども錯覚と言うようになりました。「錯視」は目で見た場合の錯覚です。「錯視」は、何かが異なって見

えるように「意識」される現象です。

　何かが異なっているように見えるということは、何かが違っていることが判ることで、違いの有無を含めて、詳細が判らなければ、違いの判りようがありません。大きな違いや、はっきりとした違いは、多くの動物が判りますが、一見似ているような現象の中の小さな違いは、詳細を判別できる人間だけが、具備した能力と考えることもできます。錯視についての実験で、鳩や幼児は、錯覚という言葉の意味が理解できないため、全体の大きさで判断したように、詳細を理解できる人間固有の現象が錯視と考えることができそうです。

⑥詳細が判る能力と意識

　細かな違いが解ること、細やかな違いを「意識」できる能力が人間にはあります。そして現代科学では、細やかな違いを「はっきり」させるための探求が進んでいます。細やかな違いを誰もが判り易くするために、可視化という技術も進んでいます。科学そのものが細やかな違いを探求する学問と言っても過言ではないでしょう。詳細な違いが解ることで、科学は発展を続けています。

　錯視は、細やかな違いが解る人間が、その違いを「意識」することで、さらにその違いを「はっきり」させる傾向があることを示しています。「月の錯視」においても、地平線付近の満月を眺めた時、満月の大きさを「意識」し、さらに見つめることで、満月は、さらに大きくなって見えます。月の錯視の要因が現在まで判らなかった理由の一つが、人間の「意識」によって、さらに大きく見える現象の説明ができなかったことにも理由がありました。月の錯視において、地平線付近の満月を見る時、最初は周辺に何かが存在するため、瞬時に周辺も含む全体を拡大して見ますが、その大きさを意識すると、さらに、意識によって視野に入る全体を拡大して見ています。その結果、見える全体の視野としての範囲は縮小します。

　狭い範囲に焦点を合わせ、その部分を拡大することは、画面全体の範囲が狭くなることです。写真を写す場合に、焦点距離を合わせつつ、拡大や望遠で撮ると、画面に写る範囲は狭くなるのと同じ原理です。

詳細が判る能力と「意識」によって、実際に見ている対象も、大きさなどが異なって見えるようになります。このことは、見えていることが必ずしも真実を現しているのではないことを、私達に教えてくれます。錯視とは、実際と「意識」とのズレといえるでしょう。

２. 感動

(1) 感動の意味
　感動とは、ある物事に深い感銘を受けて強く心を動かされることです。感銘とは、忘れられないほど深く感じることです。感激とは、強く心に感じて気持ちが昂ることです。感動は、感情、情動、気力等を含む総括的用語で、精神機能を知、情、意に分類する場合の情に相当します。狭い意味では、喜びとか興奮を意味することもあります。また特定の対象に対する感情の反応をさすこともあります。美しいものや素晴らしいことに接して強い印象を受け、こころを奪われることです。似た言葉には、愉快、熱気、熱狂、興奮、高ぶりなどがあります。驚き、喜び、悲しみ、怒り、疑い等は感動の表現です。
　ここでは、対象であるものや現象に関して強く心を動かされる「意識」という意味で使います。強く心を動かされる精神性である「意識」で、時には神聖な意味合いも含めると霊魂のような意味合いを含むかもしれません。感動とは深く強く心を動かされると「意識」する現象と考えました。

(2) 感動を求めて
　人間は、環境の情報を得て、命を継続する活動を実施し、命を繋いできました。命を繋ぐ場合に最も重要なことの一つは、命を繋ぐ活動を積極的に行うかどうかです。命を繋ぐために、情報が「はっきり」していることが必須の条件でしたが、その活動を積極的に行わなければ、その種は滅亡してしまいます。情報を「はっきり」させたうえで、さらに積極的に行動するためのインセンティブ、積極的に行うための刺激が必要です。

　積極的に行うための刺激は、知覚器官を経て、人間の脳で処理され、行動に移され、人間の命の継続に役立ちます。人間が命を継続させる活動は、積極的に行わなければなりませんが、その根底には心地よさがあり、心地よさも含めて、感動があります。極言すれば、詳細が判るホモサピエンスの精神活動の極みは「感動」を求めていると言えるかもしれません。

　現代人の活動の根源には「感動」を求め、表現し、実感することなどがあると考えられます。「感動」を得るためには「はっきり」して判り易いことが一つの条件で、そのためには、強調されることも重要です。「はっきり」させるために強調すれば誰にでも判り易くなります。

　感動を求め、情報などを「はっきり」させ、強調することなどが、現代の社会活動の基盤となっています。情報などを「はっきり」させ、強調することなどによって、過剰反応を示す現象が多々生じています。

　目に見える現象に関しての過剰反応が錯視を生じていますが、現実社会では、基本に感動を求める行動がありながら、過剰反応による行き過ぎが非常に多く、多岐に亘っています。

　人間が命を継続させるための大きな要素が、情報を「はっきり」させることと、「はっきり」させることで積極的に行動することです。積極的に行動するためには、好んで行う心地よさなどが必要であり、その引き金になるのが「感動」です。「感動」は判り易く「はっきり」している場合に得易くなります。また「強調」することで、「はっきり」させることが可能になります。「はっきり」させること、「感動」、「強調」は、それぞれが関連しながら、人間の活動に強い影響を与えています。

　現代人の各種活動の基盤に「はっきり」させること、「感動」、「強調」があります。

「はっきり」させることと「強調」は、具体的な活動ですが、「感動」は人間の感覚で、人間の「意識」が係わります。

　知覚器官や脳の基本的働きが、対象の情報を「はっきり」と得る事であり、脳の精神的働きである「意識」は、「感動」によって、大きな影響を受けます。錯視は、「意識」によって、目や脳の過剰反応が促進されることを示しています。

錯視を知ることで、具体的な過剰反応がどのように起こっているかを知ることができます。さらに、「感動」とは常に「強調」されることで判りやすく「はっきり」します。

　「感動」が、人間が生きていく上での基本要素とすれば、錯視の基本を知ることは、人間は何を尊重して生きていくかを知ることであり、人間の世の基本システムの一部を知ることともなります。

(3) 感動と社会活動

「感動」は、詳細が判るようになったホモサピエンスが生きていくための、「意識」のあり方を示しています。現代社会は「感動」を求めることが価値観となっています。感動は、詳細が判るホモサピエンスが、文明化の過程で獲得した基本的価値観と言えるでしょう。

　人間の全ての活動は「感動」を基盤に成り立っていると言っても過言ではありません。

　基本はあくまでも人間が生きていく上で必要な生命の維持活動です。生命の維持活動で重要なことは、生命維持に必要なことを積極的に行えるようにすることです。人間が生命維持に必要な行動を積極的に行えるようになるためには、本能的に行うか、好んで行うという要素が必要です。動物は一般的に本能的に行う活動が主体を占めますが、人間には詳細が判る能力があるため、「意識」が芽生え、意識の上でも積極的に行う要素が必要になります。感情や感覚、体感、意識などの全てにおいて、プラス指向とマイナス指向が生じます。

　これらにおいても、「はっきり」させないと、行動には結びつきません。何もしなければ死に結びつきます。そのためにも、情報などは「はっきり」させる必要が生じます。

　人間の活動の根源には「はっきり」させるという「意識」が常に生じています。この「意識」が、人間活動の根源の一つです。「はっきり」させるという「意識」と、「積極」的な行動がセットになって、常に変化してきた地球上で、人間は現在も存在しているのです。

　現代人の社会活動の基盤に、「はっきり」させること、「感動」、「強調」があります。

「はっきり」させることと「強調」は、具体的な活動ですが、「感動」は人間の感覚で、人間の「意識」が係わります。

　何を言いたいのか、混乱しそうです。簡単に記述しましょう。人間の活動は、生命の維持活動と、精神的活動の両方があるという事です。時にはこの両者は結びつきます。

⑷ 感動を求める社会
　現代社会は「感動」を求める社会です。全ての活動の根本に「感動」を求める要素が入っています。誰もがそのことを感じ、意識しています。
「感動」の基本要素は、「はっきり」させることと「強調」です。これに「感覚」として、心地よさなどが加わります。

①科学
　科学の基本は、自然、社会などの現象を「はっきり」させることです。観測や理論構成などによって、新たな事実が見つかった時には「感動」を受けます。工学的な新たな機器などの作成や、AIの進歩、見える化など、「はっきり」させる事や新たな事実の解明が、人間に「感動」を与えます。

②スポーツと芸能・芸術、文芸
　スポーツは「より速く」「より強く」「より美しく」など主に強調して結果などを「はっきり」させる世界です。新たな記録などが人々に「感動」を与えます。
　芸能と芸術、文芸等の世界も「優雅さ」や新たな表現などの「独創性」、「伝統の継承」などを「強調」することで、見る人に「感動」を与えることが目的です。

3．錯視の示唆

　錯視とは、何かが異なって見えるように「意識」される現象です。錯

視の基本的要因は、対象を「はっきり」させるためと「恒常性」を維持するために生ずる「過剰現象」です。

　目や脳の機能が正常に働き、基本的機能や特性が微妙に影響を与え、錯視を生じます。

　錯視が何故生じているか、その要因を考える時、人間の社会において何が重要であるかを垣間見ることができます。

(1) 正常な働きと目的

　目や脳など全てが正常に機能していると考えます。人間は命を継続することが目的です。命の継続のために、人間の器官は機能を分担してその役割を果たしてきました。

　脳の基本的役割は、入手した情報を処理し、判断し、人間の各器官に指示を与えることです。情報を「はっきり」させるという処理による結果がその後の行動を決めます。

　人工知能（AI）の基本機能も、入力としての情報を得て、その情報を「はっきり」させることです。

　脳も AI も情報を「はっきり」させることが基本目的です。目的を達成するためにはどちらも正常に働いていることが必須の条件です。

(2) 最初に全体を見る

　目で対象を見る場合、最初に全体を見た時の「意識」によって、その後の目の働きや脳での考え方などが決まります。最初に全体を見ることが、その後の方向性を決定づけています。社会全般に関しても、最初に広い範囲から、考えることが如何に重要であるかを示唆しています。偏った見方は、部分的な見方から生じます。無知による自分勝手な解釈では、全体を見ていることにはなりません。

　錯視は、初めに全体を見ることの重要性を示唆しています。

(3) 基本的特性を知ること

「はっきり」させている基本的特性を知ることで、実際に何が起こっているかを知る手がかりを得ることができます。

①同時性
　人間は同じようなことは、同時に二つ以上「意識」するのは困難です。実質上殆ど出来ないことを、感覚の錯視である両義的錯視が示しています。両義的錯視以外でも何か一つに「意識」が集中すると、他のことが「意識」されることは殆どありません。
　人間活動のあらゆる分野にわたっています。

②過剰反応
　何かの反応があるとき、必ずその反応が過剰になって、何か別のような現象を生じることがあります。一方的な都合の良い反応だけとは限りません。
　過剰反応の一つに、強調や明確化があります。「はっきり」させることは、時には過剰に反応して、存在していない現象まで、認識し「意識」することがあります。その反対に、存在して現象が見えているはずなのに、意識に上らず実質的に見えなくなることもあります。

③特殊条件（限定的条件）
　特殊条件は、最初に全体を見ることの反対条件と言えます。全体を見ないあるいは無視して、特殊な条件を設定すれば、その条件内での反応になります。全体を見た時の反応とは自ずと異なりますが、多くの場合特殊条件を特殊と考えないで一般的条件と考える時に矛盾が生じます。

④周辺環境
　対象を見る時の周辺の状況である環境によって、同じ対象を見ていても異なって見えます。対象を見る時の環境には空間的環境と時間的環境があります。対象を見る人間側の機能的環境もあります。

⑤意識
　錯視は、「意識」が重要であることを示しています。錯視は、何かが異なって見えるように「意識」される現象ということから、「意識」が重要な役割を占めていることが判ります。

詳細が判る人間でなければ、錯視は判りません。人間以外の動物に錯視現象が生じているのか、いないのか、知る由もありません。錯視という事が判らない場合は、実際に錯視が起こっていても、錯視現象と言えないのかもしれません。錯視は、詳細を理解できる人間のみが理解し「意識」できる現象です。

　錯視の要因の一つは「意識」です。脳の基本的働きは、情報を「はっきり」させることですが、この時に「意識」が大きく係わります。「はっきり」とさせたいという意識が、さらに「はっきり」させることを促進していることを、多くの錯視現象が示しています。

４．基本について

⑴ 考えるきっかけ

　何かを深く考える場合、哲学という考え方があると思います。哲学者デカルトの言葉に「我思う故に我あり」という言葉があります。存在ということは不確かであり、不確かなことを否定し続けたデカルトが行きついた先が、「全てを否定しても、否定をする自分自身は否定できない」ということで、そこから出した結論が「我思う故に我あり」という言葉だと子供の頃に聞いたことがあります。

　晩年をタヒチ島で過ごしたゴーギャンは「我々はどこから来たのか　我々は何者か　我々はどこへ行くのか」と言われる絵画を描いています。

　何れも人間に対する究極の関心が根底にあると考えられます。

⑵ 基本事項についての理解
①『はじめに言葉ありき』
「はじめに言葉ありき」新約聖書ヨハネによる福音書の冒頭の言葉です。

　この言葉も何時の間にか「はじめに言葉があった」と変わっていました。単なる文語体と口語体の違いですが、最初に読んだ聖書の言葉が心に残っています。

　言葉が無ければ人間の意志を伝えることは困難です。言葉は「情報を伝える」優れた道具で、人間は言葉を使って考えているとも言われています。言葉以外にも情報を伝える方法はありますが、言葉が最も適した道具です。そのためここでも言葉を使って説明します。実際に言葉がどのような経緯で発明され、発展していったかは、言語学の領域です。

②言葉は環境によって異なる

　言葉は皆が同じような意味で使うものだと思っていました。しかし、それが誤りであると言葉に疑問を持つようになりました。何時からか、ハッキリとした記憶はありませんが、かなり昔だったように思います。

　言葉が環境によって異なっていることを理解したのは、最近です。

　国の違いによって異なる言語を使い、地域によって方言があり、発音などに差異があることは周知の事実です。育った環境などの違いにより、敬語の使い方や言葉使いが変わることもよく知られていることです。

　ここで言う言葉の違いは、同じ国の同じ地域、方言などが同じであっても、言っている言葉の意味が、その人の置かれている立場などによって、微妙に異なることです。時には全く違った意味のことがあります。イエスとノーが比較的はっきりと判る欧米の言語では少ないのですが、日本語では非常に顕著な違いがあります。

　言葉は時間と空間（地域）など、言葉を取り巻く環境によって異なってくるのです。ここでは、対象となる項目の周辺を取り巻き、対象の項目に直接何らかの影響を与える周辺の状況を環境という言葉で表します。環境は、人間を取り巻く状況、時間や空間、地域や置かれている状況など、全てを含めた周辺の状態です。人間以外の場合も、その対象を取り巻き、その対象の本体や認識に直接影響を与える周辺状況を環境といいます。

　言葉はその言葉を発する時の時代や世代、言葉を発する場所などの環境によって大きく異なっています。一言で言えば、環境が異なれば言葉はその意味さえ異なってきます。

　その言葉の意味を正確に理解しているか否かでも言葉の意味は大きく

異なってきます。さらに、正確を期すべき環境であるにもかかわらず意図的に、その意味を勝手に解釈させるような言葉も数多くみられます。

　ことばの意味を正確に理解しようとする場合は、その言葉が発せられた時の周辺状況や現在の状況を十分に考慮しないと言葉の意味を正確に理解できていないときがあります。そうは言っても日常使われる言葉は、多少の相違があっても、社会生活には不自由はありません。しかし社会の根幹にかかわることで、言葉の意味が意図的に操作された場合は、社会の混乱のもとにもなります。言葉の意味は環境によって異なる場合があります。時にはよく考える必要があります。

③言葉によって考え方を伝える

　私の言葉に関する最近の理解は、「言葉は人によって異なるため正確に理解することは難しい」ということです。そうではあっても、言葉が無ければ、何かを表現し、人に伝えることが非常に制限されるので、言葉は非常に重要な表現方法だという事です。
「はじめに言葉ありき」この後、何が始まるのでしょうか？

　現在では、人間は言葉によって、考え方や意志、その他のあらゆる情報を伝え、蓄積し、ルールを作成し、社会を構築する基礎を定めています。言葉は人間が社会的生活を営む上でなくてはならないものです。現代の人間社会は、言葉を基本に成立しています。そこで本書も当然のことながら言葉で意見を述べ説明しています。「はじめに言葉ありき」それが事実か否かに関係なく、言葉は意志などの情報を伝える最も重要なものです。

　言葉が無ければ何かを表現することはできず、情報としての何かを自分以外の人に伝えることはできません。

⑶ 情報
①情報がないことは解らない

　いろいろと考えていくうちに幾つかの基本的事項に気が付きました。一言で言えば「解らないことがある」ということです。「判らない理由は判っています」。判ろうとする対象から何の情報も得られない時、判

らないのです。

　判ろうとする対象から何の情報も得られない時、その対象を知ることはできません。当たり前のことですが、この大原則を無視した事象は、世界に満ち溢れています。事実としての情報が何もなくとも、情報があったように表現する人々がいるからです。あるいは、適切な情報でないものを如何にも適切であったかのように錯覚する場合もあります。さらには、意図的に虚偽や不確かな情報を捏造する場合もあります。

「情報が得られなければ判らない」当たり前のことですが、本当は非常に重要な基本的なことです。それにもかかわらず、多くの人々が、この真の意味が解らず、勝手に類推して、虚偽の情報を流し、混乱を招くのが世の真相と言ってよいかもしれません。

　虚偽の情報は、意図的な場合もありますが、意図的な虚偽の意志がなくとも中には情報の発信元の情報が間違っている場合もあります。しかし、この場合は、情報がないのではなく、情報が間違っていたと言います。情報がまったく無い場合解りません。

②学と論の違い

　この項目は単なる知識的なものです。

　対象となる事象が直接判らなくとも、その周辺のいくつかが判っている場合は、幾つかの事象を考慮し、その事象に対応する時空の中で判断するのが「その対象に対する」学問です。言葉を変えると、内挿法による学問は、「その対象」に「学」の文字を付けます。

　その一方で、外挿した場合は、「その対象」に「論」を付けます。

　例えば「物理学」は基本となる諸事象が判っている学問です。「宇宙論」特に宇宙の創造初期の事象は判っている事象からさらに時間を遡った事象を検討します。そのため「宇宙論」というのが適した呼称となります。天体の観測結果を基本とした学問は天文学となるのでしょう。生物の分野での「進化論」なども進化学とは言いません。過去のことは言えても、先のことは不確定性が強いので、「進化学」と言わないのでしょう。

　そのような訳で、宇宙の創造について述べるのは「宇宙論」です。

私なりの解釈は、「学」という場合は信用してもいいのかもしれませんが、「論」という場合は、参考程度に考えておくのが良いと思いました。「論」には情報の一部が欠けているので、将来的には変更の可能性が十分にあると考えられます。この学と論の違いが、正確かどうか私はわかりませんが、当たらずといえども遠からずと思っています。

③仮説

　仮説という考え方があります。検討を進める上で、結果が如何であるか予め推測した内容です。仮説は、実験などの科学的な検証によって、その仮説の前提条件やプロセスなどが正しいと確認された時、初めて理論としての正当性が生じます。仮説の条件が基本的に「はっきり」した段階で、仮説は初めて理論として承認されます。論理的な矛盾や不備が指摘された場合の仮説は、正当性を失います。

　権威付けされた仮説があると、その仮説が正しいものとして、その仮説に基づいた理論が展開されますが、最初の論点が間違っている場合は、その理論で展開された論点も間違ったものとなります。仮説は間違っていることもあります。

　科学とは、得られた情報に基づいて合理的に検討を重ね、何らかの結論を導き出すことです。科学は情報が得られて初めて成り立ちます。

⑷ 逆転の発想
①見方を変えると

　ここでは、今まで常識的に考え、既に多くの所で権威付けられ確定している考え方について、多少とも視点を変えて見た時どのように考えられるかを試みました。

　ここでの考え方の説明が長くなる場合に解説のような追加を加えました。定説のようになっているものもあれば、まったく勝手に考えたことも含めての説明です。勝手と言っても全く考え方の根拠がないわけではありません。定説として考えられている事項に、この見方をしたらどうなるのか？　という見方から発した記述です。「ここでの考え方」としてこんな考え方もあるという紹介です。

②真実と虚偽

「何が真実で何が虚偽か？」この問いに厳密な答えはありません。現代では、一部に限ったことですが、答えらしきものは存在します。科学的に再現性があるものは、真実を表し、再現性が無いものは虚偽とする考え方です。

　科学的でない事象については残念ながら、何が真実で、何が虚偽か解らないものが多いでしょう。情報などは、内容次第です。

　人間は錯誤や無知によって誤って理解したりします。今まで当然と思っていたことが、全く間違っていることもしばしばです。しかし、情報が大量に氾濫する現代社会では、人間が判断する素材が大量に出回りました。大量の情報を取捨選択し、悪意に基づいた使い方をすれば、多くの被害が生まれます。それでも大量の情報は、人類を少しずつ、住み易い世界に導いてくれるものと信じていきたいと思います。

　人が多くの事を知れば、人が住み易い方向に少しずつでも進むと信じたいと思います。

③関連することと無関係なこと

　本題とは無関係なことを関連があるように意図して説明し、本題から異なる結論を導いて、誤解を生むことを厭わない人がいます。善意に考えれば、多分、物事の本質を理解していないために、誤った方向に行ったことが、理解できていないのだと思います。

　意図的にそのような方向になるように仕向け、犯罪行為をする人もいます。ここではこの犯罪行為など意図的なことは除外して考えました。

　本来の姿や特性を知らないのに、知っているつもりで話す人も数多くいます。一番困るのは、間違った知識を、正確な知識だと信じている人です。もちろん、信じるにはそれだけの理由があります。何故、信じるか？　確信が持てない不安なことがあると、人は自分では判断できないか、判断したくないので、そのことについて、多分知っていると思える人のことを信じるのです。知っていると思える人が本当に知っている場合は正解です。しかし、実際は多少の知識はあっても、正確に知らない場合が大部分です。人は知っていると思われる肩書きなどで判断するの

でしょう。大学教授を例にとると、例えば工学部の教授、工学に関することは全て専門家かというと、そのごく一部の専門であるにすぎません。自分の専門以外は、一般の人とあまり変わりません。多少は一般より詳しい分野はあると思います。しかし、一般の人は工学分野すべてに詳しいと思って、その人の発言を信じてしまう場合が多いようです。

　大学教授は自分の専門分野では間違った意見を言いません。しかし、それさえも、時代が進むと新たな検証結果として、結果的に間違っていたということもあります。そうではあっても、その時点では最も正しい意見といって良いでしょう。

　専門以外の意見は信用するものではありません。専門分野に直接関係することは知っていても、それ以外は基本的に一般の人と変わりません。

　一例を挙げてみましょう。

　ある日の全国版のテレビ放送のニュースでした。春の日の気象解説で、札幌で転倒事故が多かったことに触れました。「雨が降った後でまた雪が降り、滑りやすくなりました」と説明していました。

　全国放送なので、言わば東京での常識で話されたのだと思います。札幌在住の私達は「雨が降った後寒くなったから凍結し、滑りやすくなった」ことを知っています。そして春になっても寒さが厳しい札幌では「雪が降れば、表面に雪が付くので、逆に少しですが、滑り難くなる」ことも体験しています。

　札幌では、春先の雨の後、寒さが厳しくなって氷の上に雪が積もれば、滑りにくくなります。東京では降雪の日の翌朝また雪が降って、凍ったとしてもがさがさとした雪で、すぐぐしゃぐしゃになり、滑り易くなるのは間違いありません。東京ではどんな場合も雪が降れば道路は滑り易くなるのです。雨の後の雪ということで考えれば、寒さの厳しい札幌と、せいぜい０度付近にまでしか温度の下がらない東京では雪の状況が違います。

　このことを知らないあるいは意識していない気象予報の解説者は、まったく逆のことを言っていたのです。専門家である気象予報士がこんな状態では、専門家の言っていることも、時には、気を付けなければな

りません。

　判り切ったように、間違いをあるいは関連のないことを言って、間違った表現をしてしまうのです。専門家でも全てが解っているわけではないので、時には間違いもあります。

④ゆらぎ　環境への対応

　ここまで記載してきて、私は一つの見方が欠けていることに気が付きました。ここからはその欠けていた見方に関係する記述です。

　私は、生物は環境に適応して進化し、生存競争に勝ち残ったものが、繁栄していくと考えていました。この考えが根本的に間違いであると思い始めました。戦争などの抗争に明け暮れる私を含めた一部の人間が勝手に考えた幻想だと思うようになったのです。この考え方は争いに通ずる考え方です。

　生物は生存競争をして勝ち抜いてきたのではないと思います。生存競争ではなく、個体や種の保存を意図する単なる生き残りの努力をしているだけです。勝つための努力というよりは単に生き残りの努力をしているのです。そのために環境の変化に対応して都合の良い方法を獲得した生物が生き残ってきたのです。

　生物の種は、その存続を図るのが、生命体の基本的価値観なのです。生物が環境に適応していくことをどのように考えるかが、ここでの課題です。

　生命体を取り巻く環境は、時々刻々変わっていきます。その時々刻々変わる環境に適応して、生命体も変わっていくため生命の存続が図れると考えます。

　40億年程前、生命が地球に誕生して以来、生物は形を変えながらも存続してきました。生物は、変遷する環境に対応しながら、その命を継続してきました。

　環境への対応は、二つに分けることができます。

　一つは、個体としての対応です。動物の場合は、食料をとり生体を維持する活動です。この時、その動物がおかれている気候や餌の入手など

は周囲の状況によって、大きな影響を受けます。食料が豊富な時や場所であれば個体の維持は容易ですが、少し環境が変わっただけで、食料の確保が困難になる場合があります。命の保持が困難になります。動物は個体として何らかの方策を講じようとします。時にはそれまでの活動では考えられない方法まで行う可能性があります。新たな活動の取得、活動範囲の拡張と言えるでしょう。

　二つ目は、種としての課題です。気象や地勢などが大きく変わった場合は如何でしょうか？　急激に変わった場合は、多くの個体が命を失うでしょう。しかし、その環境に適応した生物が現れ、その環境の中で、繁栄していきます。変化した環境に適応した生物の種類だけが生き残るのです。

　何故生物は新たな環境に適合できるのかがここでの課題です。

　答えは、環境に適応できるように何かが変わったからです。何が変わったかはその時の環境の変化が何であったかによって変わります。「環境が変化するから生物が進化する」と考えるのが一般的な考え方です。

　初めに、如何して変わるのかを考えてみました。この答えも簡単でした。先にも記載したように、変わらなければ滅びるから、変わらざるを得なかったのです。この考え方は前項で述べたように一方的な誤解か、理解の不足があります。もっともらしい説明で、皮肉な言い方をすれば、これが常識の嘘です。変わらざるを得なかったら変われるのか？そんなに簡単には変われません。

　私が考える結論は「環境と生物の進化に直接の関係はない」ということです。環境が変化するから、生物が進化するのではありません。

　生物の大部分は、親のDNAの影響で、その性質を受け継いでいきます。多くの個体は環境に対応できず死んでいきます。しかし、その一方で、極一部のものが、これまた極一部の性質が親とは異なります。

　遺伝子情報は、常に完全な形でコピーされるわけではありません。遺伝子情報は、光や放射線、物質の化学的性質、環境の変化などによって微小な影響を受け、元のものとは異なったものが複製されることがあります。遺伝子情報の正確な伝達ではなく、一部に微小な変化がある一種

のゆらぎ現象です。

　この小さな変化「ゆらぎ」によって生物はいろいろな変化をしています。環境の変化があろうとなかろうと「ゆらぎ」は常に存在します。言い換えると環境の変化に関係なく「ゆらぎ」によって、極一部に小さな変化が発生しています。

　この「ゆらぎ」によって生じる現象は環境には直接何の関係もなく発生します。

　生物体の微小な変化は常に起こっています。この変化は、多くの場合、生命体にとってはマイナス方向に作用する不要な変化です。極一部は、それまでにできなかったことを一部可能にします。そして、それまでできていたことの一部を失います。遺伝子の変化等によって、それまでできていたことの一部を失い、それまでできなかった能力などを得ます。

　多くの場合ゆらぎによって生じたことはプラス方向とマイナス方向の作用が入り交じっています。どちらかと言えば、マイナス方向の作用が多いと思われます。マイナス方向の作用の場合は、その多くは、生物として早めに死を迎え、淘汰されます。プラス方向の作用でも、通常はあまり役に立たないことが多いでしょう。しかし、環境に変化があった場合は、プラス方向で、環境の変化に対応できたものだけが、生き残ります。

　実際のプロセスがどのようであるかは様々ですが、この「ゆらぎ」が、ほぼ全ての場合に生じています。「ゆらぎ」があるから「変化」があると言えます。ゆらぎが極限まで大きくなって、ゆらぎだけでは説明ができない現象は破綻といえます。ゆらぎによる小さな変化から、大きな変化が生まれる瞬間です。

「ゆらぎと破綻」があるから、生物にもかなり大きな変化が現れ、この数多くの変化の中から新たな環境に適応できた生物が生き残り、大きな変化を起こした数多くの生物は死滅していきます。そして生き残った生物だけで新たな環境に適応できる生物が生まれ、生き続けるのです。

　この新たな環境に適応できることが、進化と言われます。環境が変化した場合、新たな環境に応じた能力を獲得した生物が生き残ります。

これまでは、環境の変化に応じて生物が進化したように記載されてきました。しかし、生物は常に「ゆらぎと破綻」による変化をおこしており、環境に対応できる能力を得た生物が生き残ってきたと言えます。

　環境に対応できる能力を獲得した生物だけが生き残ったのです。別の言い方をすると、環境の変化に対応して生存競争を勝ち抜いてきたのが、進化の歴史です。

　生物は環境の変化に応じて、その環境に適応できるように変化し命を繋いできたのではなく、新たな環境に適応できるように変化した生物だけが生き残ってきたのです。

　繰り返しになりますが、環境の変化に応じて生物が進化するのではなく、環境の変化に適応した生物だけが生き残って現在に至っているのです。

⑤精神と情報の重視

　人間が事象を理解するには情報が必要です。対象事項からの情報が得られない場合、人間はその対象を知ることはできません。

　ゆらぎによって環境に適応した機能を備えた生物が生き残ってきました。ゆらぎは生物の多様性を促進します。人間も多様性を認めることが存続の可能性を高めることに繋がります。人種や宗教、国家、言語あらゆる種類の多様性を尊重することが、人類の存続のために有効な手段です。多様性だからと言って多様性を全て認めるのではなく、病から人を守らなければならないように、人類そのものを殺傷しようとする行為は排除しなければならないでしょう。

　情報と客観的な意識が人間と猿との違いです。情報を重視し、意識である精神性あるいは霊魂というものを大切にするのが人間です。情報の高度化により、情報量、内容、情報の蓄積、情報伝達の正確性などが進化しました。情報に一番重要なのは、正確なことと時間です。情報を意図的に操作し、虚偽の情報を捏造し、あるいは隠蔽することは、情報の重視とはまったく逆の行為です。このような行為を意図的に行うことは人間の生存を脅かし、精神や意志にマイナスの作用を及ぼします。人間として最も避けねばならない行為です。

⑸ 環境と進化
①人類の繁栄
　大宇宙や地球の存在等人間が存在する環境の中で、人間は生物として生きています。

　その一方で、人間は精神的存在として、他の生物とは異なった特性を持っています。

　この人間特有の存在、意識や精神性について、ここでは考えたいと思います。意識や精神性と言いましたが、もう一つの言い方では、物質ではない心的要素です。始めに、人間の精神の基盤である思考能力が情報や生活環境と関係しながら、どのようにして、進化し、発達してきたか考えてみました。

　生物は、生きていく環境の中で、個体を維持し、その生命体に極似した生命体を複製して種の存続を図っています。種の存続のためには生きていく環境が不可欠です。

　環境に適応できた種のみが繁栄し、種の個体を増加させ、ひいては種そのものが繁栄することになります。環境に適応できなかった種は衰退し滅んでいきますが、衰退途中であっても、環境に適応できるようになると、また、繁栄への道を辿ります。

　環境は時と共に変化しています。環境の変化は地球規模の変化から、地域的変化、気候的変動やその他の要因まで多岐に亘ります。

　現在の人類は、「地球全体という器から考えれば、非常に繁栄している」と考えるのが妥当です。それでは、人類の繁栄をもたらした基本的要因は何処にあるのでしょうか？

②繁栄の要因　情報処理能力
　繁栄の要因は、霊長類の亜種として人類が猿とは異なり優れた特性を持ったことです。生物は優れた特性を持った種が繁栄していきます。その特性は、ある時はそれまでの特性の一部を放棄し、異なった特性を獲得することです。

　人類が猿とは決定的に異なっているのは、先に述べたように「情報処理能力」です。

猿は人間よりも瞬間処理能力あるいは「瞬間判断能力」が格段に優れています。見た瞬間にそれがどのようなものか瞬時に判断し、行動にも移せることです。個体を維持していくうえでの食べ物の獲得や危険回避という点から、非常に重要な能力です。

　人間が他の生物と異なる最大の点は、「情報処理能力」です。

　人類は「瞬間判断能力」を放棄して、猿よりも優れた「情報処理能力」を身に付けました。このことは遺伝子の違いからも確認されています。情報の判断能力を優先させた時に、人類が猿から分化しました。

⑹ 錯視の示唆

　錯視は、人間に最も必要なものが何であるかを示唆しています。人間に最も重要なものは、「生きる」ことと「意識」です。意識は精神やこころといっても良いでしょう。

「意識」の源は、脳の情報処理プロセスにあります。「意識」によって人間の行動は決定されます。そのことを如実に示しているのが錯視です。

　私達が知っていなくてはならないことは、脳は何時でも正確に働いていることです。脳が正確に働く機能を失った時、私達人間は「死」を迎えます。

　本書を出版しようと思った動機も、本質的なことを世に問いたかったからです。

　本書は、脳の機能は考える事であり、考えるには考える理由があるという事から出発しています。そして考える理由は、大切な情報を「はっきり」させることです。「はっきり」させることで、人間は行動ができます。脳が正常に作用し、「はっきり」させようと「意識」した後の過程で、必然的に生じた一つの現象が「錯視」です。

　現在までの「錯視に関する考え方」の基本は、「脳の働きなどが何処かで間違っている」とする考え方が主流です。錯視に関する「考え方」が正反対の考え方です。このため、錯視に関する統一した理論構成ができなかったのではないかと思慮されます。

　要因が脳の誤作動にあると考える現在までの錯視に関する考え方を

「錯視の天動説」とし、脳は正常に作用していると考えるのがここで提唱する「錯視の地動説」です。「天動説」では、錯視の要因を説明できませんが、「地動説」では具体的に説明できます。

　次に錯視に関する代表的な事項を記載しました。

○錯視は脳の正常な働きで生ずる	人体の基本能力
○水晶体には大きさなどの調整作用がある	像を結ぶ基本能力
○考える目的は「はっきり」させることである	情報処理の目的
○変換するときは過剰反応が生ずる	科学的原則
○見るためには時間が必要である	反応には入力時間が必要
○優先順位の考え方を導入する	対応の基本
○微小領域の特異性を導入する	サイズで出来事は異なる
○3次元視は両眼視で成立する	科学的原理
○「意識」が全ての根源である	人体の基本価値観

5. 講演から

　北海道新聞に、札幌西高校で行われた錯視に関する講演の概要が、全面広告記事で記載されました。ここでは、その記事を参照しつつ、錯視についての考え方を記載します。

⑴ 講演からの抜粋
①錯視の要因要旨

　人間の脳は過去の経験をもとに想像で情報を補うことを自動化しています。その結果、普段目で見ている物体の形状を思い浮かべてしまいます。それが錯視の原因です。

　同じように見える立体には、数学で考えると答えが無限にあります。

　人間が画像を見ると「奥行き」の情報が欠落するため、元がどんなものか分かるはずがないのに、「この立体はこういうものだ」と思い浮か

べてしまいます。そして、立体の本当の形を知ったあとでも、元の視点に戻ると、私達の脳はその知識を無視してまた別の立体を思い浮かべてしまいます。その時、人間の脳は直角の多い立体を優先して思い浮かべてしまう傾向が強いと言えます。

②講演内容に関する反論など

　この講演の中で、最も気がかりになったのは、『人間が画像を見ると「奥行き」の情報が欠落する』という一文です。この考え方が成立するのは、人間が片目で画像を見た時に限定される考え方です。テレビや写真も（３D映像を除いて）人間の片目と同じように一点から対象を見るため同様の現象となります。人間は両眼で対象を見るため、対象までの距離が解り、「奥行き」が明白に解ります。両眼で見れば「奥行き」の情報が欠落することはありません。「奥行き」の情報が欠落するのは、片目で見た場合です。

　『同じように見える立体には、数学で考えると答えが無限にある』ということも、立体は３次元であり、画像は２次元です。２次元の表現で、３次元空間を表す場合は、視点の立ち位置を変えるだけで、無限の表現が可能です。逆に２次元で表された表現を、３次元で表す場合も表現は無限にあります。

　「不可能立体」は２次元表現であるため、３次元空間での形状は無限に作れるので基本的に「不可能立体」は作れると考えるのが妥当な考え方です。しかし「エッシャーの滝」のように水の流れがある場合は、無限回路の構成は不可能であるため、水の流れを現実に行わせることはできません。

　「変身立体」「不可能モーション」などの錯視画像は、立体視を考慮しない見方をし、厳密には一点から見た場合のみに成り立つ錯視です。画像の構成時に立体視を無視して、立体感は人間の過去の経験や想像にまかせて再構成される心理的現象を活用した作品です。３次元空間に作られる多くの作品（トリックアート）は、見る立ち位置を距離も含めて一点に限定した場合に成立する現象を利用した作品が多いようです。

　目の位置を一点に限定し、片目で対象を平面化して見た時にだけに成

り立つ現象であることから、「平面化の錯視」とでも名付けるのが妥当かもしれません。動きのある画像では、通常のテレビ映像などは１眼視であるため、「平面化の錯視」の表現は、映像が適していると考えられます。

　なお、「その時、人間の脳は直角の多い立体を優先して思い浮かべてしまう傾向が強いと言えます」という傾向は、人間が進化の過程で身に付けた習性と考えられ、形状が表現された錯視で、曲線と直線の優先順位を表す表現です。同じような表現の時には、曲線よりも直線を強く意識するということです。一般的な現象と思われます。

⑵　平面化の錯視について
①距離感と立体視

　２眼で見ると視差が生じ、視差によって対象までの距離が解ることは、自然科学、地図の作成、天文学、宇宙工学など距離が関係する分野においては、常識です。錯覚の分野だけが何故「奥行き＝遠近」の情報の欠落と考えるのかが、不思議です。「奥行き」の情報、言い換えれば「距離感」です。「距離感」の考え方を間違え、間違いに基づいて理論的構築を図ってきたことが、錯覚の要因が未だにはっきりとしない原因です。

　目で見る形状の錯覚では、「奥行き」は２眼で見ると明確に判ることを前提条件にすることです。２眼による立体視や奥行き（距離感）を基本として考えなければ、全ての理論は成立しません。

②つじつま合わせの考え方（現在までの錯覚の基本的考え方）

　現在までの形状の錯覚の要因は、『人間が画像を見ると「奥行き」の情報が欠落するため、元がどんなものか分かるはずがないのに、「この立体はこういうものだ」と思い浮かべる』という考え方が根底にありました。『２眼視によって距離が解り、解っている距離を積分することで立体が分かる』という考え方が無視されていました。

　そのうえで、要因の根幹を反証が難しい「ブラックボックス」である脳に起因させたことです。何処かおかしいと考えても、なかなか反証が

難しいのがこれまでの脳の働きです。さらに既存の考え方を、理論化するために、新たな考え方などが導入され、既存の考え方を強化する理論が加えられていきました。

③平面化の錯視

　平面化の錯視は、一点から見ることで、立体である対象を平面化し、立体であったら、このような形であろうことを感覚や記憶から類推させ、そこに見える平面形状が立体であった時の形を類推させ、類推させた形状の現象とは異なった動作が行われていることで、何かが違っていると感じさせる錯視です。

　何かは、動作だけでなく、形状でも起こります。ミニチャーのカーポートは、鏡を使うことで対象を見る時の視角を変え、視角の違いよって、見える形状が異なることを利用しています。

④不可能立体を数学で解き明かす（既存論）

　平面で表現された不可能立体を立体として再現することは、立体を平面で表現した場合、元の立体がどのようなものか考えると無限の解があることになります。無限の解の中から実現可能な答えを解き明かすには、幾何学的な考え方で数式を組み立て、解を求めるのが最も適した方法と思えます。一点から見た見え方を数式に入れ、解析して形状を選択すれば、解は見つかります。コンピューターで解析すれば、最適解が容易に見つかることになります。問題は、どのような現象を課題にするかで、平面化の錯視は、数学の解析に最も適した錯視対象と考えられます。

⑤論理の矛盾点

　距離感や立体視は２眼あることで生じます。このことを無視して、単眼で見た時に起こる平面視から、無理やり３次元立体の論理を組み立てようとすることに、論理の矛盾点が生ずる原因が生じていました。

　遠近や距離は、両眼視による視差によって生ずるという考え方で、理論を構成した形状の錯視論は、基本的に間違った理論となります。な

お、平面化の錯視でも、何も計算しなくとも、現実に平面化の錯視の立体を制作することは可能です。

　巻末にその 1 例として「矢印」の簡単な、誰でも作れそうな作り方を紹介します。

6．ネットの記事から

⑴　最近の錯視について

　最近と言っても 21 世紀に入ってからの作品には、方向性や残像などを主題にした作品、平面化の錯視、フットステップ錯視などのように、何かが動いているあるいは、動かしていた時に生ずる錯視など、動きに関連する錯視が多いように思えます。

　現在までの平面化の作品は、大きく二つの傾向が見られます。何方も平面化という基本は変わりませんが、単純に平面化だけで説明可能な作品と、対象を見る時の視角の差を利用した作品です。鏡面を利用する場合と異なる視点から見る場合などがあります。

　鏡面を利用した作品は、対象を直接見る場合と鏡面で反射させてから対象を見る場合のそれぞれの視角の差を利用した作品です。

　平面化だけで作られた作品は、一般の物理的法則と画面の動作や表現との違いが強調される作品で「なんでも吸引四方向すべり台」が該当します。

　鏡面を使った作品は、視野の角度が直接見る場合と鏡面とでは対象を見る時の視野角が大きく異なることを利用しています。それぞれの場合の形状の違いを強調する演出をしており、「四角と丸」が該当します。

⑵　矢印について

①作品について

「矢印」は平面化だけで作られた作品ですが、原理は鏡面を使った作品と同じです。「四角と丸」のように鏡面を使った作品では、同一視点から見た視角の違いを基本原理として使用して画面を構成しているように見えますが、鏡面に写すことで、反対方向から見た視点から見ることに

なり、視点の位置が反対方向になり、大きな変化を組み込める構成になっています。「矢印」は視角の違いを反対方向から見た位置に変更するという「四角と丸」とは、まったく異なる考え方を導入して画面を構成しているように思われますが、目の位置を180度変えた位置から見るという点では、何方も全く同じ原理を使用しています。同一の対象であっても、その物体を見る目の位置が変われば、形そのものが異なって見えるという状況を積極的に活用した作品です。「矢印」の半分の楔型の部分は、楔の頂点が右向きの時は、右端が尖っているように見えますが、立ち位置を変えその楔型をそのまま放置し、反対側に立ってその矢印を見た場合は、先端部分が丸い長方形になるようにしたものです。この形状を２個作成し、左右に張り合わせれば、作品の「矢印」が出来上がります。この「矢印」は180度回転させても全く同じようになり、矢印の向きは変わりません。

②平面化の錯視

　平面化の錯視は、具体的にその原理が判るようにすることで、その作品が平面化の錯視であることが判ります。基本的見方を変える事と、具体的な形状を数理的に計算することで可能になる作品だと、制作者は言っています。基本的原理を簡単に言えば、人間の顔を正面から見た場合と側面から見た場合では、顔の形が異なって見える原理とまったく同じ原理です。従って、難しい計算をせずに、簡単な方法で、このような作品を作成することが可能です。

「平面化の錯視」は、その原理が、自然の法則で説明できる現象のため、人間の目や脳の働きが影響する錯視とは基本原理が異なるため、人によっては、狭義の意味では「錯視ではない」のではないかという考え方も出てきますが、「何かが異なって見えるように意識される現象」が錯視であるならば、やはり、錯視の仲間と考えるのが妥当かもしれません。

7. 恒常性

⑴ 恒常性の意味

①恒常性の本来の意味

　恒常性とは、人体を一定範囲内の状態に保とうとする身体の基本的機能です。恒常性があるために、人間の体温は一定範囲に保たれ、常に同じような状態が保たれます。恒常性があるから、何らかの現象が生ずるという考え方は、本末転倒、因果関係を逆転した考え方になります。恒常性を理解するときに最も重要なことです。恒常性があるから何かの現象が起こるのではなく、何かの現象が起こりその結果として、人間の身体が一定範囲内の状態に保たれる現象を、恒常性と言うのです。

　何かの現象が恒常性によって生じていると説明する場合には、必ず、その現象が起こる要因を説明し、その結果として、恒常性が生じていると説明することです。

　恒常性ではありませんが、「月の錯視」の例で説明します。

　月の錯視の要因を聞かれた場合、「月の大きさが異なって見えるのは錯視です」と答えられる場合があります。月の大きさが異なって見える現象は、間違いなく錯覚であり錯視です。しかし、この答えは、答えにはなりません。月の錯視が如何して起こるか聞いているのに、月の錯視が見える状況あるいは現象を説明しているに過ぎません。地平線付近で見る満月も、中天に上がった満月も、月の大きさに変わりがありません。それなのに、人間の目には何故異なった大きさに見えるかを、具体的に説明した時、初めてその理由を説明したことになります。「月の大きさが異なって見えるのは、錯視です」という答えは、要因を説明したことにはなりません。

　恒常性の本来の意味は、「人体を一定範囲内の状態に保とうとする身体の基本的機能」です。

②知覚の恒常性の意味

　恒常性とは、人体を一定状態に保つために身体に備わった基本的機能ですが、知覚の恒常性は、恒常性があるために、対象が変化しても対象

は安定して知覚されることを現しています。本来の恒常性は身体の機能の目的を現しているのに対し、知覚の恒常性は対象を見た時の状態を現しています。まったく関連性のない現象です。強いて言えば、一定の状態と安定してという現象が似ています。

　知覚の恒常性は、感覚器がとらえる外界の情報が変化しても、対象は安定して知覚されるという意味です。言葉の意味そのものは、言葉の定義ですので、なんら否定されるものではありません。知覚の恒常性には、大きさの恒常性、色彩の恒常性、光の恒常性などがあります。

　常に一定に保つということから、既存の錯視の世界では、知覚の恒常性（大きさの恒常性、色彩の恒常性）という言葉がしばしば使われます。既存の錯覚論では、知覚の恒常性は、環境が異なっても、対象を比較的一定のものとして知覚することです。

　見る場合などの環境が異なっても、対象が比較的一定のものとして知覚される現象を知覚の恒常性と言います。錯視の既存論では、しばしば逆の論法が見られます。恒常性があるから対象が比較的一定のものとして知覚されるという理論です。知覚の恒常性は、対象が比較的一定のものとして知覚される現象を表現した言葉です。恒常性があるから、対象が比較的一定のものとして知覚されるということは、何も説明していないことになります。

③知覚の恒常性の種類

　知覚の種類の中で見えることに関する恒常性には、大きさの恒常性と色彩の恒常性があります。色彩の恒常性には、色彩が基本的な三要素から成り立っているため、それぞれに対応した恒常性があります。明暗に関する恒常性、色相に関する恒常性、彩度に関する恒常性ですが、時にはこれらを複合させて述べられる場合もあります。

(2) 既存論における知覚の恒常性
①既存論の恒常性の意味

「恒常性」とは、網膜などの感覚器官を刺激する対象の「実際の性質」と異なる網膜像の「見せかけの性質」を修正（補正）しようとする生理

学的・認知科学的な作用のことです。

②本論の見解

　この説明に出会った時、私には、言葉の意味がまったく理解できませんでした。生理学、認知科学、心理学などと全く無縁の世界で生きてきたためと考えざるをえませんでした。次に記載された大きさの恒常性を読んで、漸くその意味が解ったような気がしました。それでも、「見せかけの性質」を修正（補正）しようとする生理学的・認知科学的な作用とは、何を意味しているのか、未だに判りません。いろいろと読み比べているうちに、どうやら、「見せかけの性質」を修正（補正）しようとする生理学的・認知科学的な作用とは、知覚の「恒常性」だと考えられるようになりました。結局、「恒常性」とは、「見せかけの性質」を修正（補正）する作用でした。

　視覚の恒常性には、大きさの恒常性と色彩の恒常性（光の恒常性）などがあります。

　本論では、錯視の要因の一つが視覚の恒常性であるとする考え方を否定します。知覚の恒常性によって錯視が生じるとする考え方を否定します。このような考え方が通用する世界は、本末転倒の世界で天動説の世界と言えます。

⑶ 既存論における大きさの恒常性
①既存論における大きさの恒常性

　知覚の恒常性の代表的な作用として知られる「大きさの恒常性」では、観察者からの距離が変われば「見せ掛けの大きさ」は距離に応じて変わりますが、観察者は視覚刺激を自動的に修正して「実際の大きさ」を大まかに推測することができます。距離が遠くなるにつれて見かけの大きさはだんだんと小さくなり、距離が近くなるにつれて見かけの大きさはだんだん大きくなりますから、「見かけの大きさ」から「実際の大きさ」を誤差なく導き出す「完全恒常」を実現することはできませんが、大体、標準刺激（初めに提示した対象）の大きさと等しいくらいの比較刺激（距離の違う場所にある対象）を選ぶことができます。

②本論の見解

　何を言っているのか、私には理解できかねますが、「観察者は視覚刺激を自動的に修正して『実際の大きさ』を大まかに推測することができます」という表現から、「遠近は、脳の推論によって、生じている」とする考え方を具体的に表現したのではないかと思いました。

　形状（大きさ）の恒常性では、奥行き（遠近感）についての解釈が根本的に間違っていることから生じています。奥行き（遠近感）や立体が判るのは、単に人間の目が２眼あることによって視差が生じ、その結果、対象までの距離が判り、視差の集積によって立体が認識できることです。「遠近は、脳の推論によって、生じている」との考え方を否定します。

　比較的一定の大きさに見えるという現象を、大きさの恒常性というのであって、恒常性があるから大きさが比較的一定に見えるという考え方は本末転倒の考え方です。

③大きさの恒常性の実験（既存の理論）

　右手と左手の人差し指を立て、腕を伸ばします。右手と左手の腕を伸ばし、両方の長さを比べます。当然同じ長さに見えます。次に腕の長さを、左手を右手の半分の長さに短くして、右と左の人差し指の長さを比べます。このとき右手と左手の間を少し離します。少し離すのがコツです。このようにすると、本来ならば、左手の人差し指の長さは、右手の人差し指の長さの半分の長さに見えるハズですが、実際には半分以上の長さがあるように見えます。人間は元の長さを知っているため、距離が半分になっても、元の同じ大きさ覚えていて、大きな相違が無いように見えます。これが恒常性によるものです。しかし、２本の指を近づけると、２分の１の大きさに見えます。恒常性が効かなくなったからです。

④本論の反論

　恒常性の本来の意味は、人間の体は、何らかの要因で定常状態からズレていても、元の状態に戻っていくことで、人間の基本的特質の一つです。従って恒常性を否定することは存在そのものを否定することなの

で、恒常性は一般的に否定できません。

　知覚器官に生じる恒常現象は、対象が変わっても安定して知覚されることです。

　この言葉自体は一般的に承認された言葉ですが、「恒常性」から「恒常現象」に変える時に、内容が変わっています。元に戻ることと、安定して知覚されることとは、似通っているように思えますが、まったく違います。恒常性は身体がある一定の状態に戻っていくことですが、恒常現象は、安定して知覚される現象です。そのため、安定して知覚される現象とは、何を意味しているか理解しておく必要があります。

　この現象を理解する説明が、2本の人差し指を距離の差を作って比較することでした。

　解説でも「少し離すのがコツです」と言っていますが、視角として少し離すと、確かに2分の1の距離にある左手の指の長さは、元の位置にある右手の指の長さの2倍には見えず、2倍よりは少し短く見えるように感じます。この結果から、人間は元の長さを知っているため、距離が半分になっても、元の同じ大きさと大きな相違が無いように見えるこ
とから、恒常現象としています。

　この説明そのものが一つのトリックです。また、このトリックの謎を解くカギも、ここで既に説明されています。トリックというのは、指の長さを比較しているようですが、比較をしていません。右手の人差し指と左手の人差し指を別々に見て、それぞれの判断をしているだけです。別々に見れば、比較するものの大きさの差などは不明確になります。比較するには、それらを接近させて比較させなければ、その差は判り難いのです。

「少し離すのがコツです」ということは、「比較はしていません」と宣言するような言葉です。比較すれば、手前の指の長さは距離の差に逆比例した長さに見えます。

　従って、長さや大きさを比較するときに、恒常現象は何ら関係ありません。

　左右の人差し指を離した場合は、きちんと比較することを拒絶した方法です。長さの比較としては適していません。長さの違いが少なくなる

現象を恒常性と言うのであれば、双方の指を近づけた時にこそ、「はっきり」と現れるはずですが、事実は全く異なります。

　大きさの恒常性は、大きさが定まった形状の対象は、距離が異なっても同じような大きさに近づいて見える現象ですが、正確に比較しようとすると、距離の違いに応じた大きさの違いになるという現象となります。接近させてはっきりとさせて比較すると恒常現象が生じないことは、大きさの恒常性の考え方が矛盾していることを表しています。

⑷ 既存論における色彩の恒常性（光の恒常性）

　色彩の恒常性とは環境の光が変わっても色の見え方があまり変わらないことを言います。よく例にあげられるのが、夕景色です。夕焼け空を写真に写した場合は、鮮やかな赤色が画面いっぱいに広がりますが、肉眼で見た場合には、それほど赤くは見えず、昼間見た光景が少し赤みを帯びたような状態に見えます。人間の目には写真で写したほど赤くは見えません。

　色彩の恒常性については、実験例があるので、次にその概略を紹介し、その実験が何を意味しているかを「本論の見解」として、その後に記載します。

①何故色彩の恒常性があるか？

　既存の錯覚論では、何故色彩の恒常性があるのか、要因は明らかにされていないとされています。既存の錯覚論では、色彩の恒常性があるから、目で見た場合は、昼間とあまり変わらず、多少赤味がかった程度に見えると説明されています。

②ヘルムホルツの実験

　ヘルムホルツは、照明の強度を変えることで、対象表面の「見かけの明るさ」が変わっても、観察者は「同じ反射率の対象」を選べることを実験的に証明しました。「明るい部屋」で見せた対象の反射率と同じ反射率を持つ対象を「やや暗い部屋」でも選ぶことができるという意味で、人間には明るさ（反射率）に関する恒常性の認知機能が備わってい

ると言えます。

③カッツの二室法実験

　ヘルムホルツの実験結果は、明るさの異なる二つの部屋を準備して、色彩の知覚に関する実験を行ったカッツの二室法実験でも確認されています。

「暗い部屋」においてある対象の色彩と「明るい部屋」に置いてある対象の色彩を同じように見えるようにするためには、暗い部屋に置いてある対象の方を少し明るめにしなければならないように思えますが、実際には同じ明るさの色彩にしておけば（暗い部屋の色を明るめにする必要なしに）、部屋の明るさに関係なく両者を「同じ色彩」として知覚することができるのです。

　人間の視覚には、「見かけの色や明るさ」とは別に「実際の色や明るさ」を判断できるという色彩と明るさに関する恒常性が備わっていると考えられます。

④実験結果から

　ヘルムホルツの実験とカッツの実験は、明るさが変わっても対象表面の「見かけの明るさ」は変わらないという結果です。対象を見る時の条件が変わっても、対象の見え方が変わらないため、人間の視覚機能に恒常性が備わっていると判断しました。

⑤カッツの追加実験

　カッツは、二室実験法で確認された「色の恒常性」についてさらに面白い実験結果を示しました。それは、目の前にある紙に穴を開けて対象を見ると、即座に「色の恒常性」が失われてしまうことです。この事実から示唆されるのは、表面色は部屋の明るさと無関係に恒常性を示すが、平面色（紙に開けた穴から見る色）になると、途端に恒常性を失って部屋の明るさの影響を受けるようになるという事です。つまり、周囲を見渡すことができない状態で、紙の穴から対象を覗いて見る「平面色」のように、3 次元的空間が認知できない場合には、実際の色を正確

に認知することが難しくなり、「色の恒常性」を失ってしまうということです。カッツの紙に穴を開けて対象を見る実験は、周辺状況によって、恒常性が現れたり、消失したりすることを証明していると解釈されます。

⑥実験結果のまとめ
　色彩の恒常性が何故あるか理由は明らかになっていません。人間の視覚には、明るさや色彩に関する恒常性が備わっていると解釈されます。目の前にある紙に穴を開けて対象を見ると、即座に「色の恒常性」が失われてしまいます。その理由は、3次元空間を認知できない場合は、実際の色を認知することが難しくなり、「色彩の恒常性」を失ってしまいます。

⑦実験結果に関する本論での解釈
「人間の視覚には、明るさや色彩に関する恒常性が備わっている」との解釈ですが、恒常性に言及する場合には、何故恒常性が現れるかその要因を述べる必要がありますが、ここでは、その要因は示されていません。
　目の前にある紙に穴を開けて対象を見ると、即座に「色の恒常性」が失われる、と言っています。その理由は、「色彩の恒常性」を失うからとしています。色彩の恒常性を失う理由は、3次元空間を認知できない場合は、実際の色を認知することが難しくなるからだとしています。3次元空間であれば、恒常性が現れるが、2次元空間では、恒常性が現れた結果である「色彩の恒常性」の発露である「実際の色の認知」が難しくなるという事です。極言すれば、3次元空間では「色の恒常性」が生ずるが、2次元空間では、「色の恒常性」が失われるというように解釈してしまいました（この解釈とは異なる解釈が存在するかもしれませんが、それが具体的にどのようなことか、わかりません）。次元によって恒常性が現れるか否かという解釈には、具体的な根拠がないように思えます。
　目の前にある紙に穴を開けて対象を見るという実験が、何を意味して

いるかの解釈で、その評価結果が分かれます。既存論では、3次元空間から2次元空間に移行して見られるため、恒常性が失われるとしました。

　本論では、もう一つの見方を提唱します。紙に穴を開けて対象を見るという行為は、対象を見る時の周辺状況（環境）を変えてみたという事です。実験者の解釈は、この周辺状況を変えることで、3次元空間から2次元空間に移行し、その結果、恒常性が失われると考えた訳です。しかし、紙に穴を開けて見ただけで、3次元空間から2次元空間に変わることはありません。何方も3次元空間のままです。穴から見える範囲とその範囲以外の周辺という分け方をすると、穴から見える範囲は、穴の開いた紙があろうが無かろうが変わりませんが、穴から見える範囲以外の範囲では、紙がある場合とない場合ではまったく違います。穴から見える範囲について、それ以外の範囲の条件が変わると、穴の中から見える範囲の見え方が変わるのです。

　穴の中の範囲は、周辺が変わってもまったく変わらないのに、周辺が変わることで、穴の中の範囲の見え方が変わったのです。

　月の錯視を思い出して下さい。5円玉の穴を通して月を見る時、地平線付近の月と中空に上がった月の大きさはまったく同じ大きさに見えました。
「青い目の女の子」も、紙に目の部分の大きさの穴を開け、目の色彩を比べるとまったく同じ色彩に見えます。

　月の錯視は大きさであり、青い目の女の子は色彩ですが、対象を見る時の周辺の条件を同じにすれば、同じに見えます。

　次元の解釈は、まったく該当しないと考えられます。対象の周辺状況を同じにすればどちらも同じように見えます。周辺の違いによって見える色彩が異なる理由を説明する必要があります。

⑸ 色彩の恒常性
①既存の説明
　ここで、色彩の恒常性の意味をもう一度振り返って記載します。色彩の恒常性は、特定の色が全画面に亘って強い場合、網膜の色彩細胞

が、特定色彩の感度を下げて、全体の色彩の差異がもとの状態のように「はっきり」として、判り易くなることです。

　色覚の恒常性という場合もあるようです。人間が光線の波長そのものを知覚しているのではなく三種類の錐体の出力比を知覚しているという考え方です。これだけでは例えば、極端に黄色い照明の下では全てのものが黄色く見えてしまうはずですが、実際には色味のある照明の下でもその照明に支配されない認識が得られます。これを色覚の恒常性といいます。

　人間の視覚には慣れや知識などによる補正があるので、多少の光源の色度の違いは補正されます。このため昼と夕方とでは波長分布が違うにもかかわらず、物体は同じような色に見えます。太陽光と異なる波長分布を持つ照明下でも「白色」のものは白色と感じられます。例えば、「白熱灯」の波長分布はその名に反してかなり赤に偏っていますが、その照明下でも白い紙は白く見えます。周囲の色々なものの見え方からそのときの照明条件を推定し、その推定に従って色の見え方を補正していると考えられます。太陽光と同じ波長分布の光が最も自然な白色とされますが、それより青成分の強い光を「爽やかな白」と感じる人が多いようです。そのため多くのディスプレイに表現される白色は純白より青味が強い色になります。そのような青味の白も極端でなければ、日常的に白を吟味していないような多くの人の眼には「青」でなく「爽やかな白」と感じられます。夜間など十分な光の得られない環境では、錐体の機能のうち特にL錐体の機能が低下します。そのため夜間には赤と黒の識別が困難になりますが、そのような環境にあっても赤色であると知っているものは赤く見える場合があります。例えば、黒く塗った林檎を暗い環境下で見せると赤く見える、といったことが起こります。太陽光線の波長分布は季節や時刻によって異なります。また、周囲に反射した光によっても影響されます。例えば周りが青い物ばかりならば反射光によって環境光は青さが増しますが、周囲の色に引きずられて物の色が違って見えては困ります。色の恒常性は、そのような場合でも出来るだけ一定の色覚を保つために発達したとの考えは、ある自然さを持っています。ただし、この補正にも限度があり、極端に偏った波長分布では補

正しきれません。

②解釈

　色彩の恒常性とは、色彩がどのように見えるかという一つの現象です。従って、人間の視覚に恒常性が備わっているという解釈は、判断の次元が違います。前項での穴を開けて対象を見る場合も、恒常性が失われるのではなく、恒常性が生じないと言うべきです。３次元空間を認知できない場合は、実際の色を認知することが難しくなるという説明も、何を表現しているか判り難い言葉です。カッツの実験では、手前に穴を開けた紙を置くだけですが、何方も３次元空間です。３次元空間を認知できない場合、何故、実際の色を認知することが難しくなるのか、その理由が必要です。穴を開け、対象を見るとは、見る時の条件の何を変えたのかという検証が必要でした。

　これまでも述べたように、恒常性があるから目で見た場合、あまり変わらないように見えるのではなく、あまり変わらなく見える現象を色彩の恒常性と言っているわけです。従って、人間の目で見た場合、色彩の恒常性によって、昼間とあまり変わらない光景に見えるという論法は説明になっていません。繰り返しになりますが、夕焼けの色彩が人間の目には、昼間とあまり変わらないように見えることを色彩の恒常性と言っているだけです。

③本論の主張（網膜感度）

　色彩の恒常性を論ずるときに必要な事項は、色彩細胞の働きです。光から電気信号へ変換するときの「感度」です。網膜やフィルムの感度を考えれば、人間の目で見たときと、映像での違いが理解できます。写真は単にカラー素子の感度が単純比例ですが、光から電気信号に変える目の網膜での感度は、対数比例になっていることです。

　赤色光への反応も、夕暮れになるとカメラでは急に赤色が多くなりますが、人間の目は対数比例であるため、それほど大きな赤色への変化にはならないことです。

　人間の目は、目で見る光景の広い部分で特定の色彩が多い場合は、そ

の色彩の感度（光から電気信号への変換効率）を下げていると推測されます。比較的広い範囲が特定の色彩で覆われている場合は、特定の色彩の感度を下げますが、狭い範囲だけが特定の色彩で覆われている場合は、特定の色彩の感度を下げることはありません。もともと狭い範囲では、個々の色彩が「はっきり」としていなければ、全体が「はっきり」しません。視野の全範囲あるいは広い範囲で見た状況が優先されます。特定色が視野全面あるいは非常に広い範囲で見られる時は全体の感度を下げますが、狭い範囲では特定の感度を下げる現象は見られません。その必要がないからです。狭い範囲で特定の色彩の感度を下げることは、色彩が適切に見られていないことになります。

　これらの現象を確認するには、全体が特定色で覆われた状況を見る時、白紙に小さな穴を空け、その穴の中を通して比較的狭い範囲を見ると、いわゆる色彩の恒常性が見られなくなることで証明されます。カッツの実験では、手前に穴を開けた紙を置くだけです。その実験が、色彩の恒常性が、どのような状態で起こっているかを証明する実験となっていました。

⑥ 色彩の恒常性に関する二つの理論

　色彩の恒常性に関する基本理論は一つですが、色彩の恒常性を助長しているかのような理論があります。ここではこの二つの理論を紹介します。

①既存論（色彩の見え方の補正）

　色彩の恒常性とは環境の光が変わっても色の見え方があまり変わらないことを言います。

　人間の視覚には慣れや知識などによる補正があり、多少の光源の色度の違いは補正されます。このため昼と夕方とでは日光の波長分布が違うにもかかわらず、物体は同じような色に見えます。周囲の色々なものの見え方からそのときの照明条件を推定し、その推定に従って色の見え方を補正していると考えられます。

　よく例にあげられるのが、夕景色です。夕焼け空を写真に写した場合

は、鮮やかな赤色が画面いっぱいに広がりますが、肉眼で見た場合には、それほど赤くは見えず、昼間見た光景が少し赤みを帯びたような状態に見えます。人間の目には写真で写したほど赤くは見えません。

②色彩の恒常性理論

　前項の理由が、慣れや知識などによる補正があり、多少の光源の色度の違いは補正されると考えることです。照明条件を推定して補正するという考え方です。

　この理論を完成するためには、照明条件と補正結果との適合性とその両者間のプロセスが必要と考えられますが、その説明はありません。

　既に述べているように、色彩の恒常性は、何らかの特殊な色彩などが画面の広い範囲を覆っている場合、その特殊な色彩の効果が減少し、元の色調に近い状態に見えることを、色彩の恒常性と言っています。全画面または広く画面を覆っている場合にだけ生ずる現象です。狭い小さな範囲では生じません。このような状況から考えられることは、全画面あるいは広い画面が特殊な（一定状態）の色彩で覆われた場合、その特殊な色彩の網膜における感度を下げることが、最も理論に適合した考え方になります。感度を下げるためには、全体の状態を伝える情報が必要です。最初に広い範囲を見た瞬間、画面の大部分を特殊な色彩が覆っていると、脳はその特殊な色彩の感度を下げようと「意識」します。そして、網膜細胞のその色彩に関与する視細胞に、光から電気信号への変換効率を画面全体にわたって、下げるように指示します。そして、視細胞は、特殊な色彩の感度を下げます。その結果、画面全体にわたって、特定の色彩が少し少なくなったように見え、実際に下がった色彩が見えるようになります。その結果、画面全体が、特殊な色彩が見難くなり、結果として、画面全体が「はっきり」とした状態、特殊な色彩で覆われる前の状態に近い状態が見えるようになります。

　画面全体を覆う特殊な色彩の感度を下げ、元の状態に近い色調で見えるようになりますが、この現象を、色彩の恒常性と呼んでいます。従って、色彩の恒常性は網膜の変換効率の影響によって生ずる現象と言えます。さらに追加すると、本来の見えているはずの色調と異なるまでに変

化する網膜の過剰現象と言えます。この現象は、一種のフィルター効果のように作用する現象です。夕景色では赤のフィルターを取り除いたのが、目に見える夕景色ということになります。

③色彩の恒常性と色彩感度

　人間の目から入った光は、目の水晶体で画像を結び、網膜で光から電気信号に変換されて脳に届きます。光が目の水晶体を通過する過程で、光の量が調整されます。光の量の調整は、強すぎる場合は、瞼を閉じたりしますが、多くの場合、薄目に開いて調整します。強い光は、瞳孔を少し狭くして、網膜に届く光の絶対量をある範囲内に制御しています。逆に弱い光は、瞳孔を大きく開け、網膜が光の量を多く受けられるようにしています。さらに、光が弱い場合は、対象を見つめることで、網膜は長めの受光時間を確保し、光の弱さを補強しています。人間の目は、目の機能によって、かなり広い範囲の光の強さに対応できるようになっています。

　網膜に届いた光信号が電気信号に変換される時の変換は、人間の目が生体であるため、対数比例で行われます（心理学の一つの公準ともなっているようです）。従って、光の強さに対してかなり広い範囲を見ることができます。

　人間の目に映る夕景色は、太陽が傾き始めると、徐々に空気層の厚さの関係などによって赤色が多くなり、日没付近でピークに達します。それと同時に、日没が近づくと、太陽からの光量そのものも、徐々にではありますが減少します。太陽の一部が地平線に隠れてから完全に没するまでの変化が一番大きくなります。日没後も、太陽の光は、大気中の雲などに反射しているため、徐々に暗さが増していきます。

　夕景色では、明るさが徐々に減少し、赤色の光が相対的に非常に僅かですが徐々に増加するようになります。そのため、人間の目は、全画面に広がる赤色の感度を落とすため、実際の赤色の強度ほど強くは赤色を感じません。この現象が前項で述べた通り、一般的に光の恒常性という現象の一つの現れです。

　夕景色をカメラで写す場合を考えてみます。カメラの光の強度調整

は、カメラの口径とフィルムなどの感光素子の感度です。感光素子は、入射する光の強度に対応して反応しますが、その反応は科学的な光反応のため反応量は強度比例となります。そのため、明るさが一定範囲以上に強い場合は全て非常に明るい白色になります。逆に一定範囲以下に暗い場合は全て黒色に写ります。夕景色においても、赤色の量がある程度以上多いと、大部分が赤色に写ることになります。偏位という言葉がありますが、夕景色をカメラで写すと赤色に偏位して写し出されます。

　カメラの感光素子が光量に比例するのに対し、目の場合は対数量に比例することが、写真の画像と人間が見た場合の赤さの差異のもう一つの要因です。

④思い違い

　写真や映像で見る夕景色は、その多くが茜色に染められているのに、目で見る夕景色は映像程赤くは見えません。そのため、人間の目には色彩の恒常性があるため、昼間の実景に近い映像が見えていると考えてしまいます。この考え方自体が、何かが間違っているという意味での錯覚です。思い違いです。

　人間の目に見える夕景色が、本来の意味の夕景色です。映像技術の発達によっても、目に見える状態での色彩は、具体的に再現することはできません。映像は人間が見ている世界を如何に具体的に平面に再現するかが、目的ですが、時には、映像こそ真実であるとの認識を産み、いつの間にか、映像の方が正しいような思い違いをした結果です。

　仮に、写真や映像での色彩が実情を反映し、色彩の恒常性によって人間の目には、昼間と同じような色彩に見えると考えるのであれば、夕景色の写真を見ても、恒常性が働き、人間が見ている夕景色と同じような色彩に見えなければなりません。私達が写真を見た場合は夕景色の赤さは、写真に写っている通りに見えます。写真を見たからと言って恒常性は働きません。明らかな矛盾です。

　写真が正しく、人間の目が間違っているとの思いが、この間違いを引き起こしています。夕焼け空の色が違うのは、人間の目とカメラでは、色彩に対する感度の反応のシステムが違うからです。既存の恒常性だけ

を理由とする場合は、茜色に染まった写真を見ても、恒常性によって、全体が茜色になるのではなく、鮮明な画像にならなければなりませんが、写真を見た場合は全体が赤色に見えます。

　色彩に関しては、カメラと人間の目では大きく異なります。

8. 錯視が示すこと

(1) 脳の正常な働き（錯視と意識）

　錯視は、何かが異なっているように「意識」される現象です。錯視の基本的要因は、情報を「はっきり」させることおよび身体の状態を一定に保つ恒常性の維持のために生ずる「過剰現象」です。最初に対象を見た瞬間に脳がどのように「意識」するかが錯視の発端です。

　具体的現象は、目や脳の働きが人間の命を継続させるために、何が肝要であるかを如実に示しています。そういう意味では、錯覚や錯視を知ることは、人間が生きていく上で何が最も重要であるかという基本原則を示しています。

　人間に最も必要なものは、命を継続するための「はっきり」した情報です。「はっきり」した情報を得るのは、最初に全体を広い範囲で見ることが如何に重要であるかを示すのが錯視です。最初に全体を見なければその後の判断が間違ってしまいます。現在の社会を俯瞰すると、多くの場合、狭い範囲に限定した論旨がまかり通っています。

　広い範囲を視野に入れ、情報を「はっきり」させることが、人間の命を継続させるための基本活動です。

　錯視は、人間に最も必要なものが何であるかを示唆しています。人間に最も重要なものは、「生きる」ことと「意識」です。意識は精神やこころといっても良いでしょう。「意識」の源は、脳の情報処理プロセスにあります。「意識」によって人間の行動は決定されます。そのことを如実に示しているのが錯視です。

　私達が知っていなくてはならないことは、脳は何時でも正確かつ正常に働いていることです。脳が正確に働く機能を失った時、私達人間は「死」を迎えます。

　人間に最も必要なものは、命を継続するための「はっきり」した情報です。「はっきり」した情報を得るには、最初に全体を広い範囲で見ることが如何に重要であるかを示すのが錯視です。最初に全体を見なければその後の判断が間違ってしまいます。

　現在の社会を俯瞰すると、多くの場合、狭い範囲に限定した論旨がまかり通っています。広い範囲を視野に入れ、情報を「はっきり」させることが、人間の命を継続させるための基本活動です。

　本書は、脳の機能は考える事であり、考えることには考える理由があるという事から出発しています。そして考える理由は、大切な情報を「はっきり」させることです。「はっきり」させることで、人間は行動ができます。脳が正常に作用し、「はっきり」させようと「意識」した後の過程で、必然的に生じた一つの現象が「錯視」です。

　現在までの「錯視に関する考え方」の基本は、「脳の働きなどが何処かで間違っている」とする考え方が主流です。錯視に関する「考え方」が正反対の考え方です。このため、錯視に関する統一した理論構成ができなかったのではないかと考えられます。

　要因が脳の誤作動にあると考える現在までの錯視に関する考え方を「錯視の天動説」とし、脳は正常に作用していると考えるのがここで提唱する「錯視の地動説」です。「天動説」では、錯視の要因を具体的に説明できませんが、「地動説」では具体的に説明できます。

　本書を出版しようと思った動機も、本質的なことを世に問いたかったからです。

　新聞やテレビなどのマスメディアは、比較的多くの情報を発信できます。広く全体を包括した上での情報を提供することができます。そのため、「はっきり」した情報の提供が可能になります。しかし、ツイッターなどではどうしても短い情報になり、「はっきり」した情報、言い換えれば、人間が生きていく上で最も重要な情報が、歪められることになりかねません。広い視野から見た「はっきり」した情報を提供することがマスメディアの使命であり、そこにマスメディアの存在価値があります。

　教育は何のためにあるのか？　教育は人間が生きていく上での「はっ

きり」とした情報を得るための手法などを学ぶことです。全体を見まわし、「はっきり」とした情報の判断ができるように、必要な知識を吸収し、修練する場と言えるかもしれません。

　錯視は、情報の重要性と、広い範囲から物事を見ることの重要性を具体的に知らしめる現象です。その錯視が、脳の正常な働きを少し逸脱しているような、現在までの錯視に対する考え方に反論しているのが本文です。

　錯視において具体的に最も重要な要素が、最初に対象を見た時の「意識」です。錯視は「意識」が「はっきり」とした情報を得るためにも最も重要な要素であることを示しています。人間の生きる証しとも言える「意識」、人間の精神的根源ともいえる「意識」、霊魂や魂ともいえる「意識」が最も重要であることも示しています。

　錯視の基本的要因に、人間の器官の特性を加え、具体的に展開することで、全ての錯視の要因が説明できます。

「月の錯視」現象は2000年以上前から判っていましたが、これまでその要因が判っていませんでした。「月の錯視」は既存の錯視論では説明できない現象でした。新たな考え方を導入することで説明が可能になりました。

　本書は世界で初めて「月の錯視」の要因を明確に説明したものとなり、その発表を兼ねた評論となっています。本書は、錯視の基本的要因を記載することで、既存の錯視論が広い正確な視野から検討しないで一部の偏見に基づいて作成されていることに、反論するために作成しました。

　既存の錯視論では、形状の錯視における大きさの違い、基本的遠近感と大きさの認識に誤りがあるため、同じ現象である「月の錯視」はまったく説明できませんでした。

「錯覚」や「錯視」は、頭（脳）は正常に働いている状態で発生する過剰反応による現象です。そして、人間に最も必要なものが、「はっきり」した情報であり、「はっきり」した情報に基づく行動で、人間は命を繋いできました。情報を「はっきり」させるためには、広い範囲を見て判

断することや優先順位などの判断要素を明確に意識することも重要です。

　人間が生活している現実社会においては、広い範囲から全体を眺めることが重要です。社会において必要な情報を意図的に隠ぺいすることは、誤った判断を招くことになり、個人においてはそのまま命の危機に繋がり、社会においては、その社会の崩壊に繋がる要素を含んでいます。社会生活面で、広い範囲の知識を身に付け、正確に判断することが、人間が命を繋ぐうえで重要であることを、錯視が暗示しているように思えます。

　なお、本論は、錯視の具体的要因を説明するために、錯視の意味から始め、錯視の要因を説明しました、その過程で、既存の錯視理論が理論的に間違いや誤解の上に成り立っていることを指摘しました。その誤解の多くは、全体を俯瞰しないで、部分的に理論化しようとしたことと、基本的考え方の誤りに有りました。

　ここでは、既存の理論の主要部分が間違った理論から構成されていることを指摘し、新たな理論を展開しています。具体的な錯視図や錯視現象について、ここの事例がどのようなシステムで成り立っているかの説明が必要になりますので、この後に記載します。

　次に錯視の検討によって得た主要事項を記載します。

　錯視は、人間が命を繋ぐうえで最も重要なことの一つが、情報を「はっきり」させることであることを示唆しています。

　錯視は、人間の目と脳が正常に働き、情報を「はっきり」させ「恒常性」を維持させることを目的とする目と脳の働きの「過剰現象」によって生じます。

　何かが異なって見えるように「意識」される現象には、目に光が入る以前に要因がある現象があります。これらは、科学的に説明が可能な現象で、特異な現象は錯視に含めて考える場合があります。

　情報を「はっきり」させるために重要なことは、最初に全体を見ることと、基本的な知識があることです。脳の基本的機能の一つは類推することで、対象を「はっきり」させることです。そのためには、似たよう

なことを二つ同時に行わないという特性があります。

「はっきり」させるために、初めに全体を見て類推することと、同じようなことは二つ以上同時には行わず必ず一つを選択することを錯視は示しています。

　錯視は目や脳が誤魔化されることではありません。脳や目の異常でもありません。

　錯視は情報を「はっきり」させるために、目や脳が正常に働いているときに生ずる「過剰現象」です。

(2) 意識と錯視

　錯視は人間の基本活動によって生じます。背景としての宇宙の基本要素、人間が生きることを最優先して命を繋いできたことが根本原理です。命を繋ぐことを最優先して、実際の行動に移して、活動を重ねてきました。命を繋ぐために最も重要な要素が、環境の情報の入手とその情報の適切な判断、判断に基づく実際の行動です。

　錯視は、人間が環境の情報を適切に判断できるように、目や脳の機能が発達した結果生じた現象です。適切な判断とは情報が「はっきり」していなければできません。また人間など恒温動物特有のものとして、恒常性があります。

　錯視の基本要因は、情報を「はっきり」させることと恒常性の維持です。この二つの要素を元に的確な脳の指令に基づいて、身体の各器官が実行することで命を繋いできました。

　「はっきり」させることと「恒常性」の維持を行う目や脳の働きが、過剰反応した結果が「錯視」です。

　錯視そのものは、人間の目や脳が機能した結果です。実験で言えば、実験の結果です。実験結果は判っているけれど、何のための実験か判っていなかったのが現在までの錯視の研究です。何のための実験か、どのようなことが生じているかを知るための足掛かりが錯視の現象です。従って、錯視の要因を知ることは、人間の目や脳がどのように働いているか、そのメカニズムの一部を知ることに繋がります。

　実験結果である錯視が数多く公表されているので、錯視から、人間の

目の機能や脳の機能の特徴などを知ることが可能になります。錯視の基本要因は情報を「はっきり」させるためと「恒常性の維持」です。

　人間が対象を見る時、初めに全体を見て、どのように見るか瞬時に「意識」します。一般的には無意識と言われる非常に短い時間での直感的な意識です。その結果、その後の見方が決定されます。何処をどう見るかを決定しますが、時には、何処か定まったポイントを意図的に集中して見ることもあります。どのように見るかは、何れも最初に対象を見た瞬間の「意識」によって決定されますが、その後の意識も重要です。

　対象を見る時には、この最初に見た意識が最も重要な要素の一つです。

　最初に対象を見た時に、意識によって、どのように見るか判断され、それが実行に移されますが、光を受ける目と目からの信号を受ける脳の働きには、錯視で示されるように、様々な何かが異なって見えるように「意識」される現象が生じます。何かが異なるのは、何れも過剰反応によって生じます。この過剰反応は、情報を「はっきり」させるためと「恒常性の維持」のために生ずる現象であるため、その特徴を調べることで、人間が対象を見る時の特徴が判ります。その特徴がどのように表れているかを示すのが錯視であるため、錯視を調べることで、人間が目から得る情報の特徴を知ることができます。

　次に、人間が対象を見る時の特徴を、光が目に入ってから、脳で認識するまでの過程に従って順次記載します。

⑶ 水晶体の作用

　人間の目は、対象を見た時に「はっきり」と見るために、水晶体の焦点を合わせ、明瞭な像を結ぶように動作します。この時重要なことは、人間の目の機能である水晶体は、広範囲にわたって、明確な像を結ぶ能力がないという事です。明確に像を結ぶ範囲はかなり狭い明視範囲内の視野角の範囲に限定されます。そのため、何処を見るかという「意識」が重要になります。必要に応じて、明確な範囲を移動したり、焦点距離を調整したりします。

時には意図的に、何処かに意識を集中したりします。通常、特に狭い範囲を見ているように感じないのは、集中して見る範囲を、常に無意識のうちに動かしているからです。

　水晶体の動きで重要な要素は、何処を重点的に見るかという意識によって生ずる視線の先と、焦点を合わせる作用、この二つが連動する視線の先の安定性です。

　焦点を合わせる作用によって、対象の形状と大小が決定します。

　視線の微小な動きによって、対象が動いているような現象が生じます。

　人間の目が見る対象は、その時の意識などによって、水晶体の焦点距離も異なり、時には、微妙に揺れ動く現象が生じています。

　これらの現象が実際に生じていることを立証する現象が、何か異なった大きさに見えるように意識される形状の錯視と言われる現象や、動いてもいないのに動いているように見える動きの錯視です。

⑷ 網膜の作用
①視細胞の配置

　網膜の視細胞は生体であるため有限の個数しかありません。そのため、何処までも繊細にというわけにはいきません。像を結ぶ精度には限界があります。この限界の付近で、限界を超えた時には、個々の区分ではなく、幾つかを纏めて見るような形になり、それらの加重平均のような見え方になります。その現象が色彩の同化や混合です。

　一般的に、広い視野から見る場合は全体を見ますが、狭い視野になると一部または全部を同化や混合によって処理します。社会現象も広い視野に立って見渡した場合と、個々の立場になって対象を見た場合は異なってきます。見方が異なるからです。数に限界がある場合などは、全体を見るか、個々に見るかで、見え方が異なることを示しています。対象を見る場合も、全体で見るか狭い範囲で見るかを意識することで見え方が変わります。

　さらに、狭い視野角の範囲を見る場合も、その狭い範囲に意識を集中して「はっきり」させようとして見る場合と、漠然と見る場合では見え

方が異なります。対象となる狭い部分に意識を集中させて「はっきり」させて見る場合は、水晶体の作用でも説明したように、その部分を拡大して見るように作用します。その結果、同化・混合にはならず、むしろ違いが「はっきり」するようになります。意識を集中せず漠然として見ていると、ほんの僅かですが全体が少しぼやけたようになり、同化や混合が行われます。狭い範囲に長時間（といっても数秒ですが）意識を集中することは困難です。無意識のうちに意識の集中が途絶え、また意識が集中します。こうして、「はっきり」させる作用とさせない作用が交互に繰り返されます。この現象をここでは「ちらつき」と表現しています。同化や混合の錯視は、どの程度の視野角サイズで生ずるかは、視力や意識の持ち方で異なってくることを示しています。意識をした場合とそうでない場合で、視野角の大きさが小さい場合、見え方が変わることを示しています。

②感度

　平面上の一つの境界線を挟んで、その左右に異なった色彩がある場合、境界線付近では、その差異が強調されます。何かが急に変化すると、その変化が強調され、少し離れた部分の平均的な違い以上に大きく違いが生じます。境界線を離れるとその影響はすぐに減少しますが、境界付近ではかなりその差異は強調されます。

　何か違うことがあるとその違いは、必要以上に強調されるのです。

　網膜の視細胞の感度は、視野角に占める範囲が広い場合、一様に色彩などが偏った場合は、その色彩の感度を下げ、差異が判り易いように反応します。他所から見ると、何か同一のパターンがあるようでも、その状態の内部だけで見れば、差異が強調され、全体を覆う同じ傾向であるパターンの影響は小さくなります。人間社会においても、その人間が属している社会全体の特色はあまり意識されず、常に違いだけが目立つようになります。

　境界線を挟んで差異がある場合は、その左右で大きな変化があるために生ずる現象で、差異の強調は平面的な急激な変化によって生ずる過剰反応です。

③残像

　網膜の視細胞で、画像は光から電気信号に変換されます。変換には反応するための時間が必要です。強い光を変換する場合は、短い時間で変換できますが、弱い光では長い時間が必要になります。微小ではあっても、光の強弱によってあるいは対象のインパクトの強さによって、反応時間が異なってきます。人間は対象を見る時は、目に光が入る範囲を同時に見ていますが、脳で意識する画像には、同時に見始めている対象でも非常に短いかもしれませんが、時間差が生じています。しかし、この時間差は殆どの場合、意識されません。この時間差を意識させてくれる錯視の実例が、北岡明佳氏の「踊るハート達」です。

　錯視は普段気が付かない現象まで意識させてくれます。

　網膜の視細胞に強い光が当たった場合、その光が無くなっても、その影響が暫時残り、徐々に消失していきます。いわゆる残像現象です。光が無くなった後は、実際には光が当たっていないので、網膜の視細胞の変換特性としてそのようになるのか、意識の上だけでそのようになるのか、双方の働きがあるのかなど、検討しなければならないかもしれませんが、脳で感ずる意識としては、暫時減少することになります。双極細胞での光応答実験結果からは、網膜の変換時間が影響することが解ります。

　残像の正反応は、光が消失後も、徐々に減少することが網膜の過渡現象として発生し、脳が意識することで成り立ちます。物理的な網膜視細胞の反応においてあるいは、脳における意識においても、現象が消失したからと言って、瞬時にその影響が無くなるのではなく、短時間であってもその影響が残り、その後、意識から徐々に消失していくことを示しています。

　網膜の視細胞にインパクトの強い光が当たっているときに、その現象を急に無くすと、反対方向の色彩が生ずる場合があります。残像の負の反応で、一般的には、色相の反対色などの出現で知られている現象です。強いインパクトが急に無くなった時には、反対側の現象が意識されることになります。それまでの色彩とは、まったく逆の色彩が見えることになります。一般的に、何かが急に無くなると、その現象とは逆ある

いは反対側の現象が急に現れます。元に戻るだけでなく反対側にまで行く現象である過剰反応です。実態には何の変化も無いのに、急に変わることで、今までとは反対側の異なった現象が意識されます。

(5) 脳の作用

　脳は常に正常に働いています。脳の基本的働きは、入手した情報を「はっきり」させ、人間の行動に結びつく判断をし、人間の各器官に指示することです。情報をはっきりさせるために、類推し、過大な情報が入った場合は、優先順位に従って処理されます。

　情報処理の過程で、正確な知識が無い場合や、間違っていた場合は、情報処理結果も間違った結果となり、既存の知識とは相いれないものになります。既存意識との乖離が生じます。

①類推

　脳の基本的働きの一つは、推測することです。外部から得た情報を基にして、脳内に蓄えられていた記憶や感覚を判断の基準に加えて、外部からの情報を出来るだけ「はっきり」とさせることが推測することであり、類推です。従って類推の目的は、情報を「はっきり」させることと言えます。「はっきり」させる理由は、人間が生き延びるためです。不確かな情報で行動を起こせば死ぬだけだからです。

　脳の情報処理には、目的があり、その目的は情報処理によって結果を出し、情報を「はっきり」させることです。「はっきり」した情報を基に、どのような行動を行うか無意識的にあるいは十分に意識した上で、人間は行動を決定し、人間の各器官に指示を出すのです。ここでも行動そのものの具体化には、無意識の意識や、意識そのものが重要な役割を果たします。人間の行動を決めるのは、人間の意識と言えます。

　目から入る情報は、何時でも不十分です。それでも、その不十分さを補うのが推測です。推測によって不足分を補い、すこしでも「はっきり」させることです。推測する過程で、過剰反応を起こし、時には、目には入っていないことも、類推によって「はっきり」とした状態に意識されることがあります。脳の類推による働きで、本来存在しないような

ものまで、見えるように意識される現象です。ここでは、この現象を類推による明確化と考え、そこで生じた現象を、明確化の錯視としています。

　明確化の錯視では、実際に存在しないものまで、見えているように意識されます。

　人間は、その時の周辺状況（環境）にもよりますが、本来見えない対象でさえ、実際に存在して見えるように意識する場合があることを、明確化の錯視が実証しています。見えていることだけが真実と意識すること自体に問題があることを、明確化の錯視は示唆しています。無いものでさえ有るように見えることが現実の社会です。

②優先度

　対象を見て推測する場合、同じような現象が複数存在する場合、脳はそのうちの一つを無意識のうちに、あるいは意識的に選択して、優先的に処理します。脳の情報処理の基本は、人間が生きていく上で必要な情報を「はっきり」させることです。そのためには、処理する情報の一つを優先する必要があるからです。同時処理を行えば、時間もかかりますが、脳が処理結果として意識した二つの内容が同時に行動を促します。相反する結果出た場合は、混乱します。その混乱はそのまま命の危機に繋がり、ひいては死に繋がります。このような同時処理機能を備えたなら、現在まで地球上に人間は存在できなかったと思えます。

　脳の情報処理において、最も重要な要素の一つが、優先度の選択です。通常優先度は無意識のうちに生じますが、意識を集中することで、優先度を変更することも可能です。優先度を決定する場合にも、「意識」が非常に重要な役割を果たします。

　情報を「はっきり」させる一つの方法が、前項の不足分を補うことであり、もう一つの方法が、余分な情報を排除することです。余分な情報の排除がこの優先度を設け一つを選択することです。優先度によって具体的にどのような現象が起こるか、その状態を如実に示しているのが、優先度の錯視です。

　最初にあるいは意識的に何か一つの現象に意識が集中すると、その他

の現象には意識が回らなくなり、その他の現象は時には全く見えないように意識されます。そこまで起こり得るかというくらいにこの優先度の意識によって、意識に上らなくなるあるいは見えなくなる現象が生じていることが、優先度の錯視で示されています。

　何を優先するかという最初のあるいは集中した意識によって、見える世界が異なったように意識されます。一方の選択から他方に意識を転換させた場合、転換前に見えていた対象がまったく見えなくなる＝意識されなくなるという現象が生じる場合があります。

　何を意識するかによって、同じ対象を見ていても、意識の関わり方で、見えるものが全く異なることを、優先度の錯視は示しています。実際の社会でも、意識の関わり方の違いで、見えるものが異なります。

⑹ 意識とは

　錯視の要因を検討する時、何時でも出てくるのが「意識」です。「意識」とは何か、意識が判らないと錯視の議論も片手落ちになります。意識そのものは、人間が意識をもち、意識に関心を注いでから今まで常に、検討されてきましたが、現在までその本質は明確には定義されていないようです。

　全ての錯視に意識が係わっていることから、意識を定義しないことには、錯視の本質も説明できないことになります。しかし、「意識」は現在も人類の共通課題であり、その本質は研究中の課題で、その研究が何時結実するかさえ、判っていない状況と言えます。古くは哲学の課題でしたが、最近はようやく研究課題になったという科学者もいるようになりました。このような課題をここで論ずるには著者はあまりにも知識不足です。そのため、本文の錯視で使われている「意識」の意味に限定して理論を進めたいと思います。

　錯視に使われる「意識」は、大きく二つに分かれると思われます。その一つは、対象を見る場合の、心の有り方である脳が目指す方向性です。対象を見ようとするときに、その見方を決定することです。目から脳に届いた最初の信号を瞬時処理し、見方を決定することが「意識」の一つの現れです。その処理結果に基づいて、次の見方を決定し、指示す

る具体的行動の指示も「意識」の現れです。このように考えると「意識」の一つは、人間の行動を決定するための脳の働きに依存する非物質的な行為と言えるかもしれません。もう一つは具体的な行動に至るか否かに関係なく、あるいは情報の入手などにも関係なく、既存の感覚や記憶などの知識をベースに考えを進めることでしょう。

　錯視で使われている意識とは、脳が正常な働きの時に、対象を見る時の見方を決める基本要素です。見方を決めることで、対象の見え方まで異なります。その見え方の具体的現象を表しているのが錯視現象です。

　意識を集中すれば、見方や見え方が変わり、実存する対象さえ意識されず実質的に見えなくなる場合があります。そのことを実際に証明する現象が錯視です。

　類推することが何かをプラスすることであれば、現存する情報をブロックして見えなくするのはマイナスすることで、ゆらぎから考えれば当然の働きです。考えて意識してあるいは無意識の内に情報に追加現象を自動的に加えているのでしょう。

⑺　間違った知覚

　錯視の研究の今後の方向性について「21世紀の錯視研究の特徴は、次々と報告される錯視の豊潤さと錯視図形の質の向上と量の充実によって特徴付けられます。これまで錯視研究の範囲外であった視覚研究の垣根が下がってきていることが解ります。知覚がすべて錯視研究の対象となる日もくるかもしれません。その時は『間違った視覚』という錯視の大看板を下ろすことになるかもしれません。錯視の研究がそこまで大発展するのはいくら何でもないのではないか？」という記載を見たことがあります。

　この「間違った視覚」という錯視に関する考え方が現在の錯視の大看板です。既存論はいわば「錯視の天動説」です。「間違った視覚」という考え方自体が間違っていると主張しているのが本論です。
「間違った視覚」とする場合は、必ず「何故間違うのか？」その理由が必要ですが、異なって見える現象の理由は説明しますが、間違える理由が説明されたことはありませんでした。

　本論では、脳は正常に働き、間違えるのではなく、正常に働いたうえ
で、何かが異なっているように見えるように意識する現象を錯視と考え
ています。基本的理由は、「視覚を間違える」脳は存在しない方が良い
からです。このような間違える脳では、人間は生きていけません。

　錯視を間違った知覚と考える主因の一つに「遠近」についての解釈の
間違いがあります。極論として言えば、錯視が間違った知覚として考え
られているのは、遠近あるいは距離に関する解釈が間違っていることで
す。あるいは、見ることは考えることであるという言葉の意味を限定的
に考え、その本質的な意味にまで考えが及んでいないことです。一言で
言えば、間違った知識によって構成されているのですが、何が違ってい
るか理解されていなかったことです。錯視の大きさや距離感を知るに
は、距離をどのようにして人間が理解し、判断できるかを知ることが全
ての始まりです。

　ここ数十年の錯視研究の進展に関する具体的事例では、既存の仮説が
実証されないままに、真実のように捉えられ、その仮説に基づく多くの
論文が発表されています。仮説を土台に理論を構成するのではなく、仮
説が実証され、仮説でなく、理論として成立してから新たな理論の構成
を行うことが望ましいと考えます。

第8章

錯視の要因毎の具体的分類

「何かが異なっているようにみえるように『意識』される現象」と定義した錯視を、次の6項目に分類し、それぞれについて、具体的にどの錯視が該当するか分類しました。

　この分類については、具体的な検証は不十分です。今後、さらなる検討が必要と考えます。特に、錯視の要因が輻輳する場合は、どこに分類するのが適切か、検討が不十分なままのものがあります。

　分類は、外部と内部（人間の知覚機能など）に分類し、さらに、目の機能と脳の機能に分類し、目の機能も水晶体と網膜、目の動きに分類しました。これまでにも既に分類済みですが、ここに改めて分類項目を記載します。

- ○形状の錯視（水晶体の働き）
- ○目の動き（マイクロサッカード）
- ○網膜の錯視（網膜の配置、網膜の感度）
- ○脳の働き（推測、優先）
- ○外部要因（科学的要因、意図的要因）
- ○対象のないもの（幻視、夢）

　対象の無いものは、通常錯視には含めません。ここでも、対象の無いものを除く5項目について順次記載します。錯視の具体例を、錯視の分類に従って次に記載します。

　錯視の全てを網羅することができませんでしたので、ここでの説明は部分的なものになり、分類も不正確なものがあるかもしれません。検討が十分でないことをあらかじめここでお断りしておきます。ここでの分類の仕方でどのように分類できるか、何方かが、検討されることを願っています。

１．形状の錯視

⑴ 形状の錯視の分類

　水晶体の基本的働きは、像を結ぶ作用です。このとき水晶体の厚さを調整して、対象を「はっきり」見ようとして焦点を合わせます。この焦点を合わせて大きさを調整する作用が「過剰反応」して、本来の大きさと異なったように見せる現象が生じます。対象の大きさなどが変わる「形状の錯視」です。

　形状の錯視は、全て対象を広い範囲あるいは大雑把に見ようと「意識」して見るか、狭い範囲あるいは詳細に見ようと「意識」して見るかによって生じます。基本要因は水晶体の拡大・縮小作用です。背景などとの関連において、基本は同じですが、現象としての少しの違いから「存在の錯視」、「Ｖ字型の錯視」、「方向性の錯視」の錯視に分類してみました。

⑵ 存在の錯視の理論

　対象の周辺に何かが存在するか否かで違いが生ずる錯視です。月の錯視が代表的な例で、周辺に何かが存在する場合は大きく見え、存在しない場合は小さく見えます。

　小さな領域に何かが存在すると水晶体が圧縮されその部分を拡大して見ます。逆に何も存在しない場合や、広い領域などを見る場合は漠然と見るため、水晶体は伸長して縮小して見ます。

　ほぼ均質な背景の中に、対象となるものが一個だけ存在する場合は、存在していることが確認されれば、十分です。大きさなどをはっきり見ようとする場合は、何か比較するものが必要で、単独の存在では、比較する対象がありません。

　背景に何かが存在した場合、それが何かを「はっきり」見ようとする意識が働きます。大きな対象は、全体として縮小することで多少ともぼやけた形状などが「はっきり」しますが、小さな対象は狭い範囲を拡大することで「はっきり」させることができます。

「存在の錯視」は狭い範囲に何かが存在した場合には「はっきり」させ

ようとして、対象に「意識」を集中して、水晶体の焦点をきちんと合わせ、拡大して見ることで生ずる錯視です。実際に見えるよりも拡大して見るため、過剰現象が生じていることになります。何かが存在する場合、さらに「はっきり」見たいという意識が働くと、大きさはさらに拡大して見えるようになります。この現象は「意識」によってさらに「はっきり」させる現象と言えます。「意識」による過剰現象で、生体の多くの場面で生じています。

⑶ 存在の錯視の具体例
①存在の錯視－1　月の錯視
　形状の大きさを変える直接の要因は、水晶体の拡大・縮小の働きです。地平線付近に月がある時は、月の付近に何かがあるため、月と周辺の違いを「はっきり」させるために、目はその周辺も含めて意識を集中します。狭い視野角の範囲に意識を集中して「はっきり」とさせようとし、水晶体の厚さを調整して対象を拡大して見るようにします。その結果、人間の目には、地平線近くにある月は大きく見えます。
　中空の月は、比較する対象がないため、広い範囲を漠然と見るため、水晶体の働きで、縮小して見ます。広い空の中に月が存在しているため、広い範囲の中の月を見るだけです。広い視野角全体を漠然と見る場合や、比べるものがない空間では、漠然と広い範囲を見ていることになります（対象以外何も存在していないような空間です）。
　狭い範囲に意識を集中して見るか、広い範囲で漠然と見るかが月の錯視の要因です。その結果、人間の目には、中空の月は小さく見えます。
　月の錯視において、地平線付近に月が見える場合、水晶体は最初に月を見た直後に背景があることを認識した脳からの指示を反映し、水晶体が即座に作用し、月と周辺の一部を拡大して見ると考えられます。

②存在の錯視－2　オッペル・クント錯視
　等間隔に3本の平行線を引き、それぞれA、B、Cとします。AとBの間には何本もの平行線を引き、BとCの間には何も引きません。すると、AとBの間隔の方が広く見えます。図の線分ABと線分BCの距離

は同じです。線分Aと線分Bの間にはいくつもの線分が『存在している』ため、違いを「はっきり」させるため、線分Aと線分Bの間は水晶体の拡大作用によって、拡大されます。その結果、線分Aと線分Bの間は広がって見えます。線分Bと線分Cの間は、何も存在しません。その結果、間隔は元のままです。

　結果として、線分Aと線分Bの間は、線分Bと線分Cの間よりも広く見えます。

　存在と非存在（不在）による「存在の錯視」です。

⑷ V字型錯視の理論

　一般的形状としては、逆V字型で表現される背景の形状です。V字型の交点付近は、小さいと認識され拡大されますが、反対側の広がった部分は、大きいと認識され縮小されます。この間は交点からの距離に応じて段階的に行われます。そのため、交点付近に存在する対象は拡大して見えますが、反対側は縮小して見えます。逆V字型そのものでは、本来の角度よりも角度が狭くなったように見えます。

　同一画面に小さな領域と大きな領域が混在する場合で、その差異の輪郭を描くと、V字型が現れることから、V字型の錯視と名付けました。大小の同時の存在や、具体的に画面の背景などにV字型が表現された時に見られます。

　見ている対象に比較的大きなV字型を意味する形状が表現されている場合や、具体的な大きさに大小がある図形などです。V字型そのものが存在する場合と大小が画面にある場合などに分かれます。大小がある場合は包絡線の一部がV字型を形成しているように見えます。V字型の交点付近が大きく見え、開放部分近くは縮小して見えるようになります。

⑤ V字型錯視の具体例
①V字型の錯視−1　道路写真の角度錯視
（2010年錯覚コンテストのグランプリ作品）（山口大学大学院心理工学研究科）

　比較的長い直線道路の写真です。センターラインと左側の路側帯の白線が直線的に一点に収束しています。センターラインと路側帯の白線との角度は、実際には鈍角ですが、写真の上では鋭角に見えます。鈍角の角度が、鋭角に見える錯視です。逆V字型そのものは、鋭角化されます。基本的原理そのものの錯視です。V字の角度が本来の角度よりも縮小されるという過剰現象によって生じた現象です。

②V字型の錯視−2　デルブブ錯視

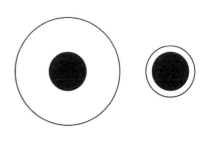

　二つ合同な円を描き、片方には外に大きな同心円、もう片方は外に小さな同心円を描くと、元の円の大きさが異なって見えます。大きさが極端なほど錯視も顕著になります。右と左の黒い円の大きさは同じです。

　左の図形は大きい図形であり、右の図形は小さい図形です。広い範囲は縮小して見ますが、狭い範囲は拡大して見ます。形状の図形の基本原理です。

③対比による強調の不成立

　エビングハウスの大きさの錯視とデルブブ錯視においては、「大きさの対比」によって、大きな円に囲まれた左側の中側の円は小さく見え、小さな円に囲まれた右側の円は大きく見えるという解釈も成り立ちそうですが、矛盾も生じます。矛盾はデルブブ錯視の右側の黒円が左側の黒円より大きく見えることです。

　対比においては接近している距離が大きく影響し、距離が近ければその影響が大きく、離れれば影響は小さくなります。左側の黒円と外側の

円は大きく離れているため、外側の円の影響は小さくなるので、左側の黒円はあまり小さな円とはならないはずで、右側の黒円と外側の円は近接しているため、強調による相違は大きくなり、内側の黒円は小さく見えるはずですが、実態は全く逆です。この場合、対比による強調の錯視は成立しないことになります。個々に考えると矛盾が生じますが、全体としてＶ字型が構成されていると考えると矛盾は生じません。最初に全体を見ることが重要です。

④Ｖ字型の錯視－３　ポンゾ錯視

　逆Ｖ字型交点に近いと拡大され、交点から遠ざかると縮小されるため、上部の線は、下部の線よりも長く見えます。

　円などの形状の場合も同様に逆Ｖ字型では、交点に近いと拡大され、遠ざかると暫時縮小されます。

　Ｖ字型の錯視の基本を表現した錯視です。

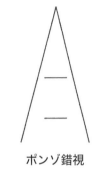

ポンゾ錯視

⑤Ｖ字型の錯視－４　フィック錯視

「Ａ」と「Ｂ」は合同ですが、図形Ｂの方が長く見えます。また、図形Ａの方が太く見えます。

　ここでも初めに図形全体を見る発想が必要です。

　図形全体を包絡線で見ると、大きなＶ字型です。

　Ｖ字型であれば、「Ａ」部分は縮小されるため、横方向の長さは短くなります。

　図形「Ｂ」は特に下部に行くほど拡大されますが、全体的な見方から「Ｂ」の横幅の拡大には至らず、長さが伸びるように見えます。

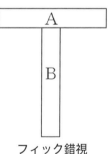

フィック錯視

⑥Ｖ字型の錯視－５　ジャストロー錯視

　二つの合同な扇形図形Ａと扇形図形Ｂを図形Ａを上にして、図形Ｂを

下にして、図形Aの下辺と図形Bの上辺を
接近させて配置しています。

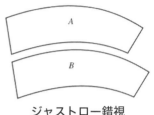

ジャストロー錯視

　扇形図形Aの左辺と扇形図形Bの左辺を
同一線上に配置すると、特徴を現し易くな
ります。扇形図形Aと扇形図形Bは何方も
扇形であるため、左右の直線は延長すると
V字型になります。

　V字型の錯視現象が扇形図形Aと扇形図形Bの何方にも現れますが、
扇形図形Bは、扇形図形Aに比べて、拡大の割合は大きくなります。

　一つの扇形図形では上部は下部よりも縮小されますが、下部は上部よ
りも拡大されます。扇形図形を上下に配置することで、扇形図形Aの上
部は縮小され、中間部分は本来の長さとなり、扇形図形Bの下部は拡大
されます。形状の錯視は、「はっきり」させるために、大きい対象は縮
小して見るが、小さな対象は拡大して見ることです。

⑥ 方向性の錯視の理論

　V字型の錯視において、大きさの異なりから直線などの方向が異なっ
たように見える現象が生ずる場合があります。この場合をここでは方向
性の錯視と名付けました。

　方向性にズレがおこる錯視です。基本はV字型の錯視ですが、大小な
どではなく、方向性が異なっているように「意識」されるため、別分類
としてみました。

⑦ 方向性の錯視の具体例
①方向性の錯視　ポッゲンドルフ錯視

　斜線を描き、その間の別の図形で隠すと、その直線の始まりと終わり
がずれて見える錯視です。

　図ではAとつながっているのは、一見それらしく見えるBではなく、
Cが正しいのです。

　AC斜線の間の形跡を長方形など平行な2辺を持つ図形で隠すと、そ
の直線の始まりと終わりがずれて見える錯視です。

　V字型の中に何かが存在する場合の錯視です。

　具体的説明のために、図に符号を追加します。

　長方形の頂点を左上から時計回りに P, Q, R, S とし、次に、縦の直線 P, S と B, C の交点を Bk, Ck とします。さらに、縦の直線 Q, R と A との交点を Ak とします。

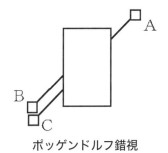

ポッゲンドルフ錯視

　V字型（B, Bk, S）の中には直線（C, Ck）が存在します。またV字型（C, Ck, S）の外側には直線（B, Bk）が存在します。何れも相互に近傍に存在します。そのため、V字型は両方とも開く方向に見えるようになります。直線（A, Ak）の向きは、この B, C の直線の向きに同調するようになります。左下の B, C の直線で作られる角度が開いて見えるようになるため、B, C の直線は方向が少しズレて見えるようになります。その結果、本来一直線上にある直線 AC にズレが生じ、AB が直線上にあるように見えます。

　存在の錯覚における何かが存在しない場合であり、方位がズレて見えます。

２. 目の動き

⑴ 目の動きの分類と理論
①目の動きの分類

　目の動きに関する錯視は、対象に目を動かす要因がある場合と、対象を見る目自体の動きがあります。対象が目を動かす要因も、対象が方向性を持っているために、目がその方向性に誘引されて動く場合と、方向性は無くとも小さな大きさの対象が何か大きく異なっていると、ちらつきが生じる場合です。

　そのため、目の動きに関する錯視の要因を、方向性と移動、ちらつき、目の眼球の動きに分類してみました。

②目の動きの理論

　静止画像でも、人間が対象を見る時は、対象からの光が網膜で電気信号に変えられるので「変換には非常に短い時間であっても時間が必要」です。時間が関係するのは、目の動きあるいは対象が、時間の経過に伴って何らかの変化をするからです。人間の目は生体であるため、微細な動きを常時生じていますが、通常はその動きを意識することもなく、対象を見ています。しかし、対象が微細で、大きなインパクトがあると、その動きが、目に見える現象となって意識されます。既存の錯覚論でも、マイクロサッカードとして、錯覚の要因の一つと考えられています。現在普及している錯覚論の中で、唯一、要因が判っていると考えられる錯視現象です。

　マイクロサッカードの基本の考え方は、静止画を見る場合でも、人間の目は、非常に短い時間ではあるが、時間をかけて対象を見ていることです。網膜の反応時間ではなく、眼球や体の微小な動きが影響する錯視と言えます。

　目の動きには時間的要素が入るため、残像の影響もありますが、ここでの主因は目の微小な動きであるとしています。

⑵　方向性と移動の理論

　幾何学的図形の中には、方向性を誘導される図形があります。単一で誘導されるのは、矢印のような図形の場合です。一般的には、明るさや色彩などが順次異なると、方向性が「意識」されるようになります。静止画像に方向性があると、目は、通常、元から先へと視線を動かします。人間の進化の過程で身につけた感覚です。

　微小領域において、同じような形状や現象が続く時、そのうちの一つの構成要素（ここではセルという言い方をします）が、基本的に３要素から構成され、順次変化する場合、そこに方向性が生じます。方向性が生ずる可能性がある組み合わせがあります。多くの場合は暗い方から明るい方に目線を移す場合が多いと思われます。黒、灰色、白と同じ形状の四角や三角、円などが並んでいると、黒い方から白い方に向かって方向性が生じます。単一の場合には、その影響は少ないのですが、この方

向性がある図形を、連続させて表示するとその部分にまとまった方向性が生じます。方向性があると、その方向に目線が動きます。元から先へと視線を動かすことは、微小な時間が経過することを意味しています。

　方向性は、矢印、明暗の組み合わせ、形状の組み合わせなどで生じます。

　大きさが順次異なる場合、明るさが順次異なる場合、方向性が順次異なる場合、彩度が順次異なる場合、形状が順次連続性を持って異なる場合など、さまざまです。方向性があると、人間は無意識のうちに、元から先へと行く「意識」が生じます。方向性がある図形が多数連続すると目線が元から先へ動き、多数が継続することで、そこに動きが感じられるようになります。この図形には、小さなセルを積み上げるように多数のセルが必要になります。錯視図において、小さな図形を多数組み合わせ、動きがあるように見える錯視図はこの原理を活用していると考えられます。この小さな動きは静止画の視野角のかなり狭い範囲で生じやすくなります。

　対象となる図形などに、セルよりも大きな範囲で、そのセルを含む領域が移動し動いているような現象が生じます。

(3) 方向性と移動の錯視具体例
①方向性と移動の錯視－1　ツェルナー錯視

　図にある4本の線分は全て平行です。羽の角度が鈍角であるほど、錯視は顕著になります。このような錯視は単体では「方位の錯視」ですが、多数存在する場合、方向性が生ずるため、ここでは「方向性の錯視」としています。

　ツェルナー錯視は、先端が開放された横向きのV字型が左向き、右向き、左向きと、交互に繰り返された図です。短い線が多数、横方向に同一に繰り返され、その中心に横線が引かれた図です。上の2本の横線に着目すると、左方向が交点となる先

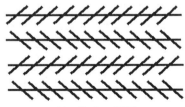

ツェルナー錯視

端部が省略されたＶ字型が多数連続して記されています。Ｖ字型の先端部は拡大されて見えます。その連続であるため上の２本の横線は左側が、広がって見えるようになります。

　２番目と３番目の横線に着目します。右方向が交点となる先端部が省略されたＶ字型が多数連続して記されています。Ｖ字型の先端部は拡大されます。この連続であるため、２本目と３本目の横線は右が広がって見えるようになります（一段上とは逆）。３番目と４番目は、１段目と２段目と同様になります。

　１段目と２段目は左が広がって見え、２段目と３段目は逆に、右が広がって見えます。３段目と４段目は左が広がってと、繰り返されます。横線の方向が本来の水平線と異なって見える「方位の錯視」ですが、連続性から、ここでは、方向性の錯視としてみました。Ｖ字型の錯視であると同時に方位の錯視ということができます。

②方向性と移動の錯視－２　カフェウォール錯視

　平行線の両側に等間隔に同じ色の正方形を描きます（上下互い違いになるように）。すると、平行なはずの線分が歪んで見えます。カフェウォール錯視は平行線が歪んで見える錯視です。カフェウォール錯視は二つの要素から構成されています。基本構成要素は横方向をＶ字の上下とするＶ字型の錯視です。

　白黒の正方形で構成された上部の５段に着目します。上の３段に着目すると、白と黒の正方形で構成される３段分は下に行くにつれ右側になり、３段目から５段目まででは、下に行くにつれ左側になります。ここでは、右側に先端の交点があるＶ字型が水平方向に連続的に表示されていることになります。

　３段目から７段目までに着目すると左側に先端の交点があるＶ字型が水平方向に連続的に表示されています。５段目から９段目では、上の５段と同じように、右側に先端の交点があるＶ字型が水平方向に連続的に表示されています。

　ツェルナー錯視図と同じように、Ｖ字型が多数配置された形状であるため、上の５段分では右が広がって見え、３段目から７段目では右が狭

くなって見え、さらに5段目から9
段目では右が広がって見えます。カ
フェウォール錯視はツェルナー錯視
と同様の原因による錯視であるとい
えます。

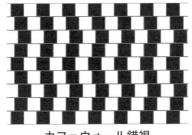

カフェウォール錯視

　何方も横線の方向が本来の水平線
と異なって見える「方位の錯視」で
あり、その連続性から方向性の錯視
に分類しました。

　もう一つの要因は、白黒の正方形と、それを囲む細い灰色の線との相
互関係です。

　上から2番目の直線に注目すると、上下の白と黒の正方形にズレがあ
ります。ズレによって、下が白で上が黒、次は同じ黒が続き、その次は
下が黒で上が白、さらに、その次は白が上下に続き、その次は最初と同
じように下が白で上が黒と続くことが繰り返されています。

　2番目の直線は、下が白で上が黒の場合は灰色の線が上に少しズレた
ように見え、下が黒で上が白の場合は灰色の線が下に少しズレたように
見えます。

　一つ置きに上にズレ、ズレなし、下にズレ、ズレなしが繰り返されて
います。次の直線も同じように繰り返されています。白が上にある時は
下方向に、黒が上にある時は上方向に、水平な灰色の線は移動したよう
に見えるようになります（下、水平、上、水平と順次繰り返される）。
このように順次繰り返される小さなズレがあると、少しちらついたよう
なあるいは、ゆらぎがあるように見えます。このちらつきも、歪んで見
える一因となっています。

　このため、V字型の存在による方位の錯視と、ちらつきによる静止画
像での動きの双方が表現された錯視と言えます。紙面全体を上方または
下方にある程度の速さで動かすと、全体の揺れが強く、ちらついている
ように感じられる錯視です。

　カフェウォール錯視は、基本的には方向性の錯視と言えますが、ちら
つき現象にV字型の錯視が合わさった錯視とも言えます。

⑷ ちらつきの錯視の理論

　微小領域において、短い時間に大きな変動がある場合、その領域では対象全体あるいは一部がちらついているように見える場合があります。ここでは、「ちらつき」領域としています。

　目線を動かすことで、対象に何らかの動きが生じたように見え視野角のかなり狭い範囲で、異質のものが隣り合った場合、隣り合う現象が相互に干渉します。この干渉が多数集まると「ちらつき」となります。静止画像に方向性とちらつき現象がある場合は、明確な時間的要素が付け加わっていることになります。

　ちらつき領域のちらつきは、単独では確認でき難いので、幾組かの組み合わせと連続性が必要です。方向性をもった形状が複数存在すると、ちらつきが生じ、全体が少し移動するように見える場合があります。これらの現象は、かなり狭い領域で生じるため、この現象を多数連続的に作成すると全体の現象が判り易くなります。

　ちらつき領域では、目に見える現象について前項のように方向性や移動が生じますが、ちらつき現象によって、対象を見る時間が短く寸断される場合が生じます。この場合、光の波長が異なったように見える現象が生じます。水面上の油膜が光の反射によって、本来なら無色のはずが、いろいろと鮮やかな色彩の反射光を生じる場合があるのと、同じような現象と考えられます。あるいは、虹の反射光と同じように考えてよいかもしれません。

　この微小領域を「ちらつき」領域とすると、ちらつき領域では、白色光だけでは見られない彩度の高い色彩でも見られることになります。

⑸ ちらつきの錯視の具体例
①ちらつきの錯視－1　フレイザー錯視

　中央を共有する複数の円の上に傾きが出来、その結果、錯視が現れるようにすることで得られ、同心円が渦巻きのように見えるようになります。

　これは、上部の円の一部で見ると、水平から若干傾けた斜線を平行に置くことで、全体としては水平であるはずの直線が、傾き方向に傾いて

見える現象を利用しています。なお、直線でも同じ錯視は現れ、傾いて見えます。また、他の傾き錯視を用いてもフレイザー錯視のような渦巻き錯視の作図が可能であることが示されています。

○フレイザー錯視の構成

　フレイザー錯視は、対象となる同心円の円環と、背景となる中心に向かって少しずつ曲率を小さくする弧で成り立っています。

　菱形の背景模様は、曲率を中心に向かって小さくする弧です。中心に向かって、時計回りの弧と反時計回りの弧の2種類です。

　両方の弧とも、明るい色と灰色で作成されていますが、明るい色同士が交わる菱形の平面では白色になります。

フレイザー錯視

　暗い色同士が交わる菱形の平面では黒色になります。暗い色と明るい色が交わる平面は灰色です。

　円環は、中心より上で見ると、白色と黒色が、外側左上から、内側右下に交互に書かれています。

○移動の要因

　同心円が、円の上部の場合、黒白両方の線が、左上から右下へと傾いています。

　左上から右下へは、少し細くなっています。前記の2要因によって、円環は内側に入り込むように見えるようになります。円環の内側にも同様の円環が順次繰り返されて存在しています。背景も順次、弧を描いて中心に向かって、細くなり収束するように見えます。円環が右回りに内側に行くように見えることと、背景の弧の配列の組み合わせで全体が奥に向かって（遠くに行くように）見えるようになります。

正反対の現象が円環の上で交互に行われる結果、この円環上でちらつきが生じます。背景の弧の配列の組み合わせで奥に行くように見え、ちらつきがあるように見えます。

前記の結果、円環は連続的に渦を描くように内に向かう渦巻きのように見えます。

背景の黒と白の三角形と中間の灰色の菱形の配置によって、同心円状に全て同じ形状が繰り返されているために、生じやすくなっている錯覚です。ここで重要なことは、外側から内側に向かうにつれて、円環同士の間隔を一定比率で減少させたことです。

円環の方向が内側に移動することが要因であることから、ちらつきを伴う方向の錯視です。実体のない形で渦巻きが構成されているため、円環上のどの部分で内側の円環に繋がるかの特定場所はありません。何処かで繋がって渦巻き状に見えるのは確かですが、実態がなく、ちらつきで生じているため、渦巻き状に見えるのに、何処で内側の円に接続しているか不明な錯視です。

②ちらつきの錯視－2　オオウチ錯視

小さな縦横の比率が1対4程の黒い長方形と同じ大きさの白い長方形を、上下に配置します。これをAセルします。

Aセルを上下方向に20セル程配置します（セルB）。

さらに、白黒の配置を交互にズラして右方向にセルBを10程配置します。

中心から横方向に3セル分の半径の円形を切り取り、90度回転させて、切り取った場所に乗せます。

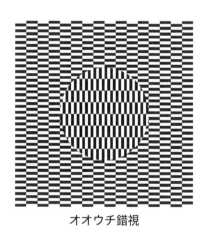

オオウチ錯視

オオウチ錯視の特徴は、切り取って貼り付けられた中の円が、揺らいでいるように見え、時には盛り上がっているように見えることです。

　次にオオウチ錯視において中の円が動いて見えることの既存の説明を
記載します。

○既存の説明例要旨
　静止画に動きがある現象は全て脳が作り出しています。目と脳の仕組
みによって、網膜像の動きは、実際の動きとは解釈されません。止まっ
ているのに動く錯視は、ブレ補正が働いていないため、動いて見えま
す。脳の運動検出メカニズムが網膜像の動きを「実際の動き」として検
出しています。

○既存の説明要旨に対するコメント
　私は長年民間会社に勤務し、旅や絵を描くことなどを趣味として過ご
しました。学問の世界とは殆ど無関係の世界です。そのためか、既存の
説明は、まったくと言って良いほど理解できません。
　まず、出だしの「静止画に動きがある現象は全て脳が作り出していま
す」という表現です。脳というのは勝手に何かを作り出すのでしょう
か？
「目と脳の仕組みによって、網膜像の動きは、実際の動きとは解釈され
ません」と言っていますが、網膜上で動く画像が、実際に動いているよ
うに脳で解釈されなければ、その脳は狂っているとしか言いようがあり
ません。
「止まっているのに動く錯視は、ブレ補正が働いていないため、動いて
見えます」と表現していますが、この言葉も矛盾しています。止まった
ものは止まったまま見えるので、ブレの補正は必要ありません。止まっ
たものが動いて見えるのは、何か動く要素があるからです。そのことに
触れず、一方的な解釈をしています。
「脳の運動検出メカニズムが網膜像の動きを『実際の動き』として検出
しています」と表現していますが、この場合に適用される脳の運動検出
メカニズムの意味がよく判りませんが、これは私自身の無知によるもの
かもしれません。しかし、ここでは、脳が網膜像の動きを『実際の動
き』として検出すると言っています。「目と脳の仕組みによって、網膜

像の動きは、実際の動きとは解釈されません」と言いながら、その後で「網膜像の動きを『実際の動き』として検出している」と言っています。網膜像の動きが、実際の動きとして解釈されないが、その一方で『実際の動き』として検出されると言っています。

　解釈されないが検出されるので、その反応が正しいとする考え方が私にはまったく理解できません。

　既存の解釈の根底には、静止画像は動きがないという考え方が根底にあると推察します。静止画像には動きがないため、「静止画に動きがある現象は全て脳が作り出しています」とその要因を全て脳の機能に依存したことが基本的な考え方であると推察します。その結果上記のような矛盾が生じたのです。

　静止画像は動かなくても、その静止画像を見る人間の目には、画像を見る時間が必要で、時間がなければ、網膜での反応時間が無くなり、画像を見ることができません。人間が静止画像を見る時も、時間が必要であるという考え方になれば、ここでの解釈も変わったのではないかと思えます。固定観念に固執して広く考える視点を忘れた結果ではないかと思いました。

　そこで私流の解釈を次に記載します。

○解説

　最小単位である黒い長方形を短辺の幅だけズラし、図のように配置すると、左下から右上に黒の長方形の方向付けができます（左上から右下でも良い）。白の長方形についても同様です。

　横方向の個数が偶数個であるため、その傾向は助長されます（奇数個だと、対称性が生じ、方向性が減退します）。その角度は、縦1、横4です。

　全体として正方形の中心部を円形に切り取り、90度回転させ、元の円形の上に配置します。中の円形では、縦横の比が逆転し、方向も縦4、横1の方向付けがなされています。円形の半径は単位セルの長辺3個分です（全体の大きさ10個分から、面積のバランスとして、面積比が近づく適切な大きさです）。

円の部分で方向性が、円周方向に連続的に変わるため、ちらつきが生じ、その結果、円は揺らいで見えるようになります。方向性の急激な変化による「方位の錯視」で、多数が連続する「方向性の錯視」でもあります。

⑹ 動きの錯視（自動運動）の理論

　自動運動は微小領域での光点などの動きなどです。視細胞は、眼球の奥の球面にそって配置されています。水晶体を経由して、視細胞に達した光は、そこで光から電気信号に変換されます。暗箱などの中に小さな光点がある場合、目としての動きは小さくとも、対象となる光点は、目から離れているため、光点自体が大きく変化しているように意識され、実際に動いているように見えます。

　自動運動は、暗室内で静止した小光点を凝視すると、光点は静止しているのにもかかわらず、さまざまな方向へ動き出して見える現象のことです。

　光点は、視野角が小さいときには速く、大きくなると遅く見えます。この現象は、観察時間が長くなると、現象の出現頻度が増えます。人間が対象を見た場合に、その対象が小さい場合、目線にゆらぎが生じます。このゆらぎによって生ずる現象が自動運動です。目をある方向へ向けておいたあとで光点を凝視すると、逆方向への自動運動が生じます。

　この動きには、空間的な動きと時間的な動きがあります。空間的動きは、光点のランダムな移動です。同一箇所で点滅しているのではなく、点滅のたびに出現位置が変わります。光点がランダムに飛び跳ねているように感じられます（カメラでの手振れによる対象の移動を考えると判り易いかもしれません）。時間的動きは、光点自体の点滅などです。中心となる光点が点滅している場合、周辺部に同じような点滅しない光点があると、周辺部の交点がランダムに点滅しているように見えたりします。自動運動とは、一般的に連続光を指しますが、点滅光でも発生します。

　小光点を凝視しているので、見つめている目は動いていないという前提が込められていますが、視覚には時間的要素があるため、非常に小さ

な領域や視野角の動作を考えると、実際、目は微妙に動いています。目が実際に微小な動きをしているため、光点の視野角が狭い時は、相対的に光点はブレ、非常に狭い場合の動きは速く感じられます。

　この現象は、基本的には目線の不安定性による移動現象ですが、観察時間が長くなれば、像に与える影響も、繰り返し効果によって、強くなります。一定時間を超えると、上限があり、それ以上は、現象の出現頻度が増加することもありません。この現象は、目線の移動であると共に残像現象の影響が考えられます。

　インパクトの強い光点などを見つめる時に、過大な動きに感じられます。過大な動きという過剰反応と言えるでしょう。人間は、狭い範囲を見ようとした場合、意識を集中して対象を見ますが、あまりにも狭い範囲では、人間の目が生体であるため、微小な動きが生じ、長時間一点に固定することは不可能です。非常に狭い範囲あるいは非常に短い時間で「ゆらぎ」が生じます。

　視線には小さなゆらぎが必ずあるために生ずる静止画像における小さな動きです。ゆらぎは、平面での位置関係では規則的な方向性によって大きく現れ、時間的にはインパクトの強い変動があった場合に強く現れます。

⑺ 動きの錯視具体例

　自動運動を平面上に印刷することは困難です（図を記載しない言い訳です）。

①動きの錯視　エニグマ錯視（ベンハムの独楽）

　既存の分類では、動きの錯視（マイクロサッカード）による錯視と分類されています。マイクロサッカードという現象そのものが、エニグマ錯視を研究する過程で判ったことから生じた当然の帰結です。

　静止画像であるにもかかわらず、何処か動いているように見えるため、動きの錯視になったのだと思われます。

　色彩が現れることに関する説明は、調査不十分で見つける事ができませんでしたが、平面上に短時間に断続的に変化が現れるちらつきが生じ

ている場合、反射光が短時間の間の時間の違いによって分断され、自然光の波長の違いによって、彩度のある色彩が生じているのではないかと思われます。自然光が水の表面上にある石油の油膜などに反射した時、鮮やかな幾つもの色彩模様を映し出すのと同じような現象ではないかと思われますが、今後の検証が必要でしょう。

②目の動き（マイクロサッカード）、ちらつき

　既存論中で、唯一要因が判っている錯視と思われます。マイクロサッカードは眼球などの微細な動きによって生じます。この微細な動きによって、幾つかの現象が生じます。ちらつき、方向性などで微細な動きが生じます。さらに、明暗の急激な断続によって反射光が断続的に分断される場合は、元の色彩が白色光であっても、無彩色でない色彩が生ずる可能性があります。この現象は、油膜に光が当たって、鮮やかな色彩の帯を作るのと同様の現象と考えられます。

3．網膜の錯視

⑴ 網膜の錯視の分類と理論

　網膜の錯視は、対象を「はっきり」させて見ようとする本能的短時間での意識と、恒常性を維持しようとする網膜の作用で生じます。ここでは「はっきり」させる意識で生ずる錯視を網膜の錯視とし、恒常性を維持するために生ずる錯視を残像の錯視としましたが、その境界は曖昧です。具体的にはさらなる検討が必要かもしれません。

　網膜にある色彩を知覚する視細胞である錐体と桿体の面的配置と、光から電気信号へ変換するときの感度特性、生体としての時間特性などが影響して、視細胞の特性により生ずるのが「網膜の錯視」です。最初に対象を無意識に見て判断されるのは、単純な大小関係や大雑把な色彩です。最初に対象を見て大きな違いがあるか、小さな違いであるかで判断されます。

「はっきり」させることは、大きい範囲を見る時や漠然と見る時は、全体の色彩を単純化して見ます。狭い範囲を見る時や意識して「はっき

り」見ようとするときは、意識を集中して違いを「はっきり」とさせる過程で、本来の違い以上に強調する「過剰反応」が現れます。静止画像等における色彩の錯視は、錯視の発生部位が網膜のどの部分であるかによって異なります。

　色彩の錯視では、視細胞の有限性と網膜の配置によって生ずる色彩の同化および混合による錯視、網膜細胞の視細胞である桿体および錐体の感度によって生ずる色彩の強調および感度の調整による錯視があります。さらに、視細胞である桿体、錐体の時間的影響による残像現象があります。残像現象には、反応時間、正反応、逆反応が生じます。

⑵　網膜の配置の理論（色彩の同化　混合）

　網膜に視細胞が面上に配置され、桿体と錐体が有限であることから生ずる現象は「色彩の同化」と「色彩の混合」です。境界面を挟んでの境界付近での狭い範囲に留まる異なり方の強調である色彩（明度、彩度、色相）の強調、もう少し広い範囲での異なり方の強調、かなり狭い領域になった時の同化、混合作用です。色彩を知覚する桿体は、数も少なく（600万程度）、対象を詳細に識別することは困難ですが、一般的には十分に識別できます。しかし、狭い視野角の領域になると、目の水晶体の像を結ぶ能力の限界とが相まって、詳細を識別するのは細かさによって徐々に困難になります。

　色彩の同化と混合は、目の網膜にある視細胞の面上の配置と、視細胞が有限個であることと水晶体の解像度との関係によって生ずる画像の「過剰反応」と言えます。

⑶　網膜の配置による錯視の具体例

①色彩の錯視　色彩の同化

　背景の色は全て同じですが、元の色よりも線の色に似た傾向の色に見えます。これが色の同化です。

　色彩の同化は、個別の色彩の視野角としての間隔が非常に狭い場合に起こります。

　目の錐体や桿体などの視細胞が平面に分布し有限であることから、対

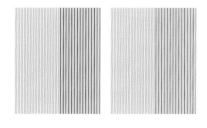

象を見た時に分解機能の限界があり、その限界近くでは色彩が相互に干渉しあって、どちらもがそれぞれの色に近づいた色になります。

目の分解機能が限界を超える場合に、生じる現象です。

視野角が更に狭くなった場合には、分解機能は働かず、一体化して認知します。

一体化した場合は混合です。色の同化は、混色の一歩手前です。

②網膜配置の錯視－1　ムンカー錯視（同化と強調）

ムンカー錯視は色彩の差異の強調と同化が重なった色彩の錯視です。

始めに左上部の図における上下の中心部分の色彩について記載します。

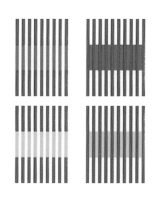

左上の図において、上中下の内、中央の帯の部分はオレンジ色に見えます。上左の図において、中央の帯の部分は、縦線の間隔が狭いため、縦縞の黄色との間に色彩の同化がおきています。そのため、この部分の赤色に該当する帯部分は黄色と赤の中間色であるオレンジ色に見えます。

次に右上の図について見ると、中央の赤色は、赤と青との同化で赤紫に見えます。上の左右2図では、中央の帯は赤色でしたが、下図の左右2図では、中央の帯は緑色です。そのために下の左の図では、中央の緑の帯部分は、緑と黄の同化によって黄緑に見えます。また下の右の図では、中央の緑の帯部分は、緑と青の同化によって青緑に見えます。

ムンカー錯視は、中央の帯部分は、隣接する左右の色彩との同化によって、実際の色とは異なる色に見えます。実際の色と異なる色に見えることから色彩における過剰反応といえるかもしれません。背景を黄色と青色にして細い縦縞にしたのは、一見すると同様の背景であると考え

られるように意図した演出です。この背景の演出で、違いがはっきりと分かるようになっています。

　なお、このムンカー錯視の境界部分をよく見ると、非常に狭い範囲ではありますが、それぞれの境界部分で、色彩の差異の強調が見られます。違いが強調される対比は、同化領域よりはかなり広い領域で起こる現象です。そのため、縦方向は、横に比べればかなり広めにしています。

　ムンカー錯視は二つの現象、「対比による強調」と「色彩の同化」を共存させ、色彩の錯視効果を大きくしています。

③網膜配置の錯視－2　同化と強調　フットステップ錯視

　フットステップ錯視は、白に近い薄い灰色と黒に近い濃い灰色の縞模様の背景上を白と黒の長方形が等速運動するのを観察すると、あたかも両足が交互に進むように知覚される現象です。足が交互に進む状況に似た動作からフットステップ錯視と名付けられたようです。

　縞模様の周期は高いほど（縞模様が細かいほど）錯視は起こり易くなります。

　フットステップ錯視は次の要素で構成されています。背景は、薄い灰色と濃い灰色の縞模様で、その縞の感覚はかなり狭くしています。薄い灰色と濃い灰色の間隔は同じにしています。

　白または黒の移動する長方形は、灰色の幅の整数倍にするとこの錯視が判り易くなります。移動する長方形の幅が、背景の縞模様の幅の偶数倍の時は、間歇運動となります。移動する長方形の幅が、奇数倍の時は、伸び縮みすることになります。要因は、長方形の辺と、縞模様の辺との距離関係にあります。

○既存の要因説

　視覚対象である長方形の処理速度は背景とのコントラストが高いほど速くなることに要因があると考えられます。濃い灰色の上では黒よりも白の対象の方が明度差があるため処理速度が速くなり、薄い灰色の上では逆に白よりも黒の対象の方が、明度差があるため処理速度が速くなる

と考えられます。そのため、白と黒の対象の速度が交互に速くなったり遅くなったりして見えると考えられます。この錯視現象（フットステップ錯視）は、視覚対象の処理速度は背景とのコントラストが高いほど速くなることに基づくと考えられます。濃い灰色の上では黒よりも白の長方形の処理速度が速くなり、薄い灰色の上では逆に白よりも黒の対象の処理速度が速くなるため、白と黒の対象の速度が交互に速くなったり遅くなったり見えると考えられています。縞模様の周期は高いほど（縞模様が細かいほど）錯視は起こり易くなります。

　この結果は、フットステップ錯視は、平面画像から立体を読み取る脳の機能が、理性の及ばない場所に在ることを意味しています。目から入ってくる情報量は大変多く、脳はそれらを一瞬のうちに処理しなければなりません。そこで脳は、大量の情報の中から重要だと思われるもののみを瞬時に抽出しようとします。しかしながら、重要な情報を正しくよりわけるのは非常に難しいことです。それが錯視の原因になっているのではないかと思われます。

○ 既存の要因説への疑問

　コントラストが高くなると、視覚対象の処理速度が「何故」早くなるかの説明が必要です。縞模様が細かいほど、錯視が起こり易い解説も必要です。ここではまだ具体的な要因が示されていません（既存説では、錯視の基本的要因が示されていなかったために、明確な要因が示されていないことが通常の状態です）。基本的には、処理速度という概念を説明する必要があります。心理学では一般的に使われているのかもしれませんが、判り難い言葉です。言葉の意味が判り難いので、ここでは、境界付近での長方形の移動速度ということで解釈を進めます。

　濃い灰色の上では黒よりも白の対象の処理（移動）速度が速くなり、薄い灰色の上では逆に白よりも黒の対象の処理（移動）速度が速くなるため、白と黒の対象の速度が交互に速くなったり遅くなったりして見えると考えているようですが、コントラストが強くなっても、対象となる長方形の移動速度は変わりません。移動速度は変わりませんが、移動する状況は「はっきり」とわかります。実験の基本的作用が、長方形が等

速運動をしている条件下にあるためです。実際の動きとして移動速度が変わらない中で、何故、長方形の動きが脈動しているように見えるかの具体的説明がありません。

　また、縞模様が細かいほど、錯視が起こり易い解説も必要です。

○ 要因は色彩（明暗）の同化と強調
　要因は、移動する長方形の辺と、背景である縞模様の辺との距離関係にあります。長方形の移動によって、長方形の右端と、背景の縞模様の左端の距離が変化します。その反対側である長方形の左端でも、背景の縞模様の右端との距離が変化します。黒い長方形と、濃い灰色との関係で記載します。黒い長方形の右端と濃い灰色の左端が、離れている場合は、薄い灰色は、色彩の強調によって、少し明るく見えます。黒い長方形の右端と濃い灰色の左端が、近づき、強調範囲の距離から、同化領域、あるいは混合領域にはいると、薄い灰色部分は、同化と混合によって、濃い灰色に見え、黒い長方形は濃い灰色と一体化します。

　黒い長方形の右端が、背景の濃い灰色に接する直前は本来ならば明るい灰色部分が見えるはずですが、強調から同化領域に変わるため、本来ならば接触した時に見える位置関係よりも早く、黒い部分が一体化します。この時黒い長方形の右端は本来の形よりも早く背景の黒い色と一体化し接続したように見えます。このため、黒い長方形の右端が本来の動きよりも早く右に進んだように見えます。

　長方形に着目すると、右端が急に濃い灰色になったようになります。移動している長方形は急に右に移動し、伸びたように見えます。長方形の左端でも、同様の現象が起こります。

　長方形の長さが、背景の幅の整数倍の時には、左右同時にこの現象が起こるため、長方形の幅は、背景の幅の整数倍にすることが望ましいと言えます。

　長方形の幅が、偶数倍の時は、長方形の両側で同時に同じ現象が起きるので、長方形の幅の変化は、ステップ状の間歇運動に見えます。長方形の幅が、奇数倍の時は、長方形の両側では全く異なった現象が起きるので、長方形の幅は、伸びたり縮んだりして見えます。

　フットステップ錯視は、動きを伴う、色彩の同化と混合による錯視です。本来の動きとは異なった現象として見られることから、これも過剰反応の現れと考えられます。

　本論では、フットステップ錯視は、色彩の同化と混合によって、境界付近に近づいた長方形の端部が、それまでの速さ以上の速さで急に接したようになったり、急に離れたようになって見える現象と考えます。

　動きについては、遅くなる動きは判り難いのですが、速くなる動きは判り易く認識されます。これらの結果、暗い長方形の右端は、背景の暗い部分に近づくと、急に右に動いたように見えるようになります。脈動のように見えるのです。

　長方形の右と左との相関や、長方形の幅を縞模様の幅の整数倍することで、これらの関係は、さらに判り易く表現できます。また、長方形の幅を、奇数倍にするか偶数倍にするかで、長方形の左右同時に移動を行わせるか、交互に行わせるかの違いが生じます。同時に行わせれば脈動になり、交互に行わせれば長方形が伸び縮みしているように見えます。
○フットステップ錯視は、錯視の分類上は、色彩の同化・混合による錯視です。対象の移動を伴う錯視であるため、映像化によって作成可能になる錯視です。このように映像化によってはじめてその具体的な現象を表現できる錯視を映像化の錯視と分類することもこれからの錯視については必要なのかもしれません。

④網膜配置の錯視－3　同化と強調　ハイブリッド画像（アインシュタインとモンロー）

　ハイブリッド画像は、紙面からの距離を変える事で、画像が異なって見える錯視で、モンローとアインシュタインの画像や、表情が変わる画像などがあります。既存の分類では、その他の項目に分類されている例が見られました。

　遠くから全体を見ると、人間の顔などに見えますが、近くで見ると野菜や果物、あるいはまったく異なった素材で構成された絵画があります。色彩の同化や混合の原理を利用したトリックアートのだまし絵です。近くで見ると個々の素材がはっきりと見え、画面から遠ざかると、

色彩の同化や混合によって、個々の構成作品の形は見えず、全体の形が見えるように意識される作品です。アインシュタインとモンローも、この同化と混合を利用して、作成された作品と考えられます（アインシュタインとモンローは、網膜配置による錯視とも言えます）。

　色彩の同化や混合は、表現されている対象の最小単位である明るさや暗さなどの色彩の面的大きさによって、決定します（視力の分解能が影響するため、具体的にどの距離で見るかなどの個人差が生じます）。基本となる微小面積の大きさを異なるようにさせると、同化や混合によって、一体化するための距離、紙面から目までの距離の差で、異なった像を結びます。ハイブリッド画像は、対象を見る目の位置が、紙面からの距離によって、異なり、その差によって、同化・混合を生ずることで生ずる錯視です。色彩の同化と混合によって生ずる錯視です。

⑤網膜配置の錯視－4　同化と混合　ネオン色拡散

　既存の錯視の分類では、補完（色彩の錯視）に分類されていると思われます。

　格子模様の交点付近の狭い範囲で、蛍光色で表現すると、その色が交点部分だけでなく、交点付近の一定範囲に薄く同様の色彩が見えるようになる錯視です。無いところに同じ色彩が生じることから、無いものを補完しているとの解釈から色彩における補完の錯視に分類した思われます。

　直交する交点部分の蛍光色と直線部分以外の白との混色・同化現象です。そのため、比較的狭い範囲でのみ生じます。結果的に無い色を補完しているようにも思えます。

⑥網膜配置の錯視－5　ポップル錯視（縦列の傾き）（文字列傾斜錯視）

　既存の分類では、幾何学的錯視の形状に入っているようです。文字を選択し適切に配置すると、一直線ではなく、曲線を描いたようにすることができます。文字列が傾斜しているように見え、形状が変わったように見えることから形状の錯視に分類されたように思えます。

　個々の文字は、文字を黒で表現した場合は、その文字を構成している

字画の配置によって、一つの文字全体の色彩的重心部分が決まります。その重心部分が具体的な文字ごとに異なっているため、重心部分の位置を考慮しながら、適切に並べていくと、全体としては、重心部分が異なっているため、その異なりによって、漢字の連続である線の形状を任意に選択することができます。色彩の同化・混合現象によって、文字の重心位置のずれが鮮明になり、その結果、文字の連続配置で、直線にならず位置がずれます。色彩（明暗）の同化・混合によって生ずる色彩の錯視です。

　漢字等の文字の字画などの配置での個々の偏りは、縦と横の両方向あるため、文字列傾斜は縦横どちらでも作ることができます。

⑷　網膜の感度の理論
①境界線を挟んでの相互強調
　平面で境界を挟んで色彩の違いがある時は、境界を挟んだ両側が相互に強調されます。網膜の構造上、明暗を知覚する桿体は、数も多く（数億）、対象を詳細に識別することが可能です。そのため、異なる明暗の境界部では両側の違いを強調しますが、かなり狭い範囲に留まります。このため、境界を挟んでの強調は、明暗などの色彩の場合は境界から非常に近い場所に現れます。境界を挟んで大きく異なる色彩があると、網膜での光信号から電気信号への変換の過程で境界を挟んで相互に強調する「過剰反応」が生じます。境界線での相互強調は明暗の場合に強く現れます。彩度の場合は、背景との違いを強調するため、彩度の違いが大きくなります。違いを「はっきり」させるための過剰反応と考えられます。

　境界部以外でも比較的狭い領域では、その領域における隣り合う色彩全体の差異が強調されます。境界部における差異の強調に同一色彩内での同化現象が加わってのことかもしれません。色彩の３要素は、明度、彩度、色相です。色彩の錯視も明度、彩度、色相それぞれに同じように生じます。

　空間的境界および時間的境界で急激な変化があった場合、相互に強調する現象は、「過剰反応」であり、ゆらぎによって生ずる基本現象です。

②視細胞の感度特性

　視細胞は光信号から電気信号に変換する器官であるため、光の強さや全体の色調などが、転換後の電気信号に影響を与えます。

　特定の色彩が全視野あるいは広い視野にある場合、その広い視野全体の特定の色彩感度を低下させることで、それぞれの色彩の違いを「はっきり」とさせることができます。「はっきり」させるための具体的活動が、特定色彩の感度の低下です。そこまでやるかとも考えられますが、夕焼け空を始め多くの作図などでその現象が確認されています。この現象は既に述べた通り、目で見る（視野角として）かなり広い範囲が特定の色彩に偏った場合に生ずる現象です。今までの錯視の説明では、色彩の恒常性によって生ずるとされてきました。既に説明した通り、このような現象を色彩の恒常性と言うのであって、色彩の恒常性を理由にすることは因果関係の逆転で、何も説明していないことになります。

　特定色の色彩感度の低下であり、特定色が強く知覚される場合は、感度の低下も、それほど強く感じられないことにもなります。特定色という事で、特定の色彩の彩度が係わる影響が強く出る錯視と言えます。

⑸　色彩の強調　具体例
①色彩の強調の錯視－1　明暗強調　ホワイト錯視（ホワイト効果）

　明度の等しい灰色の2領域が、周辺の領域の明度の影響で、本来なら同じ明度であるはずなのに、異なる明度に見えます。灰色の長方形は全て同じ明度ですが、暗い縞模様のなかにあるものはより明るく、明るい縞模様のなかにあるものはより暗く見えます。

　図において、左側の5分の3の領域に着目します（右側5分の2を隠して見る）。

　最上段では、灰色の長方形の左右に、黒の横長の長方形が左右にあります。以下、下段に移っても同様です。左右に黒い長方形がある中側の灰色の長方形は、対比効果によって、明るさが強調され明るく見えます。

　図において、右側の5分の3の領域に着目します（左側5分の2を隠して見る）。

　２段目では、灰色の長方形の左右
に、白の横長の長方形が左右にあり
ます。以下、下段に移っても同様で
す。右５分の３では、左右に白い長
方形がある中側の灰色の長方形は、
対比効果によって、暗さが強調さ
れ、暗く見えます。

　同様に右側５分の２を隠して見れば、黒い横長の長方形で囲まれた部
分の灰色は、黒との対比効果によって明るく見えます。

　これらを同時に置けば、左から２番目の灰色は明るく見え、右から２
番目の灰色は暗く見えます（周辺との違いによって生ずる対比効果で
す）。

　色彩の明暗の対比効果による「強調の錯視」です。なお、それぞれ上
下に明るさの変化をよく見ると、黒に接した灰色部分は非常に短い幅で
あるが明るく、白に接した灰色部分は暗くなっています。

　この部分も明暗の対比効果による「強調の錯視」が現れています。

②色彩の強調の錯視－２　　色相の差異の強調

　赤色を背景にしたオレンジ色、黄色を背
景にしたオレンジ色があります（右図参
照）。赤色を背景にしたオレンジ色は赤の
補色である青緑色方向に誘導され黄色へ近
づくことで、オレンジ色を単独で見る場合
に比べて黄色っぽく見えます。一方黄色を
背景にしたオレンジ色は黄色の補色である
青紫色方向へ誘導され赤色へ近づくこと
で、オレンジ色を単独で見る場合に比べて
赤色に近づいて見えます。

　下左の図では、背景が赤色であるため、オレンジ色と赤色の違いが強
調され、中のオレンジ色は、赤の反対側の黄色方向に、シフトされま
す。そのため、黄色が強くなったように見えるようになります。

下右の図では、背景が黄色であるため、オレンジ色と黄色の違いが強調され、中のオレンジ色は、黄色の反対側の赤色方向に、シフトされます。そのため、赤色が強く見えるようになります。

　背景との色相の違いが強調された結果です。

　本来の色相とは異なりを強調することからこれも過剰反応の一種と考えられます。

③色彩の強調の錯視－3　補色対比による彩度の強調

　右の図では、青緑色の背景と赤色の背景に、ピンク色の図が配置されています。

　青緑色の背景の場合、補色にあたる赤色が鮮やかになり、ピンク色を単独で見たときよりも、ピンク色は彩度が高くなります。

　彩度の高い赤色の中では、中の四角は彩度が低く見えます。

　補色による対比の差異の強調と、彩度差による差異の強調です。

④色彩の強調の錯視－4　彩度対比

　Aを黒、Bを赤に黒を混ぜた赤黒色とします。境界付近では、赤は本来の赤黒色よりも鮮やかな赤に見えます。境界を大きく離れると、本来の赤黒色に見えます。

　次にCを純度の高い赤、Dを赤に黒を混ぜた赤黒色とします。境界付近では、赤は本来の赤黒色よりも黒に近い色になります。境界を大きく離れると、本来の赤黒色に見えます。

　これらは、彩度による対比の差異の強調です。

　大きく異なる色彩が隣接すると、その両側で、色彩を司る色の視細胞が感受性を少し強める過剰反応を起こし、差異を強調する結果と考えられます。

　部分的な強調現象は、全体には大きな影響を与えません。そのため、

色彩の差異の明確化は比較的狭い視野角で起こっています。

⑤色彩の強調の錯視－5　明度対比　シュブルール錯視

　相対的に暗い面と相対的に明るい面を並
べると、暗い面の境界付近が暗く見え、明
るい面の境界付近が明るく見えます。境界
線を挟んで、暗い方の灰色は、暗さが強く
なり、明るい方の灰色は明るさが強くなり
ます。明暗による強調の錯視を左右に複数
展開した図です。

　ひとつの長方形の中は同じ灰色ですが、右側は暗くなり、左側は明る
くなります。

　境界付近は、さらにその傾向が顕著になります。

⑥ 視細胞の感度調整（色彩の恒常性による錯視）具体例
①視細胞の感度調整による錯視　夕焼け（空間的感度低下）

　夕焼け空が人間の目には、写真で写したほど赤くはなりません。人間
の目は、広い範囲が同一色になると差異を強調させ、はっきりさせるた
めに、全体に共通する特定色彩の感度を下げます。その結果生ずるの
が、人間の目で見た夕焼け空の色彩です。

　この現象を色彩の恒常性で説明する場合が見受けられますが、このよ
うに、あまり変わらない現象を色彩の恒常性と言うのであって、色彩の
恒常性が原因で生じている現象というのは本末転倒です。

　視細胞の感度特性による特定色の色彩感度の低下であり、特定色が強
く知覚される場合は、感度の低下も、それほど強く感じられないことに
もなります。

②光量と脳の補正
◦既存の説明例

　夜の月明かりの光量は日中の太陽の100万分の１以下です。当然、光
の量もまた日中の100万分の１以下ですが、それでも月明かりだけで十

分に夜道を歩くことができます。それは、脳が不足分の光の量を補っているためです。日中は十分な光の量があるため、脳の補正は不要です。暗闇の夜になると、わずかな光を頼りに周囲を観察するために脳は、日中の不足分の光の量を補正します。そのために、私たちは迷うことなく夜道でも歩けるようになります。

　錯覚に関する脳メカニズムは、私たちに及ぶ危機を回避し、瞬間の判断によって行動が途切れることを阻止する、非常に便利で必要不可欠な仕組みです。後に振り返ってみると結構誤作動を起こしていたことに気が付くのが錯覚の面白い特徴です。未知のものにはその現象に対する対応策が必要です。本来であれば、未知に対する対応策には、深い思考の時間と一定の質を必要とします。しかし現実的にほとんどの場合、瞬間的に対応する必要があります。そのため、とりあえずは、過去の経験則に基づいた情報に変換することにより素早く反応する以外に手段はありません。

○ 本論の反論

　日中と夜の光の差が100万倍もあるにもかかわらず、夜でも歩くことができることから、「脳が不足分の光の量を補っている」としています。この理論が成立するためには、脳が光の不足分を補う理論や実験が不可欠です。そのような理論や実験結果は見当たりません。

　人間の知覚器官の応答は、対数比例です。光の量が100万分の1になったからと言って、網膜の桿体や錐体で変換された電気量は、対数比例で下がるだけです。人体の感覚量は対数比例であり、自然界の絶対量は数量比例であることを理解しておく必要があります。脳がその量を補正する必要はありません。私達が通常に見ている光だけで、脳が特別な補正をすることなく、私達は夜の光を感じ、歩くことができます。

「錯覚に関する脳メカニズムは、私たちに及ぶ危機を回避し、瞬間の判断によって行動が途切れることを阻止する、非常に便利で必要不可欠な仕組みです」としていますが、ところが、「後に振り返ってみると結構誤作動を起こしていたことに気が付くのが錯覚の面白い特徴です」との表現で、誤作動を「何かが異なっている現象」と仮定すると、ここでの

記載通りかと考えました。しかし、誤作動を起こす脳は不要で、脳は正常に作用しているとしたうえでの検証が望まれます。

(7) 残像の理論
①視細胞の反応時間
　強い光の場合は、短い時間で光から電気信号への変換ができます。弱い光の場合は、変換に多くの時間がかかります。網膜の視細胞は、刺激の強さによって、反応時間が異なると考えられます。目の色彩細胞は、対象の光の強弱などインパクトの強さによって、対象を見る時間が異なります。このため、同一画面にインパクトが強い画像とインパクトの弱い画像が存在する場合、静止状態では、どちらも同じように見えますが、ゆっくり動かすと、視細胞の反応時間の差異によって、画像の動きに差異が生じます。

②残像の正反応
　網膜の視細胞が、光から電気信号に変換する時、反応時間が必要になります。強いインパクトを与える対象を見た時には見た時だけでなく、その影響がその後も暫時続きます。目で見ている現象が、その現象が無くなった後も続くことを残像と言います。
　視細胞の光に対する反応時間の時間遅れ現象と考えられます。光が網膜の視細胞に達したからといって、即座に変換の反応が始まるわけではありません。非常に短い間ですが必ず時間遅れが生じます。強い光などの場合、対象の光が消えた後も、視細胞は、前からの強い刺激の影響を受け、少しの間、時間遅れで反応し、暫時減少します。
　正反応の残像の出現は、生物学的な時間遅れ現象と考えられます。
　残像は、目で見た影響が、その現象が消失しても、その後の少しの時間、漸減しながら続く現象で、残像現象があるため、映像を瞬時繰り返し移動することで、画像の移動が円滑に動くように見え、映像やテレビ画面が動いているように見えます。
　実際の光が目に入ってこなくなった後も暫時続くことが過剰反応です。

③残像の逆反応

　急激な変化があった場合は、短い時間で元の状態に戻す現象として、「過剰反応」が現れます。過剰反応は、人体だけでなく、ステップ状の電流を流した時の電流の流れのように、急激な変動に対しては、自然の法則でも、「過剰反応」が起きます。

　色相においては、反対側の色相は補色なので、過剰反応の結果補色が出現します。

　過剰反応は過渡的な反応であるため、時間境界や空間的境界から離れると、暫時減少する特性があります。白紙面上に彩度の高い色彩を置き、急にその色彩を取り去ると、暫時、補色が出現します。人体の恒常性を維持しようとする働きによる反対現象の出現で、一般的に残像現象と呼ばれます。

　なお、時間的空間的に大きな変動があった時に、変動の前後あるいは変動空間の両サイドで過剰反応があるのは、全ての生体および機器などに生ずる一般的現象と言えます。

　時間境界における色彩の過剰反応は、残像の逆反応と言えます。

⑻　残像の錯視の具体例
①残像時間の差異による錯視　踊るハート達（北岡教授作成）

　踊るハート達は、既存の錯視論では、運動あるいは動きのある錯視に分類されるようです。踊るハートは、図形を表示した紙などの平面全体を、ゆっくりと左右などに動かしたときに、背景の鮮明な幾何学的模様との位置関係がずれているように見える錯視です。表現した紙などを動かすことで成立する錯視です。

　強めの光や色彩の大きな差異がある対象などインパクトの強い対象を見た場合は、網膜は短い時間で光から電気への変換を行いますが、弱い光や色彩の差異が小さいか色彩が暗い場合などインパクトの弱い対象を見た場合は、網膜の光から電気への変換時間が長くなります。

　目に入る光の強さによって、電気信号への変換時間が異なります。このことが何らかの方法で検証された実験などはまだないと思われますが、一般的な考え方として、何らかの現象に対する入力の大きさと時間

の積が、ある一定範囲内の時に次の反応が生じるとする考え方は妥当な考え方でしょう。現象の強さと時間の積がある範囲内の時にその反応が起こると考えます。

　目の網膜の視細胞では、強い光の場合は素早く短い時間で反応しますが、弱い光の場合は、少し長めの時間が必要になると考えられます。

　平面上に強さに大きな差異がある現象が「はっきり」と分離できている状態で存在する場合、異なる対象を知覚する視細胞の働きに、差異が生ずると考えられます。

　網膜感度によって生ずる時間差現象です。

　平面上に描かれた画像は、平面の移動と同期して、何処もが同じように移動するはずですが、インパクトが強い場合は素早く反応し、インパクトが弱い場合は、画像認識に時間がかかるため、強い場合に比較して長い時間がかかります。本来ならば、時間的にインパクトの強弱にかかわらず同じ速さでの移動になるはずが、異なる反応時間になることから、画像の移動に時間差が生ずる過剰反応です。

　これらの錯視は、対象図形が、はっきりとしてインパクトが強い場合は、短時間で反応し、遅くなれば長めの時間が必要になる目の網膜の感度時間が関係する錯視と考えられます。具体的には、残像が関与する時間差の錯視と言えます。網膜の光から電気信号への反応時間の差異による過剰反応で生ずる現象です。踊るハート達がこの現象の一例です。

　このような動きの差異は、対象を漠然と見る行為によって生じます。対象の動きに着目して、相互の動きを注視すると、その対象に「意識」が集中します。意識が集中すれば、相互の動きの差よりも、動きそのものに意識が向かいます。一つの大きな動きに「意識」が集中すれば、優先度の関係でその他の動きは見えなくなります。

　従って、踊るハート達でも、図形を複数個にして、そのうちの一つに意識を集中させ、残りの図形の何処かで動きにズレが生ずる見え方になります。単に1個の図形だけの場合は、漠然と眺めている時には、ハートと背景の間に動きが有るように感じられるかもしれませんが、動きをしっかりと見ようとすると、相互の動きの差は見えなくなります。

②残像による錯視－1　仮現運動（映像など）

　既存の錯視では、対象そのものは動いていないのに、実際に対象が動いているように見えることから運動の錯視に分類されていました。

　対象となる画像が光のようにはっきりとしている場合は、光が消えても、しばらくの間、網膜の視細胞に残像として残ります。前の残像が残っている間に次の画像が移動して近辺に現れると、新たな画像は強く、消えた画像は残像が残り徐々に消えていきます。弱いところから強い方向に動きが生じたように、暗いところから明るいところへの方向付けができます。その結果、その部分は連続して像が移動したように見えます。元の映像が少しずつ異なり、連続させることで、動きを生じさせているようにしたのが、動画の映像です。

　網膜が光を電気に変える時に、時間がかかり、その影響が瞬時に消えるのではなく、暫時残ることで生ずる錯視です。像が消えても影響が消失時刻を過ぎてもまだ残っていることが過剰反応で、動きをもたらします。

③残像による錯視－2　ラバーペンシル

　ラバーペンシルは、ペンシルの形状の一点を支点として、振り子のように動かした場合、ペンシルの形状が直線から少し撓んだように見える錯視です。ペンシル図形を紙面上で動かすことで成り立っています。

　何方も動かした時に、移動速度が異なったように見える錯視です。動いている形状などが変化することから、運動の錯視に分類されているようです。

　これらの錯視は、対象図形が、はっきりとしてインパクトが強い場合は、短時間で反応し、遅くなれば長めの時間が必要になる目の網膜の感度時間が関係する錯視と考えられます。具体的には、残像が関与する時間差の錯視と言えます。

④残像の逆反応による錯視　反対反応　反対色の出現など

　色彩などは時間的に急激に変わると、恒常性を維持するために変換直後に反対側の色彩等を生じます。素早く元の状態に戻すための「過剰反

応」です。網膜では光信号から電気信号に変換する過程では時間が必要ですが、時間的に急激な変化があると、短時間ではありますが過剰反応を起こすのが、人間に限らず自然科学においてもみられる一般的な現象です。

　白紙の上に赤丸を描いた紙を置き、急に取り外した時に、暫時、緑色が見え、短時間の内に消えていきます。典型的な色彩の残像現象です。

◦ 既存の説明例

　白地の中に明るい赤色（円など）の画面を、1分ほど瞬きをせずに見つめ、素早く目を瞑ったり、白い壁を見たりすると、赤色があったところに緑色の形状が見えます。その緑色の円は「残像」で、残像は網膜疲労により生じます。眼球中の細胞が長い間活動していると、疲労によってエネルギーが無くなってしまいます。緑色のスクリーンを見つめているとき、眼球中の緑の錐体細胞は継続的に脳に対して、目の前に赤のものがあるというシグナルを送り続けます。その間、緑と青の錐体細胞は休んだ状態です。その状態で他のものを見たとき、赤の錐体細胞は非常に休息が必要な状態になります。白い壁を見ているとしたら、それは緑と青と赤が平等に合わさった状態なのですが、赤だけ反応しなくなっています。それで代わりに、眼球は脳に赤でなく緑と青の部分があるもの、つまり緑色のものを見ているという信号を送ります。

　一定の色彩（例えば明るい赤色）の画面を長時間見つめると、網膜疲労が生じ、その結果、反対色相の色彩が見えるという事です。

◦ 本論の反論

　残像が「網膜疲労」によって生じているという説に対する反論です。網膜疲労説の根拠は、錐体細胞が疲労すると、光信号から電気信号への変換が、疲労によってできなくなることが前提です。疲労によって錐体細胞が活躍できなくなるのであれば、同じ色彩を見つめていれば、当然疲労します。長時間対象を見詰めて疲労すれば、1分後くらいに急にその色彩を見えなくしなくても、補色が見えることになりますが、実際には同じ色が見え続けます。網膜疲労を原因とするのであれば、素早く目

を瞑ったり、白い壁を見る必要はありません。対象を見続けて疲労するだけの時間が経てば、何時でも必ず、他の色が見えるはずですが、実際には同じ色彩が継続します。目の錐体細胞は、そのような短時間では簡単に疲労しないことを表しています。「網膜の疲労」は補色が現れる残像の説明には適していません。残像現象として補色が生ずるのは、網膜疲労とする理論を否定します。

4．脳の働き（感覚の錯覚）

⑴ 感覚の錯視の分類と理論

　感覚の錯視は、網膜で行われる光から電気信号への変換までは、何の変化もなく、通常の形で電気信号が入ってきますが、脳で電気信号が処理されたその後で、何らかの要因によって、対象が異なって見えるように「意識」される現象が、感覚の錯視です。

　従って、感覚の錯視では、脳で情報が知覚される前には、何の要因も存在せず、情報が脳内に入って、その後に要因が生じています。従って、脳に電気信号が入る以前のプロセスを検討しても何の変化もありません。脳内の情報処理行程以降にその要因が存在する錯視です。脳の情報処理は、目を通じて入手した情報に記憶や感覚が加わって生ずる錯視であることから、ここでは「感覚の錯視」に分類しました。

　感覚の錯視を理解するためには、二つの基本的事項を理解しておく必要があります。

　脳の働きの基本は、脳は正常に働き作用していることです。ここでは脳の異常などは検討の対象外です。

　感覚の錯覚で留意されなければならないもう一つのことは、人間は同時に同じようなことを二つ以上並行して実施することは困難だという事です。一つを瞬時に選択する場合、何を優先するかが重要です。同時に全ての処理を行うことは、有限の脳細胞では不可能です。そのため、脳は優先度の高いものから順次、情報処理を行うと考えられます。優先度の高い記憶や感覚などから情報処理され、ある程度「はっきり」すれば、その段階で次の処理行程に進むことなく、処理結果に基づく脳から

の指示が出されるでしょう。

　情報についても同時に二つ以上のことを認識するのは困難です。進化の過程で身に付けた習性と言えるでしょう。二つ以上の同時行動は、行動が定まらなくなり、そのまま人間の生存を脅かす行為となるからです。そのため、情報についても同時に二つ以上のことを認識するのは困難です。二つ以上の同時行動は、行動が定まらなくなり、そのまま人間の生存を脅かす行為となるからです。

　情報が網膜で電気変換され、その次の過程で何かが変わっているように「意識」される現象は、全て、脳内の情報処理によって生じていると考えられ、ここではこの現象を「感覚の錯覚」としています。

　感覚の錯視は、大きく分類すると、対象を「はっきり」させて明確になるように類推する「明確化の錯視」と、対象を「はっきり」させるために複数の対象からたった一つを優先して意識し類推する「優先度の錯視」があります。ここでは、この２種類の錯視を「明確化の錯視」と「優先度の錯視」としています。優先度の錯視ももとを正せば明確化の錯視の一種です。

　さらに追加すると、対象を見る時の意識に何らかの乖離現象があり、対象を見た時と記憶などに存在する現象との間に、違いが生じている現象があります。このような場合、一般的には、間違い、思い違いなどと言われます。ここでは、意識の乖離ということで表現しました。

⑵ 明確化の錯視の理論

　脳の基本的働きは情報を「はっきり」させることです。脳の情報処理とは、知覚に、脳内にある記憶と感覚を加えて、「はっきり」とさせるために推測することと言えます。考えることは、人間の行動を指示するために、得られた情報を処理して推測して、情報処理を行う脳の働きです。脳で考えることは、情報を「はっきり」させるために推測することと言えます。何をどのように「意識」するかで「はっきり」させるための情報処理方針が決まり、脳はその処理方針に従った場合、新たに何かが異なっているという「意識」を得ます。

　何をどのように処理するかは、最初に対象を見てその時の状況に応じ

て短時間の間に決まります。脳の基本的働きは、情報を「はっきり」さ
せ、その情報に基づく判断をして次の行動に結びつける指示を筋肉など
の行動器官に発信することです。脳に送られた電気信号で「はっきり」
しない知覚情報は、「はっきり」となるように、記憶と感覚を合わせて
処理されます。

　情報が不明確な場合、記憶や感覚などの知識が働く要素を加えて類推
します。記憶や感覚は、過去の時間的経過のなかで、経験された事項が
大部分なので、考えた結果に、過去の経験による記憶や感覚が影響する
ことになります。知覚、記憶、感覚はそのすべてが、厳密に定まってい
るものではなく、その多くがあいまいな出来事です。その結果、処理結
果が、「はっきり」しない場合は、そのまま放置されますが、はっきり
した情報および比較的はっきりした情報は認知されます。そのあいまい
さも、情報処理上、配慮される事項です。「はっきり」できないことは、
保留されます。「はっきり」させるために、知覚、感覚、記憶などが関
係します。

　考えるとは、情報を「はっきり」させるために、知覚情報を基に、感
覚、記憶などを加えて情報を処理し、推測することです。一連の動作
は、非常に短い時間に行われるため、人間が意識することはなく、実質
的には、無意識のうちに行われます。目は、送られてきた電気信号に
従って、水晶体や網膜を無意識といわれる短い時間で作動させ続けま
す。目の諸器官は、脳の指示に従って行動しています。

　感覚の錯視は、対象を「はっきり」させたいときに生じます。脳は、
対象を「はっきり」させるために、脳内に在る記憶や感覚などのあらゆ
る要素を動員して情報処理を行います。

　明確化の元になる現象には、形状などは非常にはっきりしています
が、何かが欠落しているような現象と、形そのものが、はっきりしない
現象があります。何れも、類推によって、欠損部分を補うことによっ
て、形などが明確に意識できる現象です。元になる不明確な現象の一つ
は欠損部分などが有る現象で、もう一つは、不鮮明な模様などです。

　見えない部分まで実際に見えるように明確にすることが、明確化の錯
視では見えない部分を類推するという過剰反応によって、形状などを補

足して見る錯視です。

⑶ 明確化の錯視の具体例

①明確化の錯視－1　不定形からの明確化（生理的錯覚の一部）

　壁のしみや空の雲をながめていると、人の顔になったり地図になったりするときがあります。実在するものは正しく知覚されていながら、同時にそれに似た形をした空想的なものが、ありありと知覚される現象です。実際はそうではないと当人は知っているのが普通です。

　人間の情報処理行程は考える事であり、考えることが、情報が人間の行動に役立つことであるため、「はっきり」させることです。人間の進化の過程で身に付けた感覚や成長の過程で身に付いた記憶などから、対象をできるだけ「はっきり」させようとする推測（考え）によって、目には見えていない分まで、見えるように感じ、意識する現象です。そのため、多くの人が比較的同じような現象を見ます。

②明確化の錯視－2　感動錯覚

　暗くて怖い場所を歩いていると、物の影が人影に見えたり、何でもない物音を人の気配に感じることがあります。恐怖や期待などの心理状態が知覚に影響を与えています。

　人間の情報処理行程は考える事であり、考えることが、情報が人間の行動に役立つことであるため、「はっきり」させることです。恐怖心などが「はっきり」しない情景の中で、対象を見る時に、実際よりも「はっきり」させて見ようとする結果生ずる現象です。見えないものまで推測して「はっきり」させようとする心理が行動に現れた現象です。

③明確化の錯覚－3　情動錯覚

　夜、ひとりで森のなかをびくびくしながら歩いていると、木の幹や岩の形が人の姿に見えたりする錯覚です。情動の影響によって起こる錯覚です。基本は感動錯覚と同じです。

④明確化の錯覚－4　カニッツァの三角形

　正方形の頂点部分に黒丸が書かれ、黒線
で上下逆向きの正三角形が書かれた上に、
背景と同じ明るさの正三角形が書かれた図
です。

　描かれていないはずの白抜きの三角形が
見えます。形そのものは存在しませんが、
背景から形状などが類推され、明確な形状
として意識されます。周辺の状況からその
形状などを類推することが十分可能な図形
です。

　人間の意図がはいっているため、錯覚というよりは不完全図形の補塡
効果といった方が良いかもしれません。その場合は、騙し絵と同じ分野
にはいる図形です。

　浮かび上がる正三角形は、背景と同じ明度であるため、本来であれば
見えないはずの正三角形ですが、黒い円と直線で表された正三角形に
よって、明確化しています。

○既存の説明

　心理学では有名な「カニッツァの三角形」です。イタリアの心理学者
G・カニッツァが、1955年に発表したものです。図で中心に見えてい
るはずの白い三角形はその実態はありません。これを主観的輪郭と呼び
ます。しかも、この白い三角形は、周辺よりも明るく見えます。これ
が、脳の錯覚に基づいて起きている視覚の誤作動の結果です。脳は騙さ
れやすいということの証明の一つだと思いますし、脳は、このような間
違いを結構頻繁に起こしています。

　脳は入力してくるすべての感覚情報を整然と分類し、解析しやすい準
備をする装置です。脳では、情報量が少ない刺激入力に対しては、今ま
での経験と同等の分類帯に仕分けて処理します。この弱い刺激や同じ質
感を持つ刺激の入力は、無意識下で自動的に処理されます。

○ 本論の反論

　カニッツァの三角形の白い三角形が周辺よりも明るく見えるのは、三角形を推測させる周辺の形状が、黒で描かれているため、全体として少し灰色がかって見えているため、その色との違いを「はっきり」させるため、違いを強調する明暗の強調が働き、周辺よりも白く見えるためです。このように客観的要因があって、生ずる現象が錯視です。錯視は、何か別の要因があって生ずる現象です。錯視によって何かが生ずることはありません。錯視は、今までも説明した通り、何かの要因があって、その結果生ずる現象を錯視と言っているにすぎません。

　従って、「脳の錯覚に基づいて起きている視覚の誤作動の結果です。脳は騙されやすいということの証明の一つだと思いますし、脳は、このような間違いを結構頻繁に起こしています」という意見については、「脳の錯覚」という意味が不明です。

　この意味を推測すると、「脳の錯覚」とは、脳が間違えるということで、その結果起きることは、視覚の誤作動という事でしょう。脳は騙されやすいということは、脳が間違え誤作動を起こしていることになります。

「脳は騙されやすいということの証明の一つだと思いますし、脳は、このような間違いを結構頻繁に起こしています」と、脳が間違いを結構頻繁に起こしているとしていますが、このような脳では、命を継続することが困難になります。脳は命を継続するための基本的器官です。間違いを頻繁に起こす脳は、必要ありません。この考え方は根本的に間違っています。

「脳は入力してくるすべての感覚情報を整然と分類し、解析しやすい準備をする装置です。脳では、情報量が少ない刺激入力に対しては、今までの経験と同等の分類帯に仕分けて処理します。この弱い刺激や同じ質感を持つ刺激の入力は、無意識下で自動的に処理されます」ということに関しては、脳が正常に働くことを説明していますので、この通りかと思われます。

⑤明確化の錯視－5　エーレンシュタイン錯視（その2）

　格子の重なる部分に「明るい円形」が見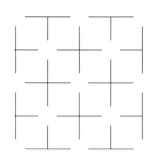
える錯視です。

　錯視の背景は、縦横平行な等間隔の5本
の線によって構成された格子です。格子の
上に一つ置きに背景と同じ白の丸が書かれ
た円形が重なった図です。交点の白丸のと
ころは、線の部分との対比効果によって明
るさが強調されます。

　本来、何もないところに、何かが具体的
にあるように見える推測が働く錯視で、明確化の錯視です。類推によっ
て本来の明るさよりも明るくなるという過剰反応が見られます。

⑥明確化の錯視－6　本物よりくっきり見える（ぼけ残劫）

　既存の分類では、形や明暗などが鮮明に見えることから、幾何学的形
状の錯視に分類されていました。

　左側に少しぼやけた写真、右側にくっきりとした写真を置き、その中
心部分を暫く（10秒ほど）注視した後で、両方の写真を同じように比較
的はっきりした同じはっきりさの写真を並べると、ぼやけた写真のあっ
た方の写真は、非常にはっきりとして鮮明に見えるようになります。

　何か変化がある錯視図のなかで、その変化を起こさせるために、比較
する左右両者の中間を10秒程度凝視し、意識を集中させるプロセスを
とる錯視があります。意識を集中することで、周辺部では、異なる現象
が判り易く生じます。ぼけ残劫は、直前の影響を受け、違いをはっきり
させるために生じています。鮮明さである画像の粒子の大きさの精度と
考えると、さらに鮮明に見える時には、同化や混合の逆現象である鮮明
化が生じ、対象を「はっきり」させます。逆の場合は、対象がボケて見
えるようになります。目の網膜の配置に関係する色彩の同化・混合の逆
現象である鮮明化といえます。分類としては、色彩の同化・混合が該当
します。全体の形状などの変化がないため、形状の錯視とするには無理
があります。

　この錯視の場合、少し長い時間対象を注視することが、一つの重要な要件になっています。注視することが無ければ、この現象は生じません。このように考えると、注視することが、この錯視を生じさせています。注視させてはっきりさせる意識は、脳の働きです。このように考えると、感覚的にはっきりさせようとする意識が働き、類推によって、画像が鮮明になると考えられます。

　意識を集中することで生ずる錯視であることから、感覚の錯視の類推による明確化の錯視としました。

⑦明確化の錯視－7　消える染み

　既存の分類では、幾何学的錯視の形状の錯視に分類されるようです。

　消える染みは、中心部の青い光の円を暫く見つめていると、周辺部の青い光の円が、次々と消えていく現象です。消えた円も時には再度見えるようになります。小さな円が消えることからか、形状の錯視の範疇に入っていました。

　中心部の青い光を見つめていると、周辺部を見る集中力がなくなり、対象である青い光の円を見る意識が薄らぎます。一点に意識を集中すると周辺部分への意識が拡散するため、はっきりとは見えないようになる現象です。中心部をしっかりと見つめれば見つめるほど、周辺部分への意識が拡散され、周辺部分は曖昧になります。その結果、見つめている部分以外の場所では、明確化の逆の現象が生ずると考えられます。

　一点に意識を集中することで、その他の部分が曖昧になったり、見えなくなるように選択する（次項で述べる）優先度の錯視とも考えられます。優先度の錯視そのものが、明確化の錯視の一つの形態です。

⑷　優先度の錯視の理論

　人間は同時に同じようなことを二つ以上並行して実施することは困難です。一つを瞬時に選択する場合、何を優先するかが重要です。同時に全ての処理を行うことは、有限の脳細胞では不可能です。そのため、脳は優先度の高いものから順次、情報処理を行うと考えられます。優先度

の高い記憶や感覚などから情報処理され、ある程度「はっきり」すれば、その段階で次の処理行程に進むことなく、処理結果に基づく脳からの指示が出されるでしょう。

　情報についても同時に二つ以上のことを認識するのは困難です。進化の過程で身に付けた習性と言えるでしょう。二つ以上の同時行動は、行動が定まらなくなり、そのまま人間の生存を脅かす行為となるからです。

　両義的錯覚は、見方によって異なる図形が見られますが、似たような現象については、同時に二つの現象を「意識」することができないため、必ずどれか一つの現象を見ることになります。

　対象を見た時の脳が受ける対象に対する感覚、その優先度がそのまま感覚の錯視に影響を与えます。従って、感覚の錯視は、対象を見た瞬間と、その対象に関係しそうな記憶や感覚におけるインパクトの強さが優先度と重なって、優先順位が決定した結果生ずる錯視と言えます。

　感覚は、人類が生存してきた進化の過程で生じた事項などが多く、誰もが共通して持っているものです。そのため、感覚に関する影響の大きさは、誰もが共通して同じように受けるため、同じような錯視現象を起こすのが一般的です。しかし、記憶は、個人としての過去の歴史や直前の経験などが大きく、個人差もあります。従って、記憶に基づく現象に関しては、時には、個人差が出てくることがあります。意図的に意識を変えることもあります。

　これらの現象があるため、感覚の錯視は、多くの人が共通の感覚を持ちますが、その時や人によって、時には異なることも出てきます。感覚の錯覚では、ある程度違っていることも当たりまえと考えて良いのかもしれません。

　優先度は、決まっているものではありませんが、一般的傾向はあります。

　インパクトの強いものが優先されます。光であれば明るい光、色彩であれば、彩度や明度の高い色彩、あるいは、明度や彩度の差が大きい組み合わせです。変化であれば時間的に急激に変動することです。時間そのものについては、記憶にある現象からの時間が短い方がインパクトは

強くなります。感情においては、恐怖心などは比較的強いインパクトを与えます。

　背景に対する動きに対しては、一番判り易い適度な動きがあります。早すぎては見えませんし、遅すぎては動きが判りません。動いている対象が大きすぎると、動いている方が止まっているように感じる逆転現象も起こります。適度な大きさの対象での動きが一番判り易くなります。小さすぎては、動きが判らなくなります。

　人間は同じようなことは同時に複数並行してすることができないように進化したので必ず一つを選択します。そのために生ずる錯視が感覚の錯視の中の優先度の錯視です。

⑤ 優先度の錯視の具体例
①優先度の錯視－1　ルビンの壺

　背景に黒地を用いた白地の図形で、向き合った2人の顔にも大型の壺にも見えます。

　ルビンの壺では白地（つまり壺のように見える部分）を図として認識すると、黒地（つまり2人の横顔のように見える部分）は地としてしか認識されません。

ルビンの壺

　同時に両方の図形が見えることはありません。

　人間が意識を集中して「はっきり」と見ようとするときには、同時に2面的に見ることはなく、何方か一方であり、最初に意識した方あるいは強く意識されたものが見えます。意識を変えれば、異なった方が見えます。意識の持ち方などの感覚による錯視です。同時に二つの現象を意識することではなく、必ず一つの現象を意識することです。優先順位の考え方の中には、必ず一つを最優先するという考え方が入ります。

　ルビンの壺は、両義的錯視と呼ばれる錯覚で、対象を見た時に何方を主体とし、他方を背景と考えるか（見方の意識）で、対象が異なって見える現象です。対象を見る時の目が、感覚や記憶を背景に何を主として

見るか？　どのように意識するかによって、対象が異なって見えます。

②優先度の錯視－2　スピニング・ダンサー
○既存の説明
　スピニング・ダンサーのイリュージョンは、日本人ウェブデザイナーの茅原伸幸氏により2003年に製作されました（実際は動画）。
　約3分の2の人たちは、このダンサーは左足を軸にして時計回りに回転していると思いますが、ほかの人たちは右足を軸にして逆時計回りに回転しているように見えます。頑張れば回転方向を切り替えることができる人もいます。これは「両義的イリュージョン」と呼ばれ、有名な「ウサギとアヒル」のイリュージョンや「ネッカーの立方体」もそれと同じ原理です。

○既存の説明
　これまでの錯視の要因の説明では「両義的イリュージョン」は、見ている物がなにかを判断するのに必要な情報が十分ではないため、異なる人々の脳内で異なるさまざまな推測がなされ、異なる結果がでるとされています。
　光とカメラアングルをどのように捉えるかにかかっているだけなのです。多くの人は自動的にダンサーを上から見ていると捉えるため、手の動きを追います。そのように捉えるならば時計回りに回転しているように見えます。ほかの人たちは彼女を下から見ていると捉え、足に注目するため、反時計回りに回転しているように見えます。ダンサーはどちらの方向に回転しているようにも見えますが、それは脳が映像をどのように捉えるかにかかっています。
　既存の解説は上記の通りです。

○本論での説明
　両義的錯視の基本は、人間は同時に二つを意識できないことにあります。

③優先度の錯視−3　クレーター錯視

　既存論では、クレーター錯視図は多数存
在するため、ここでは、ラマチャンドラン
型のクレーター錯視を念頭に記載します。

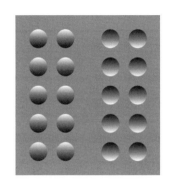

　クレーター錯視は、穴が開いているか、
盛り上がっているか陰影の見方によって異
なって見える錯視です。対象画面の明るい
部分と、影の部分の見方で異なって見えま
す。立体的な形状があることから形状の錯
視に、さらに陰影によって生ずる錯視であ
ることから、陰影の錯視に分類されている
ようです。

　比較のために、2種類の形状を10個程度表示しています。円形の形
に上半分は勾配を付けて明るくし、下半分は勾配を付けて暗くしていま
す。この図形を、左側に5段2列程度記載します。全部の図形が飛び出
しているように感じられます。

　次に円形の形に上半分は勾配を付けて暗くし、下半分は勾配を付けて
明るくします。

　次の円形を、右側に5段2列程度記載します。右側では全部の図形が
凹んだように感じられます。自然界を含めた人間が生活する空間では、
通念上上から光がくる場合が多いようです。

　そのため、多くの人は、光が上からきているような「意識」を持っ
て、クレーター錯視を見ます。その結果、対象を上が明るい左側2列は
凸の立体に見えます。光が下からきていると意識してみると、凹凸が逆
転して見えます。

　クレーター錯視は、形状が幾何学的な形で明瞭なため、これまでは幾
何学的な形状の錯視に分類されていたかもしれません。

　光が明るい上方からくるという感覚が生じさせた錯視で「感覚の錯
視」です。光が上からくるか下からくるかどちらを優先するかで見え方
が異なります。光が下からきていると意識して見ると、凹凸が逆転して
見える両義的錯視です。両義的錯覚は、優先度の錯視です。

④優先度の錯視－4　誘導運動

　誘導運動は、周囲の他の対象の動きによって、実際には静止している対象があたかも動いているように見える現象です。雲間の月が動いたり、橋の上から川面を見つめていると自分が立っている橋が動いているように見えたりします。

　周囲の対象の動きが広い範囲で起きていると、動いている対象ではなく、それを見ている人間が動いているように感じる現象です。大きさは小さめの方が動いていると感じやすいために起きる現象です。

　人間の感覚が、同時に二つ以上のことを意識するのが困難なことに起因し、一つを選択した結果です。動くことに関しては、視野角として広い範囲が静止し、狭い対象が移動したように「意識」されるため、実際の動きとの逆転現象が生じたのです。

　運動残効が時間的変化であるのに対して、誘導運動は空間的変化に対応しています。

　いずれも過剰反応によって生じています。

⑤優先度の錯視－5　運動残効　滝の錯視

　滝の水の流れをしばらく凝視したあとで、近くの景色を眺めると、近くの景色が緩やかに上昇して見えます。この現象は滝の錯視と言われています。暫くすると元の静止状態に戻ります。視野の中で広い部分を占める一定方向へ移動する対象を持続して観察したあとで、静止した対象へ目を向けると、その部分が観察した運動とは反対方向に緩やかに動く現象です。この残像効果は、片方の目で移動体を観察したあとで、他方の目を静止対象に向けたときにも認められます。

　移動した後に像が見えている残像の持続時間は、移動体を凝視する時間の増加に比例して増加しますが、凝視時間が長くなった場合には一定の限度があります。

　この現象の誘因は、直前の環境として、滝の水の流れを凝視し、意識づけられたことです。滝を長く見た後に、隣の木々などに目をやると、それらが上へ動いて見えます。

　滝の水が上から下へ流れる状況を暫く凝視すると、上から下へ行く流

れが意識づけられます。目を脇に向けることで、上から下への景観が瞬時に途絶えます。上から下への流れが急に途絶えた場所では、残像の影響で、逆方向への変化が見られます。

　逆の現象は、下から上への動きです。従って、滝の水の流れを暫く凝視した後では、近くの景色が上にあがっていくように見えます（暫くすると静止状態に戻ります）。

　一定の動きが時間的にしばらく継続した後に、急に静止画面に戻るという急激な時間変化に対する過剰反応が生じた結果です。

⑥優先度の錯視－6　スノーブラインド錯視

　第6回錯視コンテストグランプリ作品です。雪が降っている様子をブラインドのような物を通して見た場合、そうでない場合に比べて雪の落下速度が増しているように感じます。実際に、窓の外の雪を、少し隙間を開けたブラインドから見ると、ブラインドの無い窓から見た場合に比べて、勢いよく雪が降っているように感じます。

　雪の降っている状況は、静止画像では動きを表現することができないので、映像で表現することが適しています。雪の落下速度は同じでも、ブラインド越しに見ると、雪の落下速度が速くなったように意識される錯視です。

　雪が降っている様子をブラインドのような物を通して見た場合、すなわち、一定間隔のボーダーで視界を妨げた場合、そうでない場合に比べて雪の落下する速さ（勢い）が増しているように感じます（新正司氏作品）。

○ 既存の説明

　実際に、窓の外の雪を、少し隙間を開けたブラインドから見ると、ブラインドが無い窓から見た場合に比べて、勢いよく雪が降っているように感じます。何故このように見えるかの説明は有りませんでした。従って、現象は説明しているけれど、要因は説明していないことになります。

○本論の理論

　スノーブラインド錯視は、感覚の錯視です。感覚の錯視の判断基準の一つに、同じようなことは同時に二つを認識できず、必ず一方が優先され、他方を感ずることは大幅に減少することです。優先度の錯視であり、両義的錯視の一つです。

　ブラインドに比べて、降雪は明るく目立ち、動きがあるため、雪とブラインドの格子模様のなかで、白い雪だけが強く「意識」されます。逆にブラインドはあまり「意識」されません。そのため、降雪部分は広く意識されますが、ブラインド部分は狭く意識されます。雪はブラインドのある部分と空間部分を同じ速さで動きますが、目に見える空間部分は幅が広くなって見えるため、早く降雪が動いているように見え、ブラインド部分は降雪が実際に動く距離よりも、短い距離を動いているように感じられます。もう少し別の言い方をすると、ブラインドの開いた降雪部分の動きに目線や意識が集中するため、ブラインド部分への意識がほとんどなく、無視されたような状態になることです。そのため、ブラインド部分は空間としての存在意識が低下します。結果としてブラインドと空間が交互に繰り返される空間（ブラインド窓）では、ブラインド部分が無視されあるいは狭く意識されます。その結果、開いた部分の動きだけがはっきりと見え、降雪の落下速度が速くなったように感じられます。

　ブラインドとその間の空間という、降雪の白さが目立つ間隔と、ブラインドの何もない目立たない間隔の両者が順次繰り返すため、めだつ区間は「はっきり」と認識され目立たない区間は、無視されたように意識されるために生ずる感覚の錯視です。繰り返しになりますが、再度次のように説明させて頂きます。

　雪そのものの動きが錯視現象なので、現象面からだけ言えば動きの錯視です。雪の動きを表現するには、動く画像である映像の表現が適しています。作品の説明では、錯視現象については説明していますが、何故そのような現象が生ずるかの説明がありません。錯視の要因が判っていない証しです。

　この錯視は、動いている対象と動かない対象との相違です。動く対象

は、人間の意識に入り易く、強調されて意識されますが、静止して地味な対象は強くは意識されません。強く意識される対象は、一般的に拡大されたように見えます。強く意識されない対象は縮小されたように見えます。雪は、落下して白色で目立った存在です。ブラインドは静止して目立たない存在です。雪が落下する現象は目立ち、ブラインド部分は目立たないため、雪が見える部分に比べて、ブラインド部分は相対的に幅が短く見える現象を生じさせます。その結果、ブラインドがあると雪の落下が全体として早く見える現象が生じます。両義的錯視の一種で、雪の落下が見える現象を優先して意識する優先度の錯視です。

⑦優先度の錯視－7　陰影と影、陰影の錯視、円盤消失錯視（隠れた円盤）

　既存の分類では、陰影の錯視になっていました。ドアの模様の中に、よく見ると円盤状の図形が隠されているような図形です。円盤の図形を隠すために、陰影を使って、特定の模様を書いています。特定の紛らわしい模様を陰影で表していることから、陰影の錯視としているようです。

　直線の多い明暗（陰影）模様の中に、円盤状の図形を紛らわせていますが、単純に図形を見た場合は、直線状の図形に意識が向くため、円盤状の図形が意識されにくくなります。そのため、円盤状の図形は隠されたように思います。明暗図形で直線が強調されると、曲線は殆ど見えなくなりますが、円盤があると思って見ると、円盤があるように見える錯視で、何方が優先するかの両義的錯視です。

⑧優先度の錯視－8　婦人と老婆、ウサギとアヒル、隠された文字、隠れた動物たち

　絵としての両義性から、必ず片方の絵が見えるようになっています。片方の絵を認識した後、何らかの理由でもう一方の絵が描かれていることを知ると、その絵が見えるように意識を変換してみると、実際にもう一つの絵が見えることから、何かだまされたような感覚になります。この感覚が生ずることから、これまではだまし絵の範疇に分類されていま

す。

　錯視の分類としては、優先度の錯視に入ります。何方かが優先して見られると、もう一方は意識から遠ざかり見えなくなる感覚から生ずる優先度の錯視である両義性の錯視です。

⑨優先度の錯視−9　　ドングリコロコロ錯視
（東京大学大学院総合文化研究　四本研究室　湯淺健一、田中涼介）

　第6回錯視コンテスト入賞作品です。ドングリのように上部と下部では異なるような形状を使った映像の錯視です。ドングリを多数、等間隔で平面的に配置し、全てのドングリを自転させます。それと同時に全てのドングリを中心に置いてある1個のドングリを中心にして回転させます。そうすると、中心にあるドングリの回転は、はっきりと分かりますが、その他のドングリの回転はあまり見えなくなります。画面中央にあるドングリだけが異なった回転をしているように見えます。あまりというのは、殆ど見えなくなるのですが、そのうちの特定のドングリに視線を移し、見つめると、中心のドングリと同じように自転しているのが判ります。一つ一つのドングリに順次着目すれば全て同じ回転をしていることが分かります。

　同作品での考えた錯視図形の作者の仮説を次に紹介します。

○2次元の図形における中心図形の振る舞い

　周辺視野では、中心視野と比べて局所運動の検出精度が低く、大域的な運動が知覚されやすいことが知られています。この錯視では個々の図形が全体の回転方向に対して逆方向に2倍速で回転しています。このとき全体の回転が大域運動として知覚されるなかで、中心図形でのみ局所運動が強く知覚され、逆回転して錯覚すると考えられます。

○仮説に対するコメント

　専門的な知識がないため、この文章を何回も読みなおし、自己流の解釈を進めました。図形全体を見た場合、周辺部分は、中心部分に比べて、個々の運動を見分ける能力が低く判り難いのですが、大きな運動、

言い換えれば全体の運動は判り易いことが知られています。この錯視では、個々の図形は全体の回転運動の２倍の速さの回転速度で、全体とは逆方向に回転しています。そのため、周辺部分を主体として見れば、全体の回転運動が判りますが、中心部分は、部分的な運動もよく判るので、中心の図形は２倍速である逆回転がはっきりと判ります。

「逆回転して錯覚すると考えられる」ということは、意味がよく判りません。周辺部分のドングリの回転は、殆ど意識されないが、中心部の１個のドングリは、個体としての回転がはっきりと判るように見えています。その結果、動きの判らない多くのドングリの中で、中心のドングリだけが逆回転しているように見えるので、それが錯覚だという事でしょうか？

　この仮説にはもう少し追加条件が必要です。

「周辺視野では、中心視野と比べて局所運動の検出精度が低く、大域的な運動が知覚されやすいことが知られています」という事ですが、この現象を主張するには、もう一つの大きな前提条件が必要です。

　図形の移動速度の問題です。図形全体の動きが回転運動であり、個々のドングリの運動も回転運動です。どちらも回転運動であることから、回転運動での速さである角速度で全体とドングリの動きを比較し、全体の動きの２倍の角速度でドングリが動いていると、言外に説明しています。人間が速さを認識するのは、角速度だけではなく、実際の空間的移動距離です。回転運動の角速度に中心からの距離を積算した実際の距離が、移動の概念を生み出します。図形全体の周辺部は、移動速度が大きく、ドングリ全体の図形が大きく回転しているように見えます。周辺部のドングリの動きは、全体の動きが優先されるため、実際は回転しているのに、その動きが意識されなくなります。人間は同時に似たような二つの形状や運動などをはっきりと認識することは出来ません。移動等に関する異なる同時認識では、人間の行動が決定できず、命の危険にさらされることは既に述べた通りです。そのため動きの大きな方だけが認識（意識）され、別の動きは意識されなくなります。これが、周辺部分では、全体の回転の動きが見え、個々のドングリの回転が意識されない理由です。

中心部分では、中心となるドングリは、中心の一点からドングリを表現している輪郭部分までの距離がまったく同一であるため、全体の回転運動と個体の回転運動が、同時進行しています。全体の回転運動が反時計回りで、ドングリがその２倍の回転速度で時計回りに回っていれば、中心のドングリは、１倍速で時計回りに回っています。中心のドングリは、ドングリ個体としては回転していますが、中心にあるため、個々のドングリのようには反時計方向への回転運動は個体としての回転と全く同じ現象となり、方向が反対のため相殺されます。

　このようにして、画面全体のドングリは半時計方向に回転し、中心にあるドングリだけが時計方向に回転する図形が誕生します。

　個々のドングリに着目すると、それぞれが、時計方向に回転していることが確認できます。個々のドングリに着目することは、着目したドングリの移動速度に合わせて、ドングリを見ている人間の目、視線を動かすことです。視線を動かすことで、ドングリを見る時、回転方向に対して準静止状態にするため、個々のドングリは、個々に回転しているように見えるようになります。

　車窓から近くの風景を見た時、目線を変えずに見ていると、風景は次々に流れ、形状などははっきり見えませんが、車の動きとは逆に、視線を対象となる物体に移し対象と同じ動きにすると視線は動きますが、対象の物体は形状なども判り易くなります。これと同様の現象が周辺部に着目した時のドングリの見え方です。

○錯視としての分類
　この錯視は、大きな動きがあると小さな動きが判らなくなることです。感覚の錯視の中の優先度の錯視です。動く、動かない、この場合は動きが見えるか、見えないかという両義的錯視とも言えます。

⑩優先度の錯視－10　ライラックチェイサー
　説明は既に別項で記載済みです。

⑪**優先度の錯視－11　影が動かす（図形、ボール）**

　影の動きによって、本体のボールなどの動きが決まるように見えます。ボールなどの陰影によってボールの動きが決まることで、陰影（明暗）の錯視としていました。

　ボールも影も表現されている通りに動いています。影の動きによってボールの動きが、はっきりと決まった動きになったように見えます。太陽光など一方向から強い光が当たって影が見える場合、影の動きとボールの動きが連動していることを私達は判っています。厳密に捉えれば、ボールは常に一定方向に直線運動しているため、影の動きと連動して一定方向への単純移動ではないかもしれませんが、影の動きがはっきりとしているため、意識は影の動きに向かいます。影の動きには意識が向かいますが、ボールの動きの微細な動きには意識が向かいません。大雑把に関連した動きのように意識するだけです。そのため、影の動きが全体を支配し、影の動きに同化したようなボールの動きが意識されます。影の動きに意識が向かった優先度の錯視と言えます。

　動きをはっきり意識させるため、動きを明確にするための錯視とも考えられますが、優先度の錯視の方が適していると思います。

⑹　乖離の理論（意識との乖離による錯視）

　感覚の乖離は、記憶違い、不注意などによって生じます。対象物への注意が不十分のために起こる錯視で、見間違い、聞き違い、人違いなど、私達が、日常経験する多くの間違いを含んでいます。対象物そのものは変わらず、知覚する感覚だけが異なります。対象は、何も変化がなく正常であるが、知覚する機能が、異なったように知覚することで、「はっきり」と知覚しなかったことによって生じる現象で、簡単に言うと間違いです。しかし、単に間違いとしてしまうのでは、間違いの要因が判るだけに、無視するわけにはいかず、その要因を記載し、一つの分野として分類してみました。

⑺ 乖離の錯視の具体例
①感覚の乖離－1　坂道の勾配の錯視（意識や記憶との乖離）

　下り勾配なのに上り勾配と見誤り、緩い上り勾配を険しい上り勾配と見誤るような錯視現象です（下りと上りの逆もあります）。

　身体の好不調などによって、歩くことが、非常に楽に感じられる時や、逆にきつくなった場合に感じられる現象です。実際の現象よりも、体調が優先された結果です。数時間あるいは数分単位の直前の体調や状況が、客観的判断を誤らせる現象です。誰もが何時でも同じように遭遇する現象ではありませんが、直前の体調の好不調などの環境条件によって、精神的に引き起こされる現象です。体調の良い時は、少しの登りも下っているように感じられる時があります。下り勾配なのに上り勾配と見誤り、緩い上り勾配を険しい上り勾配と見誤るような錯視現象です。平衡感覚が異常になった時に生じる錯覚であり、勾配が、通常とは異なったように感じる錯覚です。

　平衡感覚に誘導された目の感覚の異常状態で、「感覚の錯覚」と言えるでしょう。平行感覚や体調が通常に戻れば、元に戻ります。従って勾配に関する感覚の錯視です。

　クライマーズハイのように極度に意識が張り詰めた状態の時にも同じような現象が生じます。

②感覚の乖離－2　方向の錯視（既存意識との乖離）

　過去の記憶を鮮明に思い出すと、実情との違いが鮮明になり、何かが異なったように感じる錯覚です。現実より、記憶が優先される現象とでもいえそうです。実情よりも過去の記憶が重視された結果です。実情が意識されればすぐに収まります。

　空間の方角や位置の誤った知覚で、正しい方角と、180度または90度、方向感覚が食い違うことを意識する錯視です。優れた方向感覚を持っていても、180度または90度、方向感覚が食い違う場合があります。この時は、その直前の状況が影響しています。過去の経験などから事前にインプットされている方向感覚と、大きく異なった状況が出現すると、方向感覚は方向の基準を失い、突然方向感覚が無くなったように

意識されます。記憶と方向感覚の違和感などが影響した結果です。この現象は、目で見て実際に何かが異なって見えるわけではなく、心理的に何かが違っているために生じた錯覚で、「感覚の錯覚」と言えます。目で見ている形状や色彩などは何ら異なることはありません。

　方位の喪失ということ、直前までの環境条件と心理的影響で、方向感覚を失うことは、山で道に迷った場合にもまったく同じような現象がおこります。見ている方向が思っている方向とは異なる現象です。目で見ていることから、目の錯覚と思いがちですが、記憶による意識の認識が本来のものと異なった認識をもった結果です。これらはいずれも、通常の反応を越えた過剰反応と言えます。

③感覚の乖離－3　パレイドリア

　雲の形が顔に見えたり、しみの形が動物や虫に見えたりと、不定形の対象物が違ったものに見える現象に代表されます。

　対象物が雲やしみであることは理解しており、顔や動物ではないという批判力も保っているが、それでも生じてしまう錯視です。一度そう感じるとなかなかその知覚から逃れられません。

　実際に見える形状などがはっきりしていても、過剰な推測が生じる典型的な事例です。推測は、常識的な知識があっても、進化や成長の過程で身に付けた感覚や記憶が強く影響することが優先される場合があることを示しています。

④乖離の錯視－4　重力レンズ錯視

　小さな点は近くの大きな図形に引き寄せられるように見えるという錯視です。小さな点と大きな図形は幾何学的形状で表されることから、既存の錯視の分類では、形状の錯視に分類されています。

　この図形は、一つの大小の形状からは殆ど判りません。小さな点を長方形などの頂点に置き、大きな円が近くにある場合と、無い場合を比較して、近くに大きな円が、小点からの等距離に大きな円を配置し、大きな円が不等辺四辺形である場合は、小点は本来ならば長方形の頂点にあるはずなので、小点同士では、長方形に見えるはずが、大きな円に引き

寄せられるようにして、位置がずれて見えるために、小点を結ぶ直線は、長方形にならず、不等辺四辺形になります。

　小さな円と大きな円が比較的接近した場合、目は全体の大きな円を主体として見ます。そのため、意識は大きな円の形状を意識し、小さな円については、意識から外れます。そのため、全体の形状として、大きな円の形状が意識されます。実際に小さな円を頂点とする場合も、大きな円を見た時の意識に引きずられ、その影響で不等辺四辺形に見えるようになります。小さな円を見ようとして、全体を見る場合、大きな円を主体に見てしまうのは、優先度の錯視と言えますが、見方によって、形状が変化してしまう意識になることからは、意識の乖離と言えます。

○意識の乖離あるいは優先度の錯視です。

5．外部要因

⑴ 外部に要因がある錯視の分類と理論
　光が目に入ってくる前に、何かが異なっていると「意識」する要因がある場合を外部に要因がある錯視と考えました。外部で起こる現象では、目に見える形状や色彩などは、何も変わらずあるがままに見えます。外部に錯視の要因があるため、科学的に立証可能になります。人間の身体の外部で生じている錯視は、「科学的に検証が可能である」とした考え方は新たな考え方かもしれません。目の水晶体に対象からの光が入ってくるその前に、何かが違っていると「意識」する要因がある錯視を、ここでは、外部に要因がある錯視としています。この錯視には、自然現象と主に人為的に作成されたトリックアートがあります。
　トリックアートの一種に、通常の３次元視を無視し、固定点から単眼で見た場合の諸条件を活用して、何かが異なっているように「意識」させる「平面化の錯視」が、あります。外部に要因があるため、目や脳で生ずる錯視の要因などとは関係がありません。
　全て科学的に証明ができる現象です。

(2) 平面化の錯視の理論
①平面化の錯視とは

　平面化の錯視は、本来立体である対象を平面化して見ることで生ずる錯視です。平面化の錯視は距離感を無視し、平面化した対象が、距離感が判っていた時の状況と何かが異なっているように「意識」される現象です。平面化の錯視は、立体において距離感を無視し、平面化した対象が、距離感が判っていた時の状況と何かが異なっているように「意識」する現象です。

　目が2眼あることで生ずる遠近感や立体視を無視できる状況を作り出して、平面状態の中で、人間の記憶などが作り出す立体感等を利用した錯視が平面化の錯視です。目に見える形状、大きさや長さ、色彩なども変わりません。目に情報が入るまで何も変わらずに見える現象です。その現象が、何かが異なったように「意識」される状況を作り出した立体のトリックアートです。その平面状態の中で、本来なら3次元空間での人間の記憶や感覚などが作り出す立体感の中で生ずる現象と、平面化された状況との相違を「意識」させる現象です。

　平面化するためには、距離が判らないようにします。視差が無くなれば、距離は解らなくなるため単眼視が基本条件です。形状が変わらないようにするため一定の定まった距離における一点から見ることが必要になります。この2条件を簡単に満たすのは固定位置に設置されたテレビ画像等です。映像の特徴は単眼視です。3D映像は同時に少し離した位置にカメラを置き映像を撮っているので、立体視ができるので、3D映像を除外した、通常のカメラ映像がここでの対象です。映像の特徴は、ただ一つで単眼視であることです。一つのレンズを通して見ることから、写される対象までの距離がまったく分からなくなります。テレビ画像を見て、何となく立体をイメージするのは、私達の記憶などが、画像からある程度の推定をするからで、それでも、ちょっとしたことで、立体感や大きさは判らなくなります。

　基本構成は、立体構造を平面的に見た場合、構成後の画面で本来の立体構造の時の現象と何らかの違いが生ずるように作成された作品です。画像化することで、遠近や立体は表現できなくなるため、形状や色彩の

みが、見る対象となります。距離感や立体感が無くなるので、大きさのみが一つの基準です。

　立体感というものは、人間の記憶に入っている現象であるため、具体的な距離が判らなくてもある程度の類推は可能です。対象を平面化して見る状況を設定し、立体視を記憶などで補正して見ているときに、本来の状況とは、何かが異なっている感覚になるのが、平面化の錯視です。平面化の錯視では、形状などが異なって見えることはありません。

　平面化の錯視は、何かが異なるように「意識」されることで成り立ちます。

　立体を平面化した時に生ずる錯視であることから、ここでは「平面化の錯視」としました。人間の目に光が入った後は、錯視の要因となる過剰現象などは生じていません。人間の身体の外に要因があるため、人間の身体の内に要因がある錯視とは区別して考えました。形状そのものは何も変わらず、何かが異なったように思える図形です。

②平面化の錯視の条件

　3次元空間を平面化して見るためには、対象までの距離が判らないようにする必要があります。両眼による視差が無くなれば、距離は解らないようになります。そのため、距離が判らないようにするためには、1眼で見ることが必要です。遠近感や立体視は2眼あることによって生じるため、距離を解らなくするために平面化して見る必要があり、そのためには1眼で見る必要が生じます。

　立体が定まった形に見えるのは、水晶体の位置、カメラではレンズの位置が一点に定まっている場合です。位置がずれると、立体は形状が変わります。

　1眼で見る最も有効な方法の一つは、画像化することです。画像化することで、遠近や立体は表現できなくなるため、形状や色彩のみが、見る対象となります。単眼視では、距離感や立体感が無くなるので、大きさのみが、一つの基準となります。両眼で見ると、距離感が判るので、錯視現象は多少緩和される傾向が生じます。

③画像の再構成

立体感というものは、人間の記憶に入っている現象であるため、具体的な距離が判らなくてもある程度の類推は可能です。対象を平面化して見る状況を設定し、立体視を記憶などで補正して見ているときに、本来の状況とは、何かが異なっているような感覚になるのが、平面化の錯覚です。

平面化の錯覚では、形状などが本来の形状と大きさや色彩が異なって見えることはありません。平面化の錯覚は、何かが異なるような感覚になる「感覚の錯覚」の一つと言うことできますが、外部にその要因があることからここでは別のものとして扱っています（平面化の錯視は新たな造語かもしれません）。

④立体のトリックアート

作成された形状などは、立体的なトリックアートが多く、だまし絵の立体版と言えそうです。

形状そのものは何も変わらず、何かが異なったように思える図形で、対象は、距離によって大きさが異なるため、見るための立ち位置が変わると、全体のバランスが崩れ、図形的な違和感を生じます。対象は立体であるため、方向や大きさが異なると形状が異なるため、意図して、一点から見せたい形状に変形して作成されています。立ち位置を適切な位置に固定し、１眼で見ることが、平面化の錯視の基本要件です。

平面化の錯視においては、二つまたはそれ以上の異なった状況を表現できます。

その一つは、対象までの距離を無視することで出来上がる錯視です。もう一つは、対象を見る目からの視野の角度の違いを利用することです。

⑶ 平面化の錯視の具体例
①平面化の錯視－１　なんでも吸引四方向すべり台
（ベスト錯覚コンテスト世界大会　2010年優勝作品　杉原厚吉、小野隼、友枝明保）

四方向に設置された滑り台を上がる球の映像。

　一点から見た平面視の錯視であり、平面視の時に誘引される「感覚の錯視」とも言えるかもしれません。

　このような現象が現れるのは、目の位置を一方向の限定された範囲に限られた場合で、映像表現が一番適切な表現方法となります。実際の作品では、一点（距離や方向を固定した固定点）で見た場合にだけ成立します。そのため、映像での表現が適した表現方法になります。そういう意味では映像の錯視とも言えそうです。

　この現象は、遠近が判別できる条件下では、基本的に生じません。従って、人間の目で直接見る場合は片眼で見ると良く、画像は基本的に１眼レンズで見た時と同じで、立体表現が出来ませんから、平面化の錯視の画像に適しています。

　平面では、実際の大きさや、傾斜などは一切関係せず、目で見た視野角の大きさのみが大きさを表しています。一点から見た形状に矛盾が無いように作成し、物理的現象が、常識とは異なっているようにした立体です。球の通路となる溝は、一点から見た大きさだけを考慮し、実際には凹の形になるが、見かけ上凸になるように作成されています。特定の一点から見た場合に矛盾がないように溝の長さや傾斜を調整しています。特定の一点から見た場合、外側の高い位置から球を転がすと全てが中央に集まるように作成されています。

　平面化の錯視は、通常は当たり前の現象ですので、必ず種明かしをすることで、錯視であることが判るようになります。そのため、画面上で、種明かしをすることも、この現象が、何かが異なっていることを「意識」させる重要な要素です。種明かしをしなければ、何が錯視なのかも判りません。

　同様の原理によって、多くの不可能図形の立体が、実際に作成可能になります。

　距離感を無くすことで成立する錯視です。

②平面化の錯視－２　四角と丸
（ベスト錯覚コンテスト世界大会　2016年準優勝作品　杉原厚吉）

　四角と丸では、直接四角柱を見る場合の視野角と鏡面に写る場合の視野角の差異を利用しています。

　四角柱が鏡面に写る場合、四角柱の断面が、特定の一点から見て円形になるように加工されています。特定の一点から見た場合、鏡面では四角、手前にある形状は丸の断面に見えるように意図され制作された作品です。

「なんでも吸引四方向すべり台」と「四角と丸」が違うのは、何か異なっていると意識させる対象を重力としたか、鏡としたかの違いです。

　視覚としては鏡を使って対象を見る視野の角度を変えたことに要因があります。

③平面化の錯視－3　ペーパードラゴン

　ドラゴンの顔を紙に印刷し、凹面になるようにして作成します。凹面に作成したドラゴンは凸に見えます。立体が凸に見えるのは、進化の過程で習得した基本的な感覚や習性です（実在の立体では、殆どが凸面で形成され凹面での顔などはありません）。

　凸面に見えるのは、意識の底にある感覚の影響とも言えます。

　そのため、人間は平面的な状態で見た場合は、ドラゴンを凸面として見るようになります。立体として両眼できちんと見た場合は、凹面であることが判ります。

　ドラゴンが凸面で見えるためには、遠近感が解らないように平面的に見ることが必要です。

　特定の限られた方向から、片目で見た場合に、最もその動きなどが奇妙に感じられる動きになります。テレビ画像など、遠近が判らない画像の場合には、凸面が適切に表現されたように感じられます。凸面の表面と凹面の表面では、平面的に見た場合、その動きは反対方向になるため、奇妙な動きに見ます。

　両眼で見ると、3次元での見方になり、凹面であることが判ります。1眼で見る意識になるための時間が必要となり、片目程の奇妙さはなくなります。

　奇妙な動きに見える基本的要因は、ドラゴンのある一点に着目して少

し動かしたときに、実際の物理的動き（対象までの距離に応じた動き）と目に見える動きとの間に違いが生ずることです。

　凹面から目までの実際の距離は、凸面である時の距離に比べて目までの距離が長くなり、小さく見えますが、実際に目に入る時は、感覚の上では凸面になっているため、目までの距離が短いという感覚で対象を見ているため、実測と感覚の上で差異が生じます。画像が平面化された時のみに生ずる錯覚です。

　対象までの距離が一部反転したことで、動きが異なる距離による錯視です。

④平面化の錯視－4　エイムスの部屋

　ある一つの視点からの光景が、一般的な遠近感の光景（四角い部屋）になるようにあらかじめ歪めて作った部屋を用意することで、普通の四角い部屋に見える左右や奥行きの違う部屋の中の、人やものの大きさが、通常の人やものの大きさに感じられるようにしたものです。

　単眼視やカメラ映像で一点から見て遠近が判らない平面化した対象を作り、立体感などは人の感覚（記憶や経験等）に任せた作品です。

　距離感を無くすことで生じる典型的な現象です。

⑤平面化の錯視－5　矢印

　一方向から見ると矢印に見える立体を作り、水平方向に180度回転させた時も同じ方向に矢印が向いている形状の立体です。180度回転させたら通常は矢印の向きが180度変わるのですが、同じ向きにあることで奇妙に思えます。平面化の錯視の傑作ですが、原理が判ってみれば、普段私達が目にしている光景をそのまま活用しているに過ぎません。人間が見る多くの物体は、左右が対象ではありません。そのため、反対側から見れば、形状が異なって見えます。この原理を、具体的に判り易く、立体の形状に仕上げた素晴らしい作品です。

　見かけの視点を変える事で生じさせた作品です。

⑥平面化の錯視－6　ホロウマスク錯視

　既存の錯視論では、陰影の錯視あるいは明暗の錯視に分類されています。あるいは、異なった動きが見られることから、動きのある錯視に分類されています。

　マスクの表面は、表裏で凸面と凹面の差異はあるが、立体であるため、斜めなどから光を当てると陰影が生じます。凹面を見た時の陰影を見た結果から何かが異なっているように感じられる錯視です。陰影が凸面とは反対に生じており、その結果何かが異なっているように意識されるため、陰影の錯視に分類されたと思われます。

○平面化（距離）の錯視に分類した理由

　凹面と凸面の違いによって、距離が異なります。凹面と凸面までの距離の異なりによって、何かが異なって見えるように意識される現象です。凹凸を逆転することで、対象までの距離感が反対になり、距離感を無くすことで生ずる平面化の錯視と言えます。同様の現象には、ペーパードラゴンなどがあります。距離を解らなくする平面化の錯視です。ホロウマスクが静止画像であるのに対し、ペーパードラゴンは動かし事で生ずる錯視ですが、要因は、平面化で成り立つ錯視です。

⑷ だまし絵（トリックアート）の理論

①人間の意識

　トリックアートは、対象は見える通りで何も異なる現象はありません。表現されている内容を見て、一般的な見え方とは何かが異なっているように「意識」されることで、錯視が成り立っています。一般的な見え方との相違を「意識」することが、トリックアートが成り立つ要因です。

　だまし絵と呼ばれています。平面上に描かれた作品で、何かが異なっているようにみえる作品です。目で見る形状や色彩が何か異なることはありませんが、見た瞬間には何かが異なっているように意識される作品です。よく見ることで何が違っているか、その意識される要因が判ります。

マジックなどと同じように騙されることを楽しむ作品です。数多くの作品が発表されています。立体的なトリックアートは前項での平面化の錯視に記載しています。平面的なだまし絵は、何かが異なって思えるように人間が意図的作成した作品です。実際に形状や色彩が異なることはありません。

自然の法則との相違を表現した代表的な例が、エッシャーの滝です。自然の摂理（法則）と表現されている水の流れの乖離が、人間の感覚に、違和感を生じさせ、時には眩暈のような感覚も生じます。

②だまされたことが分かることが条件

だまし絵（トリックアート）、あるいは錯覚を招くような建築様式は、それを見た人間が、何かが異なるように「意識」する絵画などです。立体的な建築物等の表現もあります。対象が明確で、形状や色彩が本来の形状や色彩（トリックアートでの表現）のままに知覚されます。

基本原理は、人間の意志によってその対象を見る人に、通常とは異なった感覚を持ってもらえるように意図した作品です。対象を漠然と見た場合、何か異なっているように感じられる作品です。作者である人間の意志を反映した作品で、形や色彩は描かれた通りに見えます。そういう意味では全く正常な絵画です。

騙されることは正常ではないと考えての異常状態として、錯覚のように思わせる作品です。トリックアートの特徴は、大雑把に全体を見た場合は、作者の意図したトリックに嵌まり込むが、ゆっくりと詳細に見ていくと、それが意図的に仕組まれたことが判るようになっていることです。良くできた作品では、そのトリックがなかなか分からない場合もあります。

③トリックアートの種類

トリックアートにも幾つかの種類があります。何が異なっているかという表現された内容に関係するもの、その表現によって導かれる既存意識や自然の法則との違いなどに分類されます（ここでの検討は不十分です。一部の概略だけを記載しています）。

⑸ だまし絵の具体例
①自然の法則との違い　エッシャーの滝の錯視

　水の流れが自然の法則とは異なり、永久循環を表現しています。自然の法則との違いを意図的に表現しています。エッシャーの滝では、水路が本来ならば上に流れるはずが無いのに、水路の壁が順次下がっているように表現しています。基本的には水路を支える塔の位置関係が、不可能図形のように通常ではあり得ない位置関係になっていることです。この水路の傾斜と不可能図形としての水路が載っている塔の配置がエッシャーの滝を構成している基本要素です。

○平面化の錯視は多くの場合、自然法則との違いを表現している作品が多いように思われます。

②常識との乖離　飛び出す絵

　飛び出す絵など、一般常識では考えられない表現をした絵画です。最近ではアニメなどの特殊な表現を全てトリックアートと表現している場合も見かけますが、常識と乖離した作品・絵がすべてだまし絵と言って良いものか？　何とも言えない状況です。

③遠近法絵画・他

　その他にも各種の絵画が考えられますが、一般的な遠近法で描かれた絵画まで騙し絵に参入させる考え方もあるようですが、ここでは、単なる絵として扱いたいと思います。多くの錯視を全てだまし絵と表現する資料がありますが、ここでは、騙し絵と錯視は、分けて考えています。

⑹ 自然現象の理論

　自然の法則（物理法則）で説明可能な現象です。自然現象ですが何かが異なっているように意識される現象です。通常は錯視に含めませんが、常識的ではない現象は錯視に分類される場合もあるようです。
　前項の平面化の錯視も物理的な法則である光の直進性、屈折、反射などで説明ができます。その意味では、平面化の錯視は、単に自然の法則

を利用して、人間の意識が何か異なったように意識させられる作品です。そこで見える現象が、本来の形状などである似通った元の形状の作用や見え方とあまりにも異なって見えるため、単に、錯視の仲間に入れているだけです。

　人間の目に光が入ってきた以降の現象の異なりを錯視とする考え方の人には、平面化の錯視は、錯視の範疇には入れられないのかもしれません。日常頻繁に生じている現象については、錯視には含めない場合が多いのですが、稀な現象は錯視として扱う場合もあります。平面化の錯視も、現象面では自然の法則を表現の上で巧みに使っています。形や色彩については、光の反射や屈折で説明できる現象が多いと思われます。

(7) 自然現象の具体例

①サイクロイド運動、呼吸する四角

　既存の分類では、運動や動きのある錯視に分類されているようです。

　車の一点に何かはっきりわかる目印をつけ、車を動かしてその目印を見れば、必ずサイクロイド運動を見ることができます。正方形の四隅に配置した円の中心に正方形を置き、正方形の一部が円で隠れるようにした場合、正方形を回転させると正方形の辺が呼吸して大きさが異なって動くように見えます。動きが何か異なっているように見えることから、運動の錯視に分類したようです。

　何方も、単に動いているように見えるだけです。呼吸する正方形も、中心から辺までの長さは、頂点までの距離と辺までとの距離は異なるため、回転させて一部が見えないようになれば、異なって見えるのは当たり前であり、その結果が呼吸をしているように見えると言うだけです。単なる物理的現象です。

②蜃気楼

　光の屈折で生ずる現象です。錯視に入れない場合も多い現象です。

おわりに

　錯覚は誰もが知っていますが、何故錯覚が起こるか、誰も知らない不思議な世界です。今までにも「月の錯視」という現象は2000年以上前から知られていましたが、何故「月の錯視」が起こるか、その要因が説明されたことはありません。

　それどころか、錯覚の定義ともいうべき言葉の意味さえ、辞書や辞典によって、その解釈がまちまちです。かなり似ているのですが何故か「はっきり」した解釈がありません。

　錯覚は人間の知覚器官で起き、目が関与する錯覚は、錯視と言われています。ここでは、錯視について議論を進めました。

　錯視が生じている表現結果は、非常に多数発表されています。実験結果は判っていますが、それが何故起こるか判っていないのが錯視でした。

　普通の実験や測定は、仮説を立て、その仮説を検証するために実験や測定をするのですが、錯視の場合は既に結果が判っているのに、仮説ともいうべき理論が判っていなかったのです。

　要因の追及について今まで何もしなかった訳ではありません。何とか説明しようとしました。一部は説明できたようですが、全体について統一した説明は現在までありませんでした。何故、説明できなかったか？その理由も、理由が解ってしまえば簡単です。最初の考え方が間違っていたからです。最初の考え方が間違った後も、その間違った考え方を正しいと信じて、正当に理論づけようと多くの考え方が出てきました。この大きな流れをここでは「錯視の天動説」と呼ばせて頂きました。

　天動説では、最初に天が動くと考えて、その理論を補強する考え方が次々と登場しています。新約聖書の創世記を見れば、天動説が最も妥当な考え方になるからでしょう。錯視の世界においては、今でも「錯視の天動説」が論じられている時代です。天動説を覆すには、地動説を論ずる他はありません。地動説を論ずるには、天動説とは異なる、正確で誰もが納得できる理論が必要です。

「錯視は何かが異なって見えるように『意識』される現象」です。何かが異なって見えることから、脳の何処かが異常なのではないかと考えたのが最初だと考えられます。最近では、脳は異常ではないが、特殊な場合に、何かが異なるのではないかという考え方も出てきました。しかし、その特殊な状態に関する考え方が、未だ明確には示されていませんでした。

この評論の目的は「錯視の天動説」を打破し、「錯視の地動説」を説明することです。その意味では世界で初めての本と言えるかもしれません。この現象全てを説明するとなると限られた紙面では説明しきれませんので、ここでは初めに「月の錯視」と月の錯視を含む「形状の錯視」について説明し、錯視全体の概要と基本要因を記載しました。

天動説と地動説の違いは、基本的に天空が動いているのか、地球が動いているかの違いでした。

「錯視の天動説」と「錯視の地動説」の違いは、「脳の働きが何処か異なったようになっている特殊な状態」であるのか、まったく「正常」であるかの違いです。「錯視の地動説」では、脳が正常に機能していることが基本となっています。脳だけでなく、目の全ての機能も正常に機能していることを基本としています。ここでは、最初に「月の錯視」について説明し、「天動説」ともいうべき既存の錯視論の論理的矛盾等を指摘しました。

その後で、全ての錯視に関する要因の基本的事項を記載しました。そこでは、何故錯視が生ずるかの基本的要因を明示しています。

その後で、具体的な錯視の例と要因との関係などを記載していますが、この部分については、まだまだ検討が不十分です。読者の方々で錯視に興味を持っている方々、研究をされている方々に新たな研究素材を提供できるのではないかと思っています。

個々の錯視に関する具体的検討は不十分だと思われますが、基本的理論を説明するには、ここに記載の内容でも十分だと思います。

ここでは錯視全体についての基本的な要因を記載しています。その意味では本文は未完成の評論になりますが、基本的考え方が今までにない画期的な考え方であり、月の錯視が明確に説明できることから、それだ

けでも意義のあることと考えています。

　本文では、新たな考え方が随所に出てきます。基本的には全て常識的な考え方ですが、何故か、その事項を解説した記事になかなか出会うことが無かったのです。その多くは、筆者の勉強不足・調査不足だと思います。心理学や錯覚の科学などとは全く無縁の生活であったため、調査不足はご容赦戴きたいと思います。

　ここでの文章は、心理学や錯覚の科学とは全く無縁で過ごしてきた人間が、後期高齢者になったころから、初めて具体的に考察した結果です。そのため、専門の方々からみれば、不十分な点が多々あることと思います。しかし、本文の内容は、錯視について、新たな世界観を構築するものであると確信しています。

　錯視の要因を明確に記載することで、錯視の世界、ひいては錯覚の世界に何らかの新たな考え方を導入できればと考えています。

　人間が生きていく上では「はっきり」した情報が必要であり、「意識」が強くかかわっていることが解ります。人間の「意識」は心や霊魂、感情や感覚、記憶や判断など諸々の心的現象の一つの表れです。命を継続するには「意識」が不可欠です。

　本文の内容は、多くの出来事の本質を知る時に役立つものと確信しております。

付録　立体図形「矢印」の作り方

1. 「矢印」の作り方

⑴ 考え方

①立体図形「矢印」の作り方における考え方

矢印以外にも似通った形であれば、各種形状が簡単に作れます。
複雑な計算は一切不要です。

②基本原理

直接対象見る場合と鏡に映った対象を見る場合とは、異なった角度から見ていることです。例えば人の顔を見る場合、正面から見た顔と顔の傍に45度の角度で鏡を置いて横顔を映した場合、直接見る顔は正面から見た顔になりますが、鏡に映った顔は横顔になります。見る角度が異なれば、異なった形になります。

③作り方に計算は不要

見る角度が違うことで生じているため、「矢印」や「四角と丸」が果たして平面化の錯視あるいは単に錯視と言えるかという疑問を持つ方もいます。

制作された方は、数値化して計算を解いて制作したと言っています。しかし、実際に作品を制作する場合は、非常に簡単な方法で、かなり複雑な形状も一定の条件さえ守れば自由に制作できます。

何気なく同じ方向から見ているようなイメージを抱かせるように心理誘導して錯視と言わせているような現象です。基本的に、この現象は異なる面を見ていることで生ずるため、基本的事項さえ守れば、その形状などは無限に制作可能です。複雑な計算などは一切不要です。

具体的な制作では、対象となる立体作品の奥に鏡を置く手法をとると、実物の一番上の線が鏡に映った像では、一番下にくることを利用す

ることが多いようです。「矢印」の制作でもこの原則を使用しています。

　見え方の基本原則を活用すれば、簡単な制作方法で作品の制作が可能になりますので、次にその作り方を説明します。

⑵「矢印」の制作

　最初に「矢印」を作って、それを元に説明します（角度や寸法などは、簡略化して表現します）。最初に対象を見る位置を想定し決定しておきます。特定の固定点から片目で見た時に、形状などが異なっているように表現された作品だからです。

①四角柱の準備

　簡単に加工ができ型崩れしない材質の四角柱を準備します。角材は削れる材質であれば木材やプラスチックなど何でも良いでしょう。

　四角柱の一つの面を正面（Ｓ面）、その面に直交するもう一つの面を平面（Ｈ面）とします。横から見るとＳ面とＨ面は直交しています。

②加工

　別に「矢印」の図を紙などの平面上に作図し切り抜きます。

　Ｓ面の上に「矢印」の図形を貼り、矢印の上半分の部分だけ、図形の輪郭に沿って切り抜きます。

　Ｈ面を上から見ると、表面には凹凸がありますが、全体の形状は長方形のままです。Ｈ面の上に最初に使った「矢印」図を、「矢印」の向きを反対方向に向けて投影させます（この時、左右は揃えます。また、Ｈ面が凹凸になる前の平面と同じ平面になるように「矢印」の図を配置します）。

　Ｓ面から見て上の部分＝Ｈ面から見て下の部分の境界線の作成
　☆１　Ｈ面上の「矢印」の下部分の境界を「線」などで「はっきり」判るようにします。
　　　　Ｓ面とＨ面がそれぞれ垂直面または水平面と45度の角度になるように配置します。Ｈ面上の境界線に沿って、垂直方向

に裁断します。
☆2　H面上の境界線から2 mm程度上の部分を境界線に沿って、裁断します。
　　　次に境界部分から垂直方向に1 cm程度を残して、他の部分を削り取ります。
☆3　45度傾けた上面の切り口は、H面からは幅3 mm程度の幅を持った境界線になりますが、S面からは一本の境界線があるだけです。境界部分の上部を同じ厚さ分だけ少し削ります。
☆4　こうすることで、上下の幅1 cm程度（スカート部分）、厚さ2 mm程度の上面が曲線状になった帯状の立体ができます（この立体をA立体とします）。
　　☆1〜☆4の手法を繰り返し、立方体Aと同じ形状の立方体Bを作成します。

　立方体Aと立方体Bは立体的に合同です。それぞれの上面を同じにして、立方体Aに対して水平方向に180度回転させて、端部の垂直線部分を貼り合わせます。
　こうすることで上面が「矢印」に見え、垂直方向に1 cm程の幅をもった立体図形「矢印」が完成します。

⑶ 見方、見え方
①見方
　全体が水平な板状の上に、上記の「矢印」を右側の矢印の先端がくるように置き、見ている方向の反対側に垂直に鏡を配置します。
　鏡面に対して直角になる位置で、水平面に置いた「矢印」を水平面と45度の角度になる位置から、この「矢印」を見るようにします（ビデオ映像など、決まった位置から片目で見る画像での表現が向いています）。具体的な視点位置としては、距離が離れた方が、対象の実物と鏡面に映った対象を見る時の角度の違いが少なくて済むように、実際に見る位置が作品から離れている方が歪みが少なくなります。そういう観点

からは、少し距離を離した固定位置から映し、ズームして全体を拡大するビデオ映像が最適な表現方法と言えます。

②見え方

　実物の「矢印」は右を向き、鏡面に映された「矢印」は左を向いています。またこの「矢印」を水平方向に180度回転させると、回転前と同じ方向に「矢印」が見えます。水平面に置いた矢印は、水平面状態で180度回転させると、その向きが180度変わり反対方向になるのに、「矢印」では180度回転させても同じ方向を向いています。作者は、この違いを錯視と考えるわけです。

2. 不可能立体について

「矢印」のようにあり得ないような挙動に見える形状は、不可能立体と言われているようです。このうち鏡を使った作品は、その殆ど全てが、直接見る場合と鏡を通して見る場合の視点（見る場合の目の位置）の違いを利用しています。そして、「矢印」や「四角と丸」などの簡単な図形は、簡単な方法で作成することができます。

　そのことを実証することが、前項の(2)「矢印」の制作です。複雑になれば、あるいはコンピューターを使った数式での計算も役立つかもしれませんが、簡単な図形の制作には必要ありません。

　基本となる考え方は、2次元空間と3次元空間の違いです。2次元空間では直線に見える場合でも、3次元空間ではその直線に隠れる部分の平面に、あらゆる平面図形の表現が可能なため、無限の表現が可能です。一つの視点から見た見え方が直線でも、実際には曲線であったり、図形であったり無限の表現が可能です。

　不可能立体の錯視は、科学的に説明可能な現象であるため、見るための目や脳の働きとは全く関係なく、誰もが同じように見える現象です。

　虹や蜃気楼のように誰もが同じように見える現象で科学的に立証できる表現が、狭義（目や脳が係わる）の意味での錯視と言えるかという疑問はあります。しかし、広い意味での錯視であることは間違いのないこ

とでしょう。

　このようなことはあり得ないと思える作品を考えたこと（初期の例で
はエッシャーの滝）およびコンピュータビジョンの研究などで幾つかの
トリック（マジックの種）を見つけ、作品化したことが、非常に素晴ら
しい発想だと思います。異なる面を見ても同じ面を見ているように、意
識を誘導する作品制作上の考え方も素晴らしいと思います。
　しかし、このような作品が数式（多分3次元の数式）を用いて解いて
いることから、コンピューターを使って解く方法を推奨し、簡単には作
品の制作ができないようなイメージを与えたのは、如何なものかと考え
ます。
　いずれにしても、錯視図を作成するときに大いに参考になる考え方だ
と思いました。
　明治大学特任教授が制作した（Kokichi Sugihara's Homepage (Japanese)
参照）作品、第3世代変身立体、第4世代透身立体、第5世代トポロ
ジー攪乱立体、第6世代軟体立体、第7世代高さ反転立体、第8世代鏡
映合成変身立体、第9世代三方向変身立体は全て基本原理が同じです。
第7世代高さ反転立体は、立体にするまでもなく、平面の板の表裏に異
なる絵を描いて表現することができます。実物の一番上が鏡面では裏面
を映し一番下になっていることだけを理解すれば、同様の作品は無限に
制作可能です。

参考資料

○ WEB 記事

北岡明佳の錯視のページ（http://www.ritsumei.ac.jp/~akitaoka）

　　錯視のカタログ（http://www.psy.ritsumei.ac.jp/~akitaoka/catalog.html）

　　クレーター錯視

フリー百科事典「Wikipedia」ルビンの壺　主な幾何学的錯視　視覚

世界大百科事典　日本大百科全書　錯覚　錯視

イリュージョンフォーラム（https://www.youtube.com/watch?v=tABJHO4blck）

　　錯視　運動錯視　ライラックチェイサー

　　錯視について　竹内龍人　運動残劫

イリュージョンフォーラム（www.kecl.ntt.co.jp/illusionForum/v/motionOf-StationaryPatternPart2/ja/index.htm）

　　運動錯視

錯視・錯聴コンテスト（http://www.psy.ritsumei.ac.jp/~akitaoka/sakkon/sakkon2018.html）（2010〜2017 を含む）

Kokichi Sugihara's Homepage (Japanese)（http://www.isc.meiji.ac.jp/~kokichis/Welcomej.html）

○ 放送

NHK 放送大学　錯覚の科学　第 2 回　他

　　奥行きの処理　不良設定問題　指の比較実験など、知覚の恒常性

NHK 放送大学　心理学概論　鳩を使った実験

NHK 放送大学　知覚・認知心理学　第 4 回　第 5 回

NHK 放送大学　生理心理学　第 5 回　脳が外界を知る仕組み

○ 新聞

『北海道新聞』2019 年 2 月　札幌西高等学校　杉原厚吉教授　講演記事広告

下田　敏泰 (しもだ　としやす)

1942年埼玉県川口市出生。札幌市在住。東京工業大学卒業。現在、(洋画)示現会会員。
絵画の形状について考えるうちに、２年程前から錯視について関心を持つようになりました。すぐに既存錯視論では錯視の要因が説明できていないことなどが判り、ネット記事などを参考に検討を進め、新たな考え方を構築しました。
錯視に関する研究に最も近い心理学とは全く無縁のため、新たな理論を「錯視の地動説」として、基本的考え方を世に問うために本書を出版することを決意しました。本書が初めての著作です。

世界で初めての理論
錯視の地動説
いつも見ているのにいつも見えない
2000年間続いた謎は解かれた　月の錯視
錯視の統一理論

2020年2月27日　初版第1刷発行

著　　者　　下田敏泰
発行者　　中田典昭
発行所　　東京図書出版
発行発売　　株式会社 リフレ出版
　　　　　　〒113-0021　東京都文京区本駒込 3-10-4
　　　　　　電話 (03)3823-9171　FAX 0120-41-8080
印　　刷　　株式会社 ブレイン

ご意見、ご感想をお寄せ下さい。

[宛先] 〒113-0021　東京都文京区本駒込 3-10-4
　　　　東京図書出版